高速铁路基础研究与技术创新丛书

编　委　会

“十四五”时期国家重点出版物出版专项规划项目

高速铁路基础研究与技术创新丛书

安全·健康·维护系列

高速列车驾驶人因安全保障理论及方法

本丛书编委会　总主编

方卫宁　唐　涛　等　著

薛澄岐　主　审

中国铁道出版社有限公司

2024年·北　京

内 容 简 介

本书为“高速铁路基础研究与技术创新丛书”之分册。本书基于作者在高速列车驾驶人因安全保障理论和技术方面的科研成果和工程实践，从列车驾驶安全与司机个体人为因素的角度，对列车驾驶认知行为及人为失误、司机驾驶疲劳管理及在途状态监测、列车驾驶界面布局与设计、工作负荷建模及在列车驾驶任务分析中的应用等若干问题进行了探讨，重点论述了人因工程理论在铁路行车安全保障工程实践中应用的技术和方法，为高速铁路运营安全管理中如何有效应用人因工程理论和方法提供了一种有益的尝试。

本书可供铁路和轨道交通运营管理人员、轨道车辆研发人员参考，也可供其他从事车辆、航空器、船舶等复杂系统人因工程设计领域的相关专业人员，以及高等院校车辆工程、工业工程或工业设计专业师生参考。

图书在版编目(CIP)数据

高速列车驾驶人因安全保障理论及方法 / 方卫宁等著. -- 北京 ：中国铁道出版社有限公司，2024. 12.
(高速铁路基础研究与技术创新丛书). -- ISBN 978-7-113-31311-1

Ⅰ. ①U284.48

中国国家版本馆 CIP 数据核字第 2024TC4794 号

书　　名：高速列车驾驶人因安全保障理论及方法
作　　者：方卫宁　唐　涛　等

策　　划：曾露平　秦绪涛
责任编辑：李纯一　秦绪涛　聂宏伟　**编辑部电话：**(010)51873024
封面设计：高博越　尚明龙　**封面摄影：**王　超　**丛书标识设计：**崔丽芳
责任校对：安海燕
责任印制：高春晓

出版发行：中国铁道出版社有限公司(100054，北京市西城区右安门西街 8 号)
网　　址：https://www.tdpress.com
印　　刷：北京联兴盛业印刷股份有限公司
版　　次：2024 年 12 月第 1 版　2024 年 12 月第 1 次印刷
开　　本：787 mm×1 092 mm　1/16　**印张：**14　**字数：**291 千
书　　号：ISBN 978-7-113-31311-1
定　　价：88.00 元

高速铁路基础研究与技术创新丛书

编 辑 组

序

我国高速铁路起步晚、发展快、后劲足，经过几代人的不懈努力，通过原始创新、集成创新、引进消化吸收再创新，成功地走出了一条符合中国国情路情、具有中国特色的自主创新之路。我国已系统掌握各种复杂地质和气候条件下高速铁路建造成套技术；在工务工程、列车运行控制、牵引供电、动车组等高速铁路核心技术方面实现自主化；形成了复杂路网条件下处理跨线运行的运营管理成套技术，构建了人防、物防、技防三位一体的主动安全保障机制。我国已成为全球高速铁路运营里程最长、在建规模最大、运营速度最快、技术体系最全、运营和管理经验最丰富的国家。我国高速铁路技术已走在世界前列，成为推动世界高速铁路发展的重要力量。

为贯彻落实中共中央、国务院《交通强国建设纲要》，推进国铁集团《新时代交通强国铁路先行规划纲要》的落地，系统总结、梳理我国高速铁路各领域前沿理论和技术，向我国乃至世界高速铁路科研工作者和工程技术人员提供一套前沿性的参考书，中国国家铁路集团有限公司铁道出版社公司特组织编著出版“高速铁路基础研究与技术创新丛书”。

丛书以习近平新时代中国特色社会主义思想为指导，以国家自然科学基金课题、国家基金委-国铁集团高铁联合基金课题、国家“973”课题、国家重点研发计划课题等科研成果为支撑，从高速铁路前沿研究、补短板技术、核心技术、技术发展趋势等方向组织选题，涵盖动车组、供电、通信与信号、列控与检测、工程勘察与设计、智能建造、运营与管理、现代信息技术、安全和维护等领域，规模为 100 册，是全面系统论述我国高速铁路基础研究与技术创新成就的大型系列原创性科技著作。

丛书力求突出制高点、原创性、权威性、全覆盖特色。丛书各册内容以作者团队长期从事高速铁路科学研究的成果为依托，多数成果居于国内领先水平甚至世界先进水平，多种成果荣获国家科学技术奖一等奖、二等奖，国家技术发明奖一等奖、二等奖，茅以升科学技术奖，詹天佑铁道科学技术奖，铁道科技进步奖等奖项，丛书内容体现了我国当今最新、最前沿以及展现未来发展趋势的高速铁路相关研究成果和应用技术。丛书包括动车组、供电、工程施工与组织等十个系列，基本实现高速铁路各领域全覆盖。

丛书由编委会总负责。编委会阵容强大，认真负责。编委会各成员都是长期从事我国高速铁路科研、技术、生产和管理的一流专家学者，是所从事领域的翘楚，其中包括高速铁路及其相关领域的四位院士。编委会多次开会商讨丛书的体系、内容特色、作者条件及质量保障机制；分工负责，精心审订和修改各册编写提纲；多次遴选选题，先从150多个选题意向中遴选出100个选题，后又剔除了内容特色不太鲜明的8个选题，还对10多个选题提出了较大的改进意见，补充了8个关键技术和弥补技术空白的选题；最后邀请专人对各册内容进行审定，从而保证了各册内容的正确性和先进性。

2021年年底，国家新闻出版署经过严格评审，“高速铁路基础研究与技术创新丛书”(100册)成功入选“‘十四五’时期国家重点出版物出版专项规划——重大出版工程”。这是对本丛书项目的认可，也是对编委会、作者和编辑等人员前期工作的认可，更是一种鞭策。我们相信，本丛书的出版，将助力于《交通强国建设纲要》的贯彻落实，推动我国乃至世界高速铁路事业的发展，也将为铁路领域的科研工作者、工程技术人员、管理人员，以及高校相关专业师生提供一套高水平、原创性、权威性、全覆盖的大型高铁科技精品著作。

中国工程院院士

“高速铁路基础研究与技术创新丛书”编委会主任 卢春房

2022年2月

本册序

时速 300 km 及以上的高速铁路在我国运营只有短短十几年的时间，但经过近些年的高速发展，截至 2023 年底，我国高速铁路营业里程已达 4.5 万 km，居世界第一。相信读者对于乘坐高速铁路出行已不再陌生，这一先进的交通方式以其安全、正点、高效、绿色等突出优势给我国亿万出行者带来了全新的体验。高速铁路系统不仅极大地改变了旅客的出行方式，而且深刻地影响了我国地域之间的时空概念。

对于近乎“地面飞行”的列车和必须稳定支撑高速列车运行的轨道系统、信号系统、供电系统等固定基础设施，安全、可靠始终是必须坚守的底线。旅客们能亲身感受车厢内的环境，却难以看见和了解驾驶舱内的情况，以及保障列车安全可靠运行的整个线上、线下系统。

人因工程（亦称工效学、人类工效学、人机工程等）从生理、心理、组织三方面研究人自身的特性，并关注和分析工作任务与工作环境，研究人与任务对象和任务环境的交互过程，从而优化任务设计、工作对象设计、工作环境设计等，达成安全、高效、满意等目标。实际上，高铁列车的驾驶舱空间布局与环境设计、驾驶操控任务设计、驾驶界面设计、列车车厢照明设计、座椅设计等，无不需要科技工作者以人因工程的视角和工具，开展深入、细致的研究，并对设计方案或原型进行反复测试和评价。除此之外，列车外部的运行轨道系统、信号系统等设计也需要开展人因工程分析和优化。

人因工程在我国用于个别行业是很早的事情，老一辈科学家和技术工作者在复杂系统研制中已经开始运用人因工程的方法和工具，并开展了基础研究工作。在国内多个重要单位的推动下，1989 年我国成立了中国人类工效学学会（Chinese Ergonomics Society，CES），并作为国际工效学协会（International Ergonomics Association，IEA）的加盟学会，2009 年承办了 IEA 三年一届的学术大会。随着我国经济社会的快速发展，特别是重大基础设施建设、大型复杂系统研制、电子商务和网络空间平台发展、信息科技与人工智能运用等，人因工程迎来了爆发式的发展，学会正式会员人数在近十年来增长十多倍，达到了 3 000 多人的规模，CES 已经成为 IEA 加盟学会中人数最多的学会。

本书聚焦高铁领域的人因工程基础研究和关键应用，重点针对列车自动化和智能化对驾驶安全带来的挑战、列车驾驶认知行为建模及人为失误分析、司机驾驶疲劳管理，以及在途状态监测、司机工作负荷建模、列车驾驶界面布局与设计等内容进行了论述，总结了作者团队近年来围绕高铁人因工程的一系列研究成果，相信可以帮助读者了解人因工程在高铁中的应用。书中许多基础知识、关键数据和设计案例都反映了作者团队在这一领域的工作进展和积累，我相信这些内容是一个很好的起点，既可以推动我国人因工程学科的发展，也将推进人因工程在轨道交通行业的普及和应用，并让高铁出行更安全、更舒适、更高效。

中国人类工效学学会原理事长

国际工效学协会未来工作委员会副主席

2024 年 5 月 5 日于清华园

前　　言

本书为“高速铁路基础研究与技术创新丛书”之分册，按丛书要求，力图体现高速列车驾驶人因安全保障理论及方法的前沿性和原创性特色。

高速铁路是一个典型的复杂社会技术系统，随着我国高速铁路建设与运营水平的不断提高，各项设备的可靠性均得以提升，运行环境得到明显改善。高速铁路自动化、智能化技术发展的同时也是一把双刃剑，它在提高运行效率、改善运行环境、保障运输安全方面发挥了积极的作用，但是越智能化的系统，人的问题往往越突出。无论高速铁路系统技术有多先进，归根到底还要由人来设计、操作、维修、管理与决策。在高速铁路运输系统中，动车组司机既是列车正点运行的操纵者，又是行车安全的保证者。司机的行为一方面可以防止由他人或设备所造成的事故，另一方面也可能酿成事故。司机是保证行车安全的最后一道安全屏障，其责任重大。探索高速列车驾驶人因安全保障理论及方法，其目的就是提高列车的驾驶安全和效率，为高速列车的安全运营和管理保驾护航。

英国铁路安全和标准委员会(RSSB)在2006年发布的行业人因工程指南中明确指出：“整个铁路和轨道交通运输系统中人是核心，铁路和轨道交通运输的目标是确保整个系统和人员的安全、效率和福祉，同时要应用人因工程的理论和方法降低人为差错的可能性，增加系统的安全系数，减少系统设计和改造成本，提高人员培训效率和效果，改善员工的工作满意度，提高整个行业的生产力。”目前，我国在铁路人因工程方面的研究与国外相比还有较大差距，从人因角度论述列车驾驶安全原创性著作比较稀缺。

本书基于笔者及笔者所在课题组在高速列车驾驶人因安全保障理论和技术方面的科研成果和工程实践，以Hammerl在2009年第三届国际铁路人因工程会议上提出的影响列车驾驶安全的人因因素模型为框架，从列车驾驶安全与司机个体人为因素的角度，对列车驾驶认知行为及人为失误、司机驾驶疲劳管理及在途状态监测、列车驾驶界面布局与设计及列车驾驶工作负荷与作业流程优化等若干问题进行了探讨。重点论述了人因工程理论在铁路行车安全保障工程实践中应用的技术和方法,为铁路运营安全管理中如何有效应用人因工程理论和方法提供了一种有益的尝试。

本书所依托的科研项目主要包括:国家重点研发计划项目"基于中国人特征的形态与感知数字标准人关键技术及应用研究"课题四"典型场景数字标准人关键技术集成及应用"(2023YFF0615904)、国家高技术研究发展计划项目(863 计划项目)"高速检测列车动车组技术"课题五"CIT400 高速动车组司机室人机工程及总体布置方案研究"(2009A110303-5)、铁道部科技基金项目"机车司机室显示器、控制器及操纵装置优化设计与设置的研究"(90Y14-6)、铁道部科技基金项目"机车司机布置简统化的研究"(96J37)、铁道部科技基金项目"高速列车司机室及操纵台布置的研究"(95J14)、铁道部科技基金项目"机车、动车组司机室设计规范"(2000J043A)、国家自然科学基金面上项目"复杂人机交互系统多任务情境下任务中断机理及形式化建模研究"(72271015)、"基于任务的复杂人机交互系统操纵适配性度量与优化"(51575037)、国家自然科学基金青年科学基金项目"基于音视频信息特征的川藏滇藏铁路司机功能状态监测的研究"(62203039)、北京市自然基金轨道交通联合基金"基于指差呼唤语音辨识的列车司机功能状态监测研究"(L201024)、中国国家铁路集团有限公司科技研究开发计划重点课题"动车组司机岗位适应性与健康退出机制研究"(N2021Z003)、中国国家铁路集团有限公司科技研究开发计划重点课题"铁路安全人因工程关键技术研究"(N2021Z007)。全书在突出高速列车驾驶人因安全保障理论研究的同时,也强调了研究成果对实践的指导作用,填补了我国在这一领域的研究空白。

本书著述分工如下:方卫宁教授著述本书第 2 章 2.1、2.4,第 3 章 3.1、3.2、3.3.1、3.3.2、3.3.3、3.4,第 5 章,并负责全书的筹划和统稿;唐涛教授著述第 1 章;裘瀚照博士著述第 4 章;博士生董文莉著述第 2 章 2.2、2.3;博士生李彦洁著述第 3 章3.3.4、3.3.5。在本书的撰写过程中,引用了笔者所指导研究生王鹏、张天龙、蒋晓旋、张嫣和李思的学位论文。特别感谢英国 Human Engineering 公司的 Guangyan Li 博士和 Karl Rich 先生,他们在铁路人因工程实践中给予了我们极大的帮助,曾两次出资资助课题组的博士生赴英国实习,帮助我们提高人因工程的工程应用能力。本书的出版也获得了 2023 年中国国家铁路集团有限公司系统性重大项目"CR450 动车组车体系统设计方案研究"课题四"CR450 新一代高速动车组标准化司机室技术方案研究”(P2023J003)的支持。还要感谢北京交通大学机械与电子控制工程学院郭北苑教授和鲍海峰副教授、中国国家铁路集团有限公司李刚高工、中国铁道科学研究院机车车辆研究所李杰波研究员、中国铁道科学研究院节能环保劳卫研究所马世伟研究员。同时要感谢博士生王健新和孙哲,他们负责了本书的所有插图设计、排版及校订工作。

本书在撰写过程中,参阅并引用了大量国内外同行专家的资料。在此,对这些专家表示衷心的感谢,对他们创造性的成果表示由衷的敬佩。

本书力求结合铁路机务应用的实际情况,对高速列车驾驶人因安全保障理论及方法进行深入探索与思考,使其具有科学性、系统性和实用性,致力于推动人因工程理论和方法在高速铁路安全运营和管理中的应用,适应我国高速铁路快速发展的需求。本书中所有的案例来自作者的科研项目。由于作者经验不足、认知水平有限,书中不妥之处在所难免,敬请读者批评指正。

著　者

2024 年 3 月于北京交通大学

目　　录

第1章　绪　论

截至2023年底，我国高速铁路营业里程达到4.5万km，占世界高速铁路总里程的三分之二以上。我国成为世界上高速铁路发展速度最快、运营里程最长、运营速度最高、运营场景最丰富的国家。目前高速铁路对百万人口以上城市覆盖率超过95%，越来越多旅客乘坐高铁出行，越来越多城镇因高铁而繁荣。目前我国动车组司机有1万余人，他们以高度的责任心、过硬的驾驶技能和无私的奉献精神保障着高铁运输的安全、准点和高效。

高速铁路是一个典型的复杂社会技术系统，随着我国高速铁路建设与运营水平的不断提高，各项设备的可靠性均得以提升，运行环境得到明显改善。高速铁路自动化、智能化技术发展的同时也是一把双刃剑，它在提高运行效率、改善运行环境、保障运输安全方面发挥了积极作用，但是越智能化的系统，人的问题往往越突出。

由于高速铁路在人民群众的日常出行中起着举足轻重的作用，高速铁路的行车安全问题也成为社会各方关注的焦点。我国高速铁路规模庞大、运营场景复杂多样，铁路行车安全是一个复杂的系统工程，从事铁路运输活动的人、铁路车辆设备等物质条件和铁路运输生产所属的环境这三部分构成了铁路运输的“人-机-环境”系统。在“人-机-环境”系统中，随着我国高速铁路新技术新装备的不断运用，车辆设备和铁路线路都在不断进行大规模的现代化改进，“机”和“环境”的功能和可靠性越来越强，相比较而言，由于铁路运输速、密、重并举的运营模式、复杂的运营场景与技术体系，同时在铁路安全管理实践中缺乏司机等关键岗位作业人员人因安全保障的相关理论和方法，“人”的原因导致的安全风险越来越突出，逐渐成为提高铁路行车安全的主要制约因素。

1.1　列车驾驶人因安全研究现状

铁路是推动社会发展的基础技术之一，它是一个专业化的领域，有着自身的传统、规则、工作条件和对人员的特殊要求。可以说，今天的铁路是目前所有交通方式中集成度最高的系统，铁路的安全高效运营取决于其紧密耦合的运营方式。铁路的进步是技术创新和人的能力相互作用的结果，早期的铁路行业采用了以严格的命令和控制结构为特征的组织模式，其复杂性在于它必须适应庞大的社会组织分工和积极有效的政府监管。

铁路与其他大部分运输系统的不同之处在于,列车的路线是由轨道决定的而不是由司机决定的。Branton 于 1979 年对司机操纵技巧进行调查后发现,列车司机的驾驶行为是一个一维的输入输出控制问题,司机任务就是对速度进行控制,任务变量取决于对空间和时间的预测。列车运行轨迹由钢轨所限定,不存在司机需对运行方向进行调整的问题,因此司机保证列车的安全和正点,唯一可供操纵的技术就是对速度的监控。作为这种控制的有关参数——力(加速度)、速度、时间、距离,则是司机需一直关注的,这些参数与司机的操纵具有互动性和过程性。这个特征对所有的机车都适用,无论是哪种机车,无论其动力传递和转换的形式如何,最后提供给司机操纵的模式都是通过对力的调节达到对速度的控制。

由于列车运行的轨迹是被限定的,它不能像汽车和飞机一样可以通过改变行驶方向来避开轨道上的障碍物,当列车以正常速度行驶时,由于其车辆编组的巨大重量和惯性,很难快速减速制动,因此也很难在司机的可见距离内将车停下,这就导致对路况的监视势必成为列车司机的主要视觉任务,这种监视目前还没有任何一种测控技术所能替代。日本学者研究表明,机车司机对路况的监视要占司机所有视觉行为的 60%~80%,而且速度越高,所占比例越大。铁路运营另一个特点是需要列车司机、车站行车作业人员、线路维护人员、交通规划人员等多岗位人员协同来完成运输任务,整个系统的安全和高效运行完全取决于这些岗位之间以及这些岗位与设备之间的紧密耦合,这与航空、海运和公路运输有很大不同。

在世界范围内,铁路人因问题在很长一段时间没有像航空和道路交通关注度那么高。铁路人因工程的研究起源于 20 世纪 60~70 年代,当时的英国铁路研究中心进行了大量的铁路人因工程研究,一直持续到 20 世纪 70~80 年代,但是与其他运输行业的研究相比,研究数量仍然偏少,因为那时的英国等欧美发达国家缺乏对铁路投资的兴趣。进入 20 世纪 90 年代后,随着全球范围内由私人交通工具向公共交通工具需求的转变,列车系统性能的改善提高,以及欧洲一些国家铁路所有权和组织性质的变化,特别是 1999 年 10 月 5 日和 2003 年 1 月 31 日分别发生在英国立博格罗夫和澳大利亚新南威尔士州的两起严重铁路事故引发了欧美等发达国家对铁路系统中人因安全问题的关注。2003 年 10 月,英国诺丁汉大学 John R. Wilson 教授发起了第一届欧洲铁路人因工程会议,此后英国健康安全管理部门、英国铁路安全和标准委员会(RSSB),以及欧洲部分国家、澳大利亚、美国等地铁路运营组织和大学纷纷开展了铁路人因工程的相关研究。

我国铁路对人因工程的认识是与铁路技术的发展分不开的。早在 20 世纪 60~70 年代引发铁路机务部门对列车司机关注的是机车的噪声和热环境问题,1982 年我国颁布了《机车车辆内部噪声测量　司机室噪声测量》(GB 3449.1)。1997—2007 年随着中国铁路六次大面积提速,司机的驾驶环境、心理健康和乘务制度都面临着新的挑战。从 1994 年开始,北方交通大学机械工程系的戴明森教授团队、工商管理系的刘士奇教授团队开始了对列车驾驶人机界面以及机车司机职业适应性的研究,完成了铁道部“机车司机室显示器、控制器及操纵装置优化设计与设置的研究”(90Y14-6)、“机车司机布置简统化的研究”(96J37)、“高速列车司机室及操纵台布置的研究”(95J14)、“机车、动车组司机室设计规范”(2000J043A)、“铁路机车在城区限制鸣笛办法的研究”(2005Z009)等多项科技基金项目,初步建立起了我国机车司机职业素质测评体系以及机车、动车组司机室人因设计规范。

2005年,随着高速动车组的引进,中国高铁进入了快速发展的时期。列车速度不断提高,高速驾驶带来的心理压力、危险性、超负荷、高应激的问题日益显现,2005年北京交通大学叶龙教授团队开始对我国动车组司机驾驶适应性进行了深入系统的研究,完成了我国所有动车组司机选拔中的驾驶适应性测试工作,建立了动车组司机驾驶适应性评价体系和测评标准,有效地保障了动车组的安全运营。与此同时,我国在铁路人因领域的研究逐步从车辆交互界面设计扩展到地铁行车调度系统人因可靠性、地铁司机及调度人员工作负荷测评、动车组司机驾驶疲劳管理及在途状态监测、动车组作业流程优化,以及铁路关键岗位职工适岗能力、行为决策与监测预警技术等方面的研究,2009年北京交通大学成立了国内第一个轨道交通人因与工效学专业实验室。

目前,随着技术的发展和不断创新,列车的操纵和运行方式也在发生着变化,越来越多的智能设备被应用于列车驾驶舱内,导致人机之间信息交流量急剧增加。新的显示、通信与控制系统大大增加了驾驶室内信息界面的信息量,使得司机认知与操作负荷增大,从而影响司机的认知与作业绩效,因此列车的驾驶安全一直是铁路人因工程中关键的一环。在欧盟EN 50126-1:2017 RAMS(reliability, availability, maintainability and safety)标准中,专门提出了铁路系统安全生命周期中人为因素的概念,在铁路的运营环节中,内外环境、人为因素、作业流程、任务模式和维护保障是影响系统RAMS的关键因素。这里借鉴Hammerl等人的列车驾驶工作环境模型来描述动车组驾驶系统和与其相关的人因因素之间的关系。

动车组驾驶系统工作模型如图1-1所示,整个系统的核心是司机、驾驶任务和驾驶设备的交互,影响整个系统的变量主要是驾驶室物理环境、司机个体和组织因素;横向的箭头代表列车运行时的驾驶系统,信息输入的动态变化及相关影响因素通过驾驶系统影响列车的

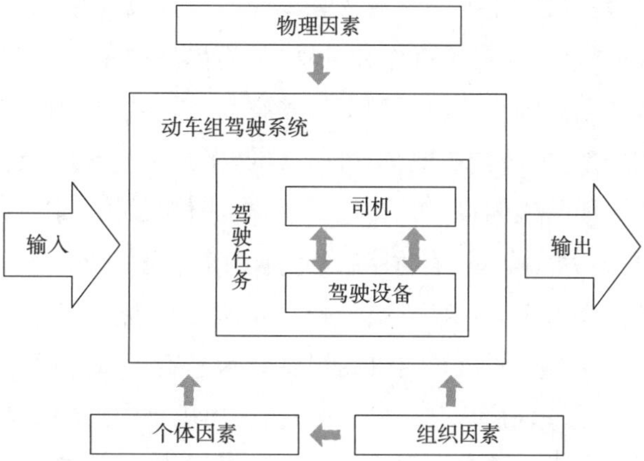

图1-1 动车组驾驶工作系统及绩效形成因子模型

控制运行。

Hammerl 在 2009 年第三届国际铁路人因工程会议上提出了一个影响列车驾驶安全的人因因素模型，如图 1-2 所示。可以看出，影响列车驾驶安全的人因因素主要包括驾驶者与物理环境和驾驶者人为因素与组织因素两个方面。图 1-2 中各个因素是动态变化的，对于列车司机来说，主要是通过观测轨道和信号状态来收集信息，通过驾驶设备和无线通信传输信息，天气条件和轨道现场状态的变化由于过于复杂频繁和难以预测，因此它虽然对驾驶安全有影响，国外学者一般不将其列入影响列车驾驶安全的人因因素。与任务相关的因素被作为组织因素包含在任务设计中，任务的复杂性、频率、临界性和相应的时序特征也是影响列车驾驶安全的重要因素。

物理因素		
人体测量	工作条件	人机交互界面(HMI)设计
工作环境基本布局	温湿度、照明、噪声、振动等物理条件	(1)HMI 的设置与布局 (2)可用性 (3)反馈质量

人为因素	
个体因素	相关因素
(1)健康 (2)情绪紧张 (3)年龄性别	(1)疲劳 (2)技能 (3)经验 (4)动机 (5)安全意识

组织因素	
员工相关因素	标准因素
(1)排班规划 (2)领导力 (3)教育 (4)培训 (5)社会影响 (6)安全文化	(1)标准 (2)规则和指南 (3)任务设计

图 1-2 影响列车驾驶安全的人因因素

1.1.1 驾驶者与物理环境

驾驶者与物理环境的研究主要集中在驾驶界面的设计及评估，通过对驾驶显控界面的改进，保证有关操作和显示系统易于操作和辨别，从而提高列车运行安全，并防止不良作业环境对司机可能造成的职业损伤。由于列车驾驶空间比较狭小，因此在布置各种操纵和显示器时必须按其使用频率、上肢作业域、司机出入的方便、可辨识性及其他运行方面的因素加以综合考虑。驾驶界面的人因设计主要包括：符合人体尺寸的作业空间设计、作业分析、操作需求定义、驾驶显控界面布局、手动控制器的设计、驾驶视野分析、司机操作测试等。

早在 1963 年，英国学者 Buck 就开展了列车司机在驾驶环境中对铁路信号的感知研究；Luke 等人利用眼动仪对英国机车司机的视觉行为进行了调查研究，该研究认为驾驶列车主要是一个视觉上的任务，机车司机需要同时监视司机室内外的动态视觉情境，如果视觉任务处理不好就有可能在紧急情况下因为错过信号而发生危险，在对机车司机的视觉行为和策略进行分析后，发现信号的布置、信号的形式和信号的复杂程度对司机的认知行为都有很大影响，同时司机的期望在驾驶活动中也发挥着重要作用。

1981 年，日本国铁对 272 名机车司机进行了问卷调查，对其中 77 名发生过操作错误的司机情况进行了统计，见表 1-1。操作错误情况大多是人机界面设计应解决的问题，这些错误有的与设备的设置、逻辑联系、标识、手感、人的习惯等相违有关，有的则与设备安装位置没有考虑人体尺寸有关。井上等人认为，操作设备的是人，虽然应该对人操作所需的力、方向、时限、准确性等有一定的要求，但必须限定在人的能力范围内，在设计时，应该考虑人的习惯，防止疲劳，避免人机对立。

表 1-1 操作错误类别

序号	错误分类	次数	比率/%
1	置换错误	44	57
2	调节错误	10	13
3	忘却错误	7	9
4	逆转错误	6	8
5	无意识的操作错误	4	5
6	手没有够到操作装置造成的错误	6	8

澳大利亚学者 Stevenson 则使用一种"评估→设计→原型→实施→回访"的策略针对悉尼市郊电气化铁路司机室人因改进设计进行研究，在 1990 年针对列车司机对手臂疼痛的报告，开始着手进行驾驶室人机工程问题的评估。首先采用工作观察、实施总量为 193 名司机的问卷调查、计算机辅助分析等方法得到改进意见，然后制作了一个司机室原型，并针对 134 名司机的评估结果进一步改进。在实施 5 年后，通过对 227 名司机的书面调查，评估研究了改进后的司机室，检验了改进设计的有效性，如图 1-3 所示。

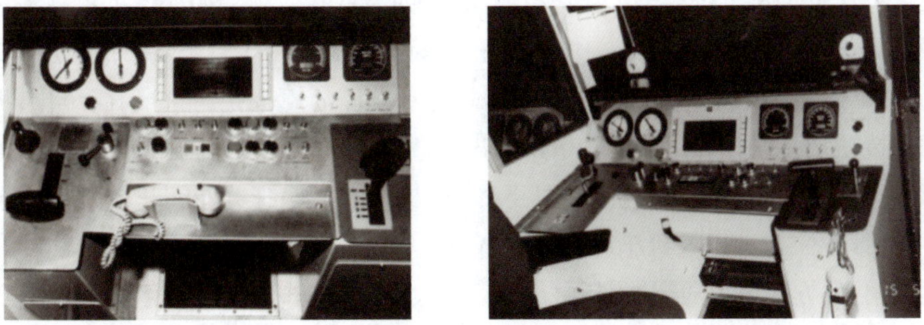

(a)改进前　　(b)改进后

图 1-3 悉尼市郊电气化铁路司机室人因改进设计

2001 年，欧盟启动了 EUDD(EU driver's desk，欧洲铁路跨境运输用列车操纵台)项目。由于欧洲各国铁路技术和结构不同，跨境运输存在一定困难，在国际运输越来越重要的背景下，铁路系统由于缺乏互用性，与其他运输工具相比面临失去竞争力的危险。除了众所周知的不同网压，以及控制和安全防护系统互不兼容外，列车的不同操纵方式也妨碍了欧洲铁路跨境的畅通运行。长期以来欧洲各国铁路都致力于列车操纵台及其控制元件布置的简统化，西门子、庞巴迪等公司均参与了该项目，该项目的目标是开发中期内可方便欧洲铁路跨境运输用的具有模块化结构的列车操纵台，以满足不同国家铁路条件下客运及货运列车区域性运输的需要，确定列车驾驶交互的基本区域，将控制单元最小化，降低操纵台相关部件的生产成本、生命周期成本和维修成本，改善司机工作条件，提高列车驾驶的安全性，使驾驶人机界面具有高适应性和模块化互换性。在列车驾驶界面设计中遵循了功能性、可用性和安全性的原则，要求人机交互界面的功能与任务保持一致，即达到实用、可达、可见，人机界面布局科学合理，所有器件安全可控易控。

该项目在调研了欧洲 50 余种车型列车驾驶界面的基础上，提出了一种规范化的列车驾驶界面模式，研制了相应的样机，该样机在法国里尔铁路模拟器 SIMUFER 上进行了三个阶段的测试（两个阶段针对机车，一个阶段针对动车），来自欧洲 11 个不同国家 40 名驾驶经验丰富的列车司机参与了测试。每一个测试阶段持续将近 1 个月时间，每一位司机测试试验持续 1 天。司机需要在多个场景中完成不同的任务测试，尤其是针对突发状况，完成每一个场景测试后，对该场景中使用最频繁的控制装置，以及不得不执行的最复杂的操作向司机进行问卷调查。在每天测试结束后，每位司机还需要填写针对当天驾驶印象总结的综合性问卷。另外，每天在测试前后需要采集两次司机的工作负荷数据，该测试的目的是通过找寻典型驾驶任务情况下工效学或安全性的问题，找到针对列车驾驶人机界面的合理解决方案，测试结论用于对现有的标准和技术规则进行修订。

该项目作为“综合欧洲铁路系统创新模式列车”的子项目，2003 年样机在法国里尔完成测试后，研究成果写入了 UIC-612 标准。2009 年作为 EUDD 的延伸项目（EUDDplus），在阿尔斯通 Prima Ⅱ型车上进行了上线运行测试，目的是从工效学和操作性上提高和统一列车驾驶操纵界面的功能，并对 UIC-612 标准进行修订，使之适用于整个欧洲范围。

20 世纪 90 年代，我国为了推进铁路机车司机室设计的规范化、布置的简统化，提高铁路机车的制造质量，铁道部科技司于 1990 年开始，先后立项开展了机车司机室显示器、控制器及操纵装置优化设计与设置的研究（项目编号 90Y14-6）、高速列车司机室及操纵台布置的研究（项目编号 95J14）以及机车司机布置简统化的研究（项目编号 96J37）。

在此期间，北方交通大学与株洲电力机车厂、大连机车车辆工厂、戚墅堰机车车辆厂、大同电力机车厂、北京二七机车厂、青岛四方机车车辆厂合作，在 DF_{4D}、DF_{8B}、DF_{11} 干线内燃机车，DF_5 调车机车，SS_9、SS_{7D} 干线电力机车的人机交互界面设计中进行了简统化实践，提出了中国机车、动车组规范化司机室模式，并形成《机车规范化司机室各项设备技术条件（暂行）》。该技术条件明确指出，在有轨条件下，司机的任务主要是对速度的监控，论证了我国各型机车司机室功能的一致性；取消了副台的设置，为单司机值乘创造了条件；同时运用人因工程原理，在操纵台的信息整合、控制器的统一编码、操纵台布置原则、量化各种几何检验细则等方面均进行了具体详细的规定。研究所确定的规范化司机室模式,自 2002 年下半年起已在铁道部所有国内采购的机车上得到实施。

从 2004 年开始,随着我国高速动车组的引进和铁路高速发展,我国机车车辆车型发生了巨大的变化,早期已形成的列车驾驶人机界面规范化的模式已经难以满足现代机车及动车组技术的发展。2017 年,中车青岛四方车辆研究所组织国内机车制造企业起草了 TB/T 3472《动车组司机操纵台布置》行业标准,对我国 200 km/h 以上的动车组操纵台人因布置进行了规范。随着列车运行速度的提高,列车驾驶界面对保障行车安全、降低维护培训成本和换乘风险起到了越来越重要的作用。由于我国铁路机车车辆制造企业生产水平和制造质量的不断发展,我国生产制造的机车车辆开始出口到美国、加拿大、澳大利亚、新西兰等发达国家。在与国际接轨时,车辆设计除了本身性能以外,驾驶界面能否满足当地机务应用部门的使用需求,这对列车驾驶界面设计提出了更高的要求。

1.1.2 驾驶者个体人为因素与组织因素

世界上运输业发达的国家都非常重视对铁路司机的个体因素研究,各国普遍认为在行车安全中司机是起决定作用的因素。动车组司机是高铁系统的核心,也是关键的要素,司机的能力与局限以及运营单位的组织管理对行车安全有着至关重要的影响。英国学者 Kyriakidis 对英国铁路从 1945 年至 2012 年 67 年间的铁路事故进行统计分析表明,司机自身因素引发的事故接近 75%。特别是 1999 年 10 月 5 日英国的立博格罗夫事故(图 1-4)和 2003 年 1 月 31 日发生在澳大利亚新南威尔士州的事故(图 1-5)导致了欧美等发达国家对铁路系统中人为因素的重视,并开始从立法层面来解决铁路系统对人为因素问题的关切,以帮助运营商识别和管理有可能导致铁路运营中人为错误的人因问题。

图 1-4 英国立博格罗夫事故

图 1-5 澳大利亚新南威尔士州事故

导致英国立博格罗夫事故的直接原因是当时驾驶列车的司机在从帕丁顿开往立博格罗夫的途中未能准确确认前方信号,在通过了一个编号为 SN109 的信号灯时闯了红灯,导致两列车相撞,造成 31 人死亡和 417 人受伤。事后分析发现,SN109 信号灯在弯道处被高架的电气化设备所遮挡,可视性差,司机没能准确辨认。在事发前此处已经发生了多起类似事件,但没有引起运营商的重视;针对这种特殊线路和信号,运营商缺乏对司机有效的培训也是导致这起事故的主要原因之一。事发时列车司机仅在 13 天前才获得列车驾驶资格，在此之前完全没有列车驾驶经验。

2003 年 1 月 31 日发生在澳大利亚新南威尔士州的事故则是由于列车司机在从悉尼瀑布站向南驶向肯布拉港站的途中突发心脏病，失去了对列车的控制，引发列车超速脱轨，导致 7 人死亡和 417 人受伤。事故调查发现，虽然列车驾驶台上警惕警告装置设计存在一定的问题，但深层次原因是人为因素。医疗记录显示，这名司机有胆固醇高和肥胖的记录，是典型的冠心病风险人群，如果铁路公司采用更严格的医疗体检标准，让医生更加了解铁路司机的职业特点，则很有可能识别出司机潜在的健康风险，可以暂时吊销其驾驶证，直到其健康状况达到可接受的水平，从而避免事故的发生。调查同时还发现，在司机丧失驾驶能力后车上安保人员的不作为是导致事故发生的另一重要原因，进一步暴露了铁路公司的制度缺陷，在程序、沟通、培训、选拔和文化等方面存在问题。

英国立博格罗夫事故后，对影响铁路特定人为因素问题的研究大幅增加。相关研究主要集中在与铁路运营安全相关的问题上，例如健康与疲劳、个体特征、岗位胜任力、组织变革管理、设计过程中的人为因素、安全文化、规则的遵守与监督以及沟通等。2004 年，RSSB 提出了一份与列车驾驶安全相关的人因工程研究指南，主要包括：新的控制和通信系统对列车驾驶的影响、列车司机的注意力与眼动行为、司机疲劳和轮班模式的影响及相关管理策略、驾驶室内告警装置的设计与使用、司机的路线知识和经验以及未来的角色、司机脑力负荷的评估、司机人误数据库的建立、司机室及环境的设计、司机的岗位胜任力、铁路人因相关标准和规程的制定、铁路安全文化建设等。

2003 年澳大利亚新南威尔士州的瀑布站铁路事故发生以后，2004 年澳大利亚国家交通委员会就颁布了铁路安全作业人员健康评估国家标准，这个标准涉及健康评估和程序，用于监控和管理与员工履行铁路安全职责能力相关的健康和体能。它明确了铁路运输运营商、员工和医疗专业人员间的责任，建立了一个铁路员工健康风险管理系统。另外，疲劳作为铁路运输发生事故的最突出因素之一自然也引起更多学者的注意，2021 年 Auliani 分析发现铁路司机疲劳主要由与工作相关和与工作无关的两类因素引起，工作负荷是与工作相关的因素之一，对疲劳有相当大的影响；与工作无关的因素如年龄、性格和生活方式对列车司机的驾驶疲劳也有十分重要的影响；此外，随着年龄的增长，饮酒和健身水平等生活方式的选择等因素会间接影响驾驶者的疲劳。2022 年 Dorrian 通过对澳大利亚和新西兰 751 名司机调查发现，铁路司机疲劳的最关键因素是排班不规律，其次是身体和精神健康以及外部工作因素。

除了健康和疲劳外，司机的人格特质、认知能力、心理健康、非技术技能等个体因素也是引起铁路行车事故的主要因素。为保证行车安全，列车司机必须具备良好的心理素质，司机的职业责任心、劳动纪律、技术业务素质都和心理素质等司机个体因素密切相关。

2016 年 Guo 等人研究了人格特质对高铁司机驾驶安全的影响，通过对 214 名动车组司机的调研发现，尽责性和外向性高的司机造成的事故较少；较高的责任心和较低的宜人性与较少的危险驾驶行为有关；同时，教育水平和年龄对某些人格特质与行车安全之间的关系会产生负面影响。2019 年他们还发现高铁司机的注意力、速度预测和作业稳定性等认知能力与其安全绩效显著相关，且具有正向预测作用，司机个体的驾驶经验在速度预期与安全绩效、作业稳定性与安全绩效的关系中起到了调节作用。

在 20 世纪 50 年代，日本在进行铁路行车安全综合治理时，就将人的因素列为首位，取得了显著改革成效，列车事故率由 1955 年百万列车公里 0.37 件事故减到 1985 年的 0.05 件。日本铁道劳动科学研究所经过大量生理和心理科学试验及研究，制定出选拔铁路司机的生理和心理的 JR 行车适宜性检查标准。通过采用职业适宜性检查，淘汰一些生理和心理素质不合格者，使司机的整体素质有很大提高，行车事故率下降了 45%。日本学者三沢良通过对 148 名列车司机在事故发生时犯错和不安全行为的频率的调查，研究了心理因素对司机不安全行为的影响，结果发现个人因素、工作负荷的增加以及安全规则的无效性增加了不安全行为的频率，而组织管理和规范通过对个人因素的影响间接增加了不安全行为的频率。2007 年欧洲议会和理事会关于在欧洲共同体铁路系统中驾驶轨道机车的司机认证相关文件中也明确提出了对司机的视觉、听觉、医疗检查以及注意力、记忆、感知和推理等心理认知能力的要求。2019 年我国颁布了 TB/T 3091《铁路机车车辆驾驶人员健康检查规范》，认为从事动车组驾驶工作应该符合速度估计、复杂反应、注意力分配与转移、学习能力、瞬间记忆力、视野范围、深度知觉、作业稳定性这 8 项适应性评价项目指标。

铁路发生的安全事故往往起因复杂，它们可能会受到个体技术技能差异的影响，例如修复轨道或车载故障，也可能受到沟通不畅或没有发现工作环境中风险的人为因素的影响，这些都是非技术技能，它们对于铁路的安全高效同样至关重要。例如列车司机需要技术技能才能通过操控司机室内的设备来完成驾驶工作，但他们也在利用情景意识（situation awareness，SA）来评估列车周围发生的事情，采用决策和行动来响应信号、告警和警报，并通过通信来理解和响应指令。这些技能常常容易被忽视，但是，当铁路事故发生时，非技术技能往往是一个非常重要的因素。2012 年英国铁路安全和标准委员会对铁路非技术技能进行了分类，共列出 26 项，并将其分为七类，即 SA、责任心、沟通、决策与行动、合作及与他人合作、工作负荷管理和自我管理。RSSB 公开这些非技术技能，目的是让运营商更好地理解它、重视它，并帮助他们提高对这些技能的认识，使员工能有效利用这些技能来改善和提高其工作绩效。同年英国铁路监管办公室（ORR）建议所有铁路公司将非技术技能纳入其员工能力管理系统（CMS）中，强调致力于持续发展和加强铁路员工非技术技能的重要性，而不是简单地一次性解决问题。

在澳大利亚新南威尔士州的铁路事故调查中发现，虽然司机心脏病发作失能是事故发生的主要诱因，但是整个事件中从应急救援、车辆设计、司机安全系统、风险管理、数据记录、信息沟通、列车维护、员工健康检查、安全管理、员工培训、企业安全文化等方面均暴露了诸多问题。事故调查报告特别强调了员工培训、安全管理和企业安全文化的问题，例如澳大利亚国家铁路局未能就如何处理特定类型的紧急情况对车上安保人员进行充分培训，列车司机和安保人员之间存在着权限梯度，未能有效将安保人员和司机组织成一个有效团队来工作，这不便于列车安保人员在必要时及时采取措施对列车进行制动，正是由于这种沟通协同和有效培训机制的缺失，使得可以阻止列车失速的最后一道安全防线被突破。

科学合理的安全管理系统不仅涉及防止事故发生的方法，还涉及对此类事故的响应，以尽量减少生命损失、人身伤害或财产损失等不利后果。然而瀑布站事故中澳大利亚国家铁路局和铁路运营公司均未建立起这样一个有效的安全管理系统来防止安全缺陷引发事故或意外，他们的高层管理人员在安全管理方面缺乏足够的培训和专业知识，也没有明确的安全责任制。同时国家铁路安全监管机构相关资源欠缺，无法有效利用信息技术来监测铁路公司的安全绩效，也没有足够的立法手段来强制铁路运营商来实施和保障安全绩效。澳大利亚铁路安全法规、指南或其他相关规定的缺失，使寻求安全认证的铁路运营商难以了解其安全管理体系中究竟需要考虑哪些要素，这些都是导致瀑布站事件最根本的原因。

铁路文化主要体现在铁路运营的程序和经验丰富的员工所掌握的隐性知识中，澳大利亚国家铁路局和铁路运营公司过去主导的企业文化是准时运行，安全成为次要考虑的因素，而员工通常不会自觉考虑他们所从事的活动中的风险，除非组织的核心文化是安全，避免事故是组织的核心业务。只有当公司管理者以身作则，认识到安全在组织运营中的重要性，并确保在业务管理中考虑各级所做工作的安全影响时，安全及风险管理控制才可能成为铁路运输业务的核心部分。澳大利亚国家铁路局级管理层未能将安全作为铁路运输的首要目标，也不愿意对其安全绩效或安全管理的有效性进行严格的自我检查。在处理事件或事故时，他们是一种指责文化，而不是公正文化。如果管理层和运营人员之间的关系紧张，存在指责文化，那么就不可能在组织中实现从一线运营人员到最高级管理层的共同目标，即安全和可靠的运输服务，这种安全文化的缺失为瀑布站事件的发生埋下了隐患。

国内学者于秀珍通过对某铁路局 2014—2018 年行车安全事故进行影响因素分析，同样也发现了监督和管理不到位、教育培训不到位等组织因素是导致行车事故的深层因素和根源性因素。总之，高质量的工程和运营管理是保障铁路运输安全、可靠、高效的关键，铁路是一个复杂的社会技术系统，其核心是人，除了涉及人与硬件、人与软件以及人与环境之间的关系界面问题，其中人的个体因素、人与人之间的交流和沟通以及个人与组织之间的相互影响对于铁路行车安全来说同样十分重要。

1.2 智能化对列车驾驶安全带来的挑战

铁路作为重要的交通基础设施和运输骨干，以节能环保、绿色低碳、高效方便等优点，成为大众出行的主要交通方式。更高速、更安全、更环保、更智能、更自主、更可持续、系统更优是我国铁路未来的发展方向，特别是智能化技术在提高铁路运输效率的同时也为列车驾驶安全带来了新的挑战。

1.2.1 列车司机的核心任务特征及需求

在进行类似列车智能驾驶系统这种复杂的安全社会技术系统设计时，对司机行车的核心任务需求进行分析是十分重要的，如果考虑不周可能会危及人们的生命安全。未来用于识别轨道上的列车位置和种类、通过保持安全有效的间隔控制列车行驶以及列车与信号和控制功能之间的通信技术将发生重大变化，新系统的设计、实施和运行将产生大量新的人因问题。铁路智能化的目的是提高运行效率、保障乘客安全和舒适，降低运营维护成本和能源消耗，但是以人为本的智能化相关研究表明，智能化也可能有负面的影响。例如，Billings 研究探讨了智能化在航空领域的影响，他认为在完全清楚智能化对操作者的影响之前，智能化的使用不应太快。操作者应该对智能化正在做什么和为什么这么做有良好的 SA，操作者对智能化系统导致的最终风险仍然需要承担最终责任。在航空领域，操作者是飞行员和空中交通管制员；在一个完全智能化的铁路系统中，操作者是调度员、车站和列车上的监控人员。因此，应该考虑当智能化技术导致人即司机不再位于列车上时，可能会出现哪些新问题。

Karvonen 等人探讨了列车驾驶系统在智能化进程中可能面临的挑战，通过访谈、观察、数据分析、卡片分类以及异常情况定量分析等方法归纳了列车司机核心任务的特点，见表 1-2。

表 1-2 列车司机核心任务特征

动 态 性	复 杂 性	不 确 定 性
工作对象的动态性： (1)必须按照时刻表运行→定期重复某些任务； (2)列车以预定的速度运行，“驾驶配置文件”规定了运行速度； (3)意外很少发生→事件的规律性和稀缺性导致单调性； (4)高峰时段车流量和客流量都比较大→这对司机工作负荷会产生影响； (5)技术故障和外部环境会造成列车延误。 快速响应的需求： (1)异常情况需要快速反应以防止运行线路堵塞→线路必须快速恢复正常运行； (2)在发生事故的情况下，必须迅速护送乘客到安全地带； (3)根据事故具体位置和当时情况寻求帮助； (4)由于环境的不断变化，司机必须时刻保持警惕	目标系统的复杂性： (1)轨道网络； (2)列车驾驶； (3)异常状况很少相似→没有必然的流程或惯例； (4)在特殊情况下，需要兼顾列车运行和乘客； (5)司机必须清楚地知道他的合作伙伴的职责和责任； (6)司机必须了解影响列车驾驶的环境因素； (7)随着时间的推移，所使用的技术、车站数量、轨道长度和客流量都有所增加。 技术的复杂性： (1)不同列车模式运行有差异； (2)司机能够在列车上现场快速解决小的技术问题	技术的不确定性： (1)轨道上微小的侵入物会导致误报警； (2)联锁系统故障； (3)当前自动化的功能； (4)列车缺陷； (5)设备故障，通信异常； (6)电力故障； (7)可用性问题。 目标系统的不确定性： (1)乘客行为； (2)轨道上出现的障碍物和故障； (3)多变的天气条件； (4)火灾。 信息不足： (1)故障持续时间难以预测； (2)很难为某些特殊情况制定一套处理流程，因为它们很少相似

从列车司机的核心任务分析可以看出，其作业具有动态性、复杂性和不确定性的特点。动态性主要体现在与时间相关的需求，比如时间安排、持续时间和延误。列车通常严格按照时刻表运行，某些任务会定期重复执行。司机仅需按照时刻表运行，整个工作看起来十分单调，但是，当异常和特殊事件发生时，需要司机快速采取决策和行动，这时紧凑的时刻表就容易出现问题。列车驾驶的复杂性主要来源于异常情况发生时不存在完全固定的流程，在这种情况下，司机需要在修复异常、照顾乘客和使交通正常化之间合理地分配注意力，继续让列车按计划运行；驾驶复杂性的另一个因素是天气和乘客行为等外部因素对驾驶作业的影响。驾驶任务的不确定性一般与其所使用的技术和周围环境有关，异常情况的出现和持续时间很难预测，解决问题所需的时间往往取决于问题的严重性和发生的位置。

将列车司机完成驾驶任务所需的协作、技能和知识与驾驶任务的动态性、复杂性和不确定性特征对应起来就可以梳理出列车司机驾驶核心任务需求，如图 1-6 所示。

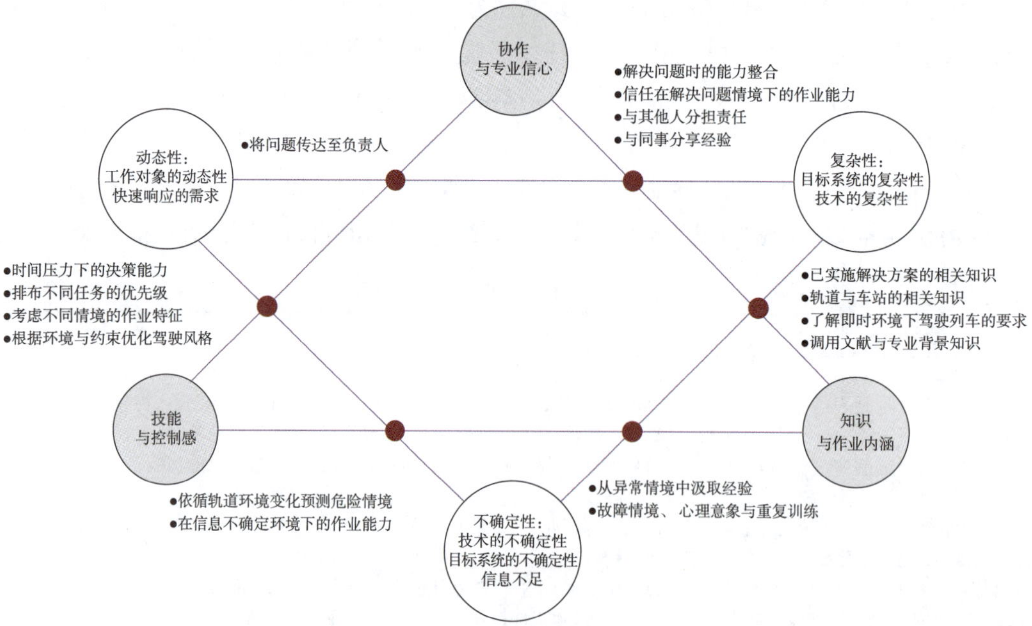

图 1-6　列车司机驾驶核心任务需求

从图 1-6 可以看出，任务动态性管理涉及司机自身的技能和与他人的协作，例如司机通过控制列车行驶速度和在车站的停车时间来保持列车按计划运行；在管理与复杂性相关的因素时需要司机不同类型的知识，例如设备功能、操作流程和周围环境的影响，在解决问题的情况下不同参与者之间的合作以及他们专业知识的结合也非常重要。司机管理不确定性的相关技能主要包括观察周围环境和预测危险情况，司机可以通过故障情境、心理意象与重复训练为意外情况做好准备，利用知识来管理不确定性。

Karvonen 的研究发现，列车司机的日常工作任务除了按照信号安全准点地驾驶列车，以及在每一站停车、开关车门这些可见的任务之外，司机还承担很多重要但不可见的任务，例如对列车外部事件进行预判、观察、解读和反应;司机还要监视周围可能对列车行驶产生影响的环境,例如天气条件、乘客行为以及轨道上可能出现的物体。在异常状况下,例如技术故障,司机不仅仅是其他员工的监督者,还是处理问题的直接责任人。

列车驾驶系统智能化将影响司机所有核心任务的特性及其管理方式,新技术自然要求司机学习新的技能和知识,司机还必须了解和管理智能化系统可能带来的新的不确定因素。智能化系统为了防止设备失效和人为错误对列车运行安全的影响,采用了多重、多样的检测装置和安全措施,使系统更加复杂,这在提高了系统安全性的同时也增强了人对系统的依赖性,降低了其对系统安全风险的警觉性。使用者如果不清楚复杂的智能化功能,那么他们理解系统及其功能逻辑就会变得更加困难。智能化技术可以大大缩短列车的行车间隔,但同时也会增加外部干扰引发的脆弱性,一旦出现故障造成列车停运,要使其恢复正常将会变得十分复杂。目前列车驾驶系统智能化面临的挑战主要来自四个方面:在轨道上驾驶列车、进站停车、照顾乘客和与列车运行控制系统中的其他岗位角色进行交互。

(1)在轨道上驾驶列车

不管列车速度有多快,司机能够立刻对前方的潜在威胁做出反应,而铁路系统中的其他岗位角色都无法达到像司机如此快的反应,例如,列车前方有障碍物,尽管有监视人员巡视列车,但是他们不可能像司机那样以最快反应速度使列车在障碍物前停下。天气条件是行车中一项重要的不确定因素源,在恶劣的天气条件下,司机驾驶经验对驾驶安全有着十分重要的作用,在智能化系统中考虑所有的天气条件几乎是不可能的,特别是在恶劣的气候条件下行车。

除了天气条件外,列车驾驶还包括对轨道两侧交通情况的观察和对潜在事故的预测,例如,司机可以及时发现轨道和接触网上的异物和入侵者,决定是否需要停车,及时向调度员报告异物或入侵者的位置,还可以识别翻越轨道两侧安全栏或在轨道上徘徊的动物或人员,并通过鸣笛警示等手段来阻止入侵行为的发生。

在列车驾驶过程中,司机能够快速地处理一些小的技术故障,例如在冬季易发生的列车车门故障。如果司机的角色被自动驾驶系统所取代,那么这些车辆小的技术故障就需要维修援助,这可能会导致整个列车系统停运。

司机在列车驾驶系统中很重要的一个特点就是能始终保持与相关设备和环境的直接接触,能根据经验观察和预测潜在的危险,例如,能通过对既有微小故障的分析预测可能发展恶化的结果,也能通过对陈旧基础设施的判断预见即将出现的风险。

(2)进站停车

司机在进站停车时能够预测来自特殊乘客群体(儿童、残障人士等)的需求和问题。当列车车门关闭出现夹人夹物时,司机能够通过多种途径快速确认并采取行动,手动重开列车车门。当司机发现站台上乘客有不恰当的行为时,例如拍打车门、强行不让关闭车门,他可以通过鸣笛或通信警告对这些乘客的危险行为做出反应。遇到列车晚点,司机可以灵活地根据客流量调整停站时间,把晚点的时间追回来,而在智能化驾驶系统中,要做到这一点是十分困难的。

(3)照顾乘客

乘客的安全疏散即使在当前的铁路和高铁系统中也是一件很困难的事情。如果智能化的列车在隧道中停运并且没有司机引导,特别是遇到火灾、洪水、恐怖袭击或者爆炸威胁,在这种高时间压力下的疏散会引发很多问题。列车司机承担的一个重要角色就是安抚乘客并且尽快护送他们到安全区域免受进一步的伤害,由于司机对运行线路情况十分熟悉,他可以很快地将乘客引导到最近的出口或紧急疏散通道,而高度智能化的无人列车处理这种情况,则需要从控制中心或最近的车站将工作人员送上列车再组织乘客进行疏散,这将会十分耗时。智能化系统发生异常状况后,乘客需要自己联系控制中心讲述情况,由于其不专业,与司机能够以标准化的处理流程进行上传下达相比,会大大增加沟通成本,延误救援时机。

(4)与列车运行控制系统中的其他岗位角色进行交互

列车司机与列车运行控制系统中的其他岗位角色之间有着重要的联系,例如,司机向控制中心调度员提供有关列车、轨道和站台状态的第一手信息,司机与调度员、车站值班员等人就影响列车运行的基本现场因素进行沟通是其工作职责的一部分。当列车发生严重事故(如脱轨或火灾)时,需要由司机来联系调度员、车上乘务或者检修人员,调度员需要不断与司机联系来获得关于事故现场专业的信息,此时司机是现场状况的主要信息源,他是整个事件处置过程中关键的一环。

在列车正常行驶时,车载系统会发出很多报警,司机可以及时根据现场情况对这些报警进行辨识,判断哪些是虚报、误报,同时及时通知控制中心调度员。如果列车自动驾驶系统没有了司机,这些报警信息将直接发送至控制中心,而控制中心调度员收到这些报警后,由于不知道现场情况,很难对这些告警做出准确的判断,一旦系统由于误报导致列车停运,将会给运营商带来巨大的损失。

在司机换班时,交接班司机会交换诸如车载系统中可能出现的故障、线路及信号情况等列车运行相关信息,这对于保障列车连续安全运行是十分重要的,而这种信息交流在智能化无人列车驾驶系统中是不存在的。

Karvonen 的研究还发现,由于列车司机在操纵列车时可以直接看到轨道、车站、站台和乘客,这就为他提供了一种独特的可能性,可以预测、观察、解释并对周围环境中的事件做出反应。司机是与列车运行控制系统中的其他岗位角色连接的重要纽带,列车司机的工作环境是多方面的,除了基本的驾驶任务,他有着更多样化的角色,如果不能正确理解司机当前的角色,将很难保障列车智能化或无人后的行车安全。

在 Karvonen 提出的列车运行系统全自动化可能带来的挑战中,其中一些涉及服务质量,一些则涉及行车安全。铁路领域中的安全问题与道路运输相比往往更具有挑战性,因为铁路事故发生的概率很低,其原因很可能是不可预测的,因此,很难确定智能化系统是否比传统更安全或更不安全。智能化系统需要解决的是环境的不可控因素,如果智能列车想要融入人们的日常生活，那么恶劣的天气条件和不可预测的乘客行为这些问题就必须予以考虑。

2012 年，Flemisch 等人专门探讨了智能化人机系统设计中四个重要概念：能力、权力、控制和责任。

(1)能力：具有执行控制的手段和资源。

(2)权力：允许或不允许人或系统做什么，既有行使控制权的权限，也有变更控制权的权限。

(3)控制：根据情况采取行动，使其按自己喜欢的方式发展。

(4)责任：对控制的后果负责，在实施控制之前分配责任，然后进行评估。

这四个重要概念之间的关系如图 1-7 所示，这四个概念提供了一种有效的方法来思考和分析高度智能化和自动化系统的特征，从而引起大家对未来智能化高速列车系统中人的角色和责任的关注。

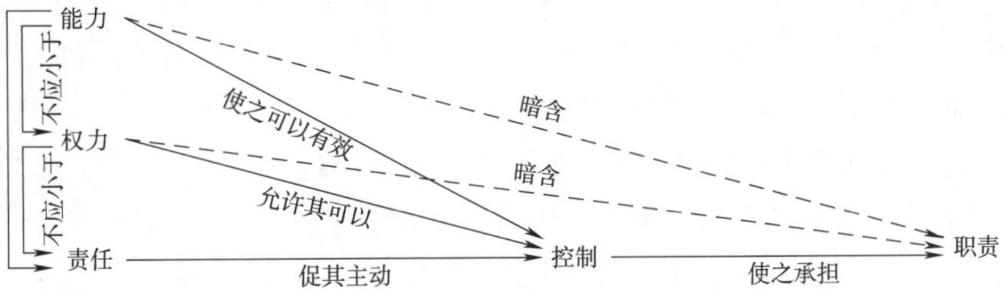

图 1-7　能力、权力、控制与责任的关系

1.2.2　影响系统智能化和自动化的人为因素

在实现系统智能化和自动化的过程中，人是不可或缺的一环，他必须对自动化系统进行监控、监督和承担最终责任，因此，在设计、引入和实施自动化时，必须让人能够保持对自动化及其运行环境状态的了解。目前影响系统智能化可靠性、绩效或安全性的人为因素主要包括以下六个方面：

(1)保持人在环(human “in the loop”)和良好的 SA；

(2)使人们能够保持在系统中有效履行职责所需的技能；

(3)在人和智能化系统之间找到适当的权限和责任的分配平衡；

(4)避免人对智能系统的过度信任；

(5)避免人在系统中履行职责的难度和过度的精神负担；

(6)避免“自动化惊讶”。

自动化惊讶指的是自动化系统做了一些使作业者没有预料到的事情。在人与智能化系统之间的一个主要问题是，智能化系统非常可靠以至于它在大多数时间处于有效的控制之中，人除了监视系统寻找可能需要干预的异常迹象外，几乎没有什么可做的。当人所要做的只是监视时，他们很难在较短时间内集中注意力，由于缺乏对系统正在发生的事情、正在进行的事情或将要发生的事情的关注和意识，会很快导致人不在环并失去 SA。避免人在环外(human "out of the loop")和失去 SA 的最有效方法是确保人能够主动寻找并利用外部和系统状态的信息，如果人的响应只能是被动地对告警进行反应，这必然会使人脱离系统和失去 SA。

系统高度的智能化会使人很难保持所需的知识和技能，但是需要清楚地认识到人往往是系统安全的最后一道屏障，有时需要对系统进行及时的干预。目前在航空领域通过引入大量复杂的、高逼真度和经过型式认证的飞行模拟器来解决飞行员技能下降的问题，让他们通过模拟训练发展和练习手动，特别是应急技能。铁路行业全自动运行系统的无人化、少人化特点加剧了人员技能获取和保持的矛盾，传统的有人驾驶过程本身就是一个不断强化的训练过程，司机通过工作经验的不断积累，驾驶技能会持续增长，而列车全自动运行系统的应用，使得司机的日常工作经验积累消失，有学者发现技能在不使用之后会丢失或者衰退，但系统降级运行场景及应急处置场景又需要人员的介入，所以针对由于自动化设备导致的人员技能退化进行保持和强化就显得尤为重要。

智能化系统越来越多地提供了执行任务和功能的能力，他们比人工所能实现得更有效、更可靠和更准确。然而，在智能化和自动化及系统的最终责任者之间还是存在着非常显著的区别，自动化具有在规定条件下执行任务或功能的能力，并被赋予了执行任务或功能的权力。智能化和自动化系统开发者往往将人定义为对系统负有最终责任的责任者，但是如果人被排除在智能化系统之外，无法干预、缺乏 SA 或者已经失去了能够确保系统能力的技能和知识，那么这个智能化或自动化系统就会存在着风险。

智能化和自动化引起的自满(即"自动化偏见")是对技术的过度信任，当人们使用的系统具有高可靠性时，这种情况会经常产生。2013 年 7 月 24 日西班牙圣地亚哥的列车超速过弯事故中，司机由于过度信任列车给出的错误限速信息，没有及时瞭望，当时事故发生地是新老信号系统结合部，列控系统没有及时地更新限速信息，导致列车以限制速度两倍的速度通过弯道，最终导致列车脱轨，78 人死亡。同样在 2016 年 2 月 9 日发生在德国巴伐利亚州温泉小镇巴德埃贝林的列车相撞事故中，调度员的错误操作导致安全联锁人为关闭，由于过度信任信号系统的安全冗余，没有及时采取处置措施，最终导致两列列车在瞭望条件不良的情况下迎面相撞。可以看到相比于不信任导致的弃用自动化系统引发的人员工作负荷增大，当前更多的事故来源于对系统的过度信任导致的分心和 SA 丢失。

当引入智能化和自动化时，人们很容易认为系统中人的工作会变得更容易，但经验表明情况往往并非如此。事实上，当人的角色转变为监测系统是否有异常迹象或者支持系统执行依赖于人的判断或决策的任务时，人的任务工作量和难度往往会增加，尤其当系统出现问题时，很难在没有人为干预的情况下成功运行，人们常常会在时间压力下对发生的事情进行判断并进行干预，这时任务的难度与 SA 的保持或找出系统问题的原因密切相关。

随着时间的推移和人们获得更多的实践经验，人们会建立一个操作对象内部系统属性的心理表征。人利用这种“心智模型”来帮助他们理解系统的运作方式，并帮助他们预测在不久的将来可能发生的事情。用户的心智模型最初来自培训和系统用户手册中关于系统的知识和信息，以及用户对以往类似系统的体验。随着时间的推移，这个心智模型会根据个人观察和使用系统的经验对系统如何工作做出结论和解释，并进行更新和修改。许多涉及自动化系统事件的经验和教训表明，即使是训练有素且经验丰富的人员，在利用这个心智模型来帮助他们理解系统时，也可能会与现实相去甚远。

人对系统如何运作的心智模型与实际运作方式之间的差异会导致自动化惊讶。如果有时间了解发生了什么，或者通过系统提示可以让用户快速重新获得理解，自动化惊讶不一定是个问题，也可能不会产生不良后果。但是，如果惊讶的智能化和自动化系统让人知道他们对系统如何工作或正在做什么的心智模型是错误的，人就会失去 SA，完全脱离人在环的状态。

设计一个没有自动化惊讶的智能化系统是一项非常困难的挑战，设计者需要非常清楚地了解人和自动化元素在执行关键任务和功能时的相对作用，尤其是当系统需要将控制权移交给人，或者需要依靠人在几乎没有预警的情况下做出关键性决定的情况下，如何避免系统出现意外，需要有一种有效的策略来实时传达系统正在做什么以及为什么要这样做，使人保持良好的警觉和 SA。

1.2.3 智能化对列车司机驾驶安全的影响

列车智能化程度的提高并不一定意味着需要更少的人员，例如，在全自动运行的地铁环境下，当司机从列车中撤出时，就需要增加车站和列车上的监督和引导人员的数量。自动化和智能化等先进技术在提高列车系统的可靠性和效率的同时，也给运营商和用户的活动和行为性质带来了深刻的变化。智能化系统的引入使司机的角色从主动控制者转变为系统监控者，从而改变了对认知和感知能力的要求，包括持续注意力、决策和情况评估，这些变化意味着需要更广泛的学习和培训。但人通常有一种寻求认知节约的倾向，当他们与新的技术设备和界面交互时，有时会不可避免地重复使用以前的交互模式和行为，这在某些情况下会产生负面干扰，甚至导致事故的发生。

欧洲列车控制系统（European train control system，ETCS）是欧洲铁路交通管理系统（European rail traffic management system，ERTMS）的一部分，是一个列车控制和自动化系统。引入 ERTMS 的主要变化是将列车运行权限从轨道外部的信号转移到驾驶室内，改变了列车移动授权的位置和形式，同时引入了司机必须遵守的限制速度曲线，这种新系统的引入对列车驾驶任务和司机的驾驶行为会产生影响。在实施 ERTMS 之前，司机是“抬头”驾驶，他主要在司机室外寻找信息，利用他的路线知识，通过熟悉路线和了解正常制动点来进行驾驶和对速度进行控制。然而，随着 ERTMS 驾驶和 ETCS 的 DMI（driver machine interface）显示屏的引入，司机必须从 DMI 上获取提供的驾驶室内信息，这时驾驶方式从

“抬头”转向“抬头-低头”，会对行车安全带来负面的影响。

由于司机将注意力集中在车内的显示器上，他们可能不能及时发现未授权的人员侵限，特别是在铁路平交道口的区域。ETCS的引入需要司机将注意力调整到监控驾驶室内的显示器上，将列车的运行速度控制在制动曲线内，以避免超速运行诱发的惩罚制动。基于ERTMS的列车运行时刻表十分紧凑，几乎没有调整的余地，列车在通过有不同速度限制的区域时，对车内DMI显示器的监控就会增加司机的工作负荷。当列车接近限速区域时，司机需要仔细监控驾驶室DMI显示器，在避免诱发惩罚制动的情况下使列车保持接近最大可能的限制速度，同时还要对路况进行监控，以防止人员意外侵限，这种“抬头-低头”监控模式与传统的监控模式相比，增加了司机行车的安全风险。

ETCS系统的引入在减少司机记忆需求形成更准确的SA的同时也诱发了新的工作负荷和分心，分心来源主要包括：①ETCS系统产生的频繁听觉告警信息需要确认；②在ETCS系统初始化和操作出现错误时需要进行大量手工输入操作。有研究表明，当存在着较高的虚告警率时，人很可能会忽略告警，特别是在高工作负荷条件下，可能会禁用它们。Pasquini等人发现很多列车司机在低速限速区行车时为了将注意力集中在对列车速度的精准控制上，会关闭司机室的信号和ATP(列车自动保护)系统，以消除过多告警造成的干扰；当他们返回到高速限速区时，往往会忘记重新打开这些系统，从而引发安全隐患。欧洲的ETCS系统通常在列车运行开始时和系统关闭后需要司机手动向系统输入相关运行参数，尽管要输入的数据不复杂，但数据输入任务会产生额外的工作负荷。

2018年，Brandenburger等人的研究发现先进技术的引入会不可避免地带来人在铁路系统中所扮演的角色及人机功能分配的改变，他们根据Parasuraman和Wickens提出的人的四阶段信息处理模型，将列车智能驾驶系统进行智能化分级，范围从不存在智能化到完全自主化，同时利用这一分级模型对列车驾驶不同智能化水平，以及相关任务特征变化对司机疲劳、工作负荷和绩效影响进行了深入的实验研究。

一定程度的作业任务负荷可能转化为作业者不同的主观脑力负荷感受，而主观脑力负荷的感受水平反过来又会对某些任务的执行情况起着关键作用。一般情况下中等水平的脑力负荷对作业绩效结果最为有利，极度的欠工作负荷会导致机体失去活性、引发精神疲劳和嗜睡，而过度的高工作负荷会导致压力和精力消耗，引起作业绩效下降。Brandenburger的实验采用了ATP(NTC/ETCS列控系统)和速度控制(手动速度控制/自动速度控制)两因素两水平的混合析因设计，实验在列车驾驶模拟器上进行，有29名男性司机参与了实验。实验结果表明，无论在何种条件下，随着时间的推移，低自动化水平下任务导致的疲劳效应要高于高自动化水平，而工作负荷情况则刚好相反；在ETCS条件下，自动速度控制与手动速度控制相比，其工作负荷没有显著性差异；高自动化水平驾驶下低工作负荷使得司机会更容易出现疲劳并会降低对意外事件的反应能力。可塑性注意力资源理论认为注意力的大小可以随着任务需求的变化而改变，与脑力负荷不足相关的绩效表现下降可以用缺乏适当的注意力资源来解释，因此有学者认为未来智能车辆的设计应关注驾驶支持系统而不是取代驾驶者。

国家铁路局《“十四五”铁路科技创新规划》中明确提到，我国要发展更高速的智能动车组，打造性能指标领先的时速 250～400 km 级高速列车产品平台。2020 年 10 月，我国第一列时速 400 km 跨国互联互通高速动车组在中车长春轨道客车股份有限公司下线，列车运行速度的提高、技术环境的变化给高速列车的驾驶任务和人员要求带来了新的挑战。

2016 年，德国学者 Brandenburger 等人对未来高速列车驾驶的人机任务分配和高铁司机的能力需求进行了深入的研究，他们通过文献分析和对多名经验丰富的列车司机和培训专家进行访谈，采用任务分析法对未来高速列车可能出现的任务进行了分析，主要针对常规起动、制动场景以及非常规故障检测和缓解场景，包括列车速度调节、故障诊断、起动制动程序、车载设备监控、列车完整性检查、故障检测、轨道监控、驾驶知识、与信号系统的交互以及与乘客的通信 10 种典型任务。

专家们将较为低水平的控制任务（如制动的触发或列车完整性检查）分配给了智能系统，而与列车运行监督相关的沟通任务等分配给了司机，具体分配（专家评分）结果如图 1-8 所示。

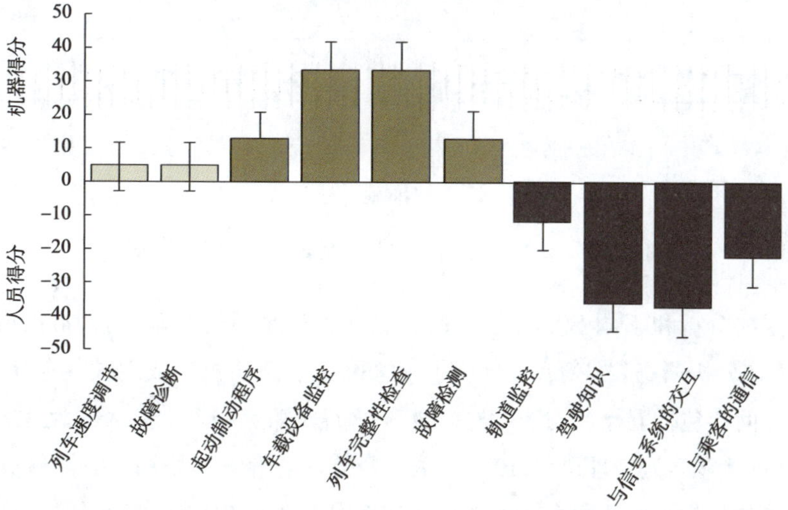

图 1-8　未来高速列车人机任务分配

注：竖线表示分配比例的波动。

在专家任务量化分配的基础上，Brandenburger 对未来高速列车司机的作业任务进行了进一步的层次任务分析，其中自动制动任务层次分析的结果如图 1-9 所示。

为了获得常规和非常规过程中的初步任务负荷量，层次分析中的所有子任务都被映射到相应的 SA 水平，以此构建了一个司机随时间执行任务的顺序时域图，在 SA 1 级状态下自动化常规制动过程中的司机任务时序如图 1-10 所示。

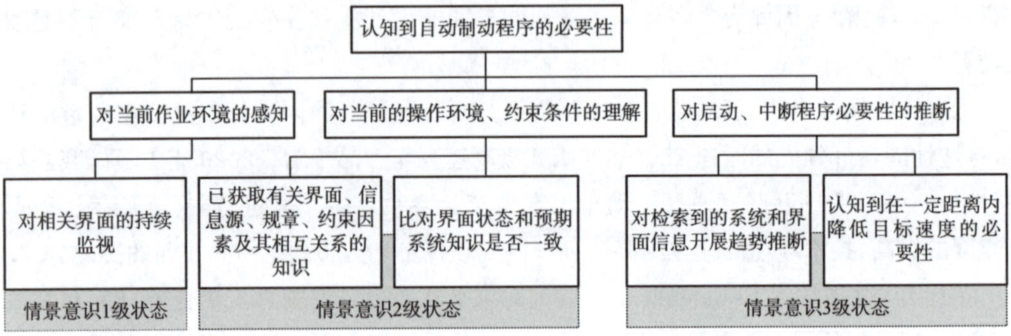

图 1-9　自动制动任务层次分析的部分结果示例

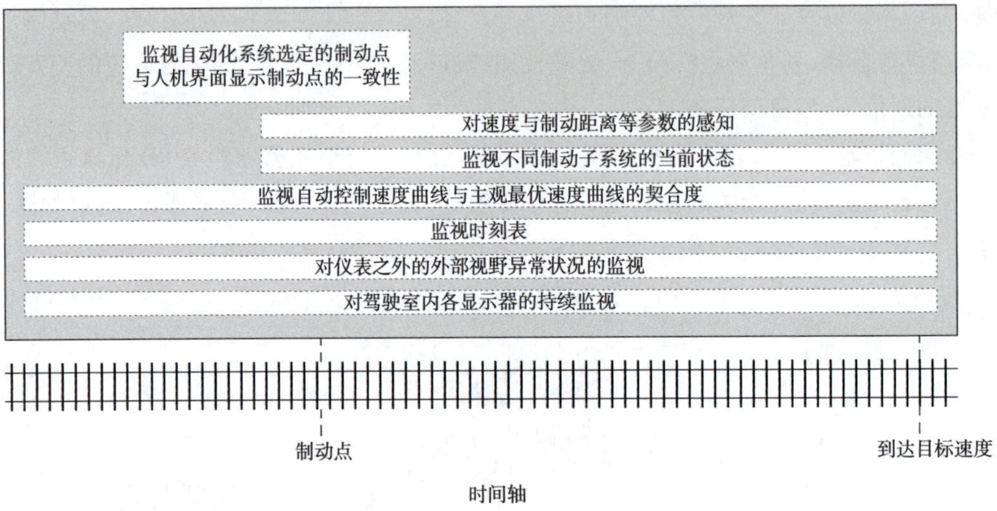

图 1-10　SA 1 级状态下自动化常规制动过程中司机任务时序

在任务层次分析和不同 SA 状态等级下的任务时序图的基础上，Brandenburger 利用 Fleishman 工作分析调查表(F-JAS)分析了未来高速铁路司机完成驾驶任务所需的能力和技能。F-JAS 问卷包括五个部分共 73 个量表：感官/知觉（12 个量表）、互动/社交（21 个量表）、认知(21 个量表)、心理运动(10 个量表)、身体(9 个量表)，采用 7 级评分对每种能力对工作任务的重要性进行锚定，低分表示所描述的能力不是工作任务所必需的，高分表示这种能力对于完成这项工作很重要，Brandenburger 对高速列车司机工作要求的能力分析见表 1-3。

表 1-3　高速列车司机工作要求的能力分析

项　目	均　值	标 准 差
感官/知觉	**5.28**	**0.75**
远视	5.81	0.93
夜间视力	5.76	1.16
语音清晰度	4.86	1.06

续上表

项 目	均 值	标准差
近视	4.67	1.11
互动/社交	**5.10**	**0.96**
可信任	6.43	1.03
毅力	5.86	1.10
说服力	4.14	1.53
辅导	4.05	1.40
认知	**4.72**	**0.75**
选择性注意	5.48	0.98
问题敏感性	5.43	1.12
数学推理	4.00	1.30
思路流畅	3.81	1.47
心理运动	**4.68**	**1.12**
控制精度	5.57	1.03
反应时间	5.57	1.34
腕指速度	3.90	1.41
手指灵巧	3.71	1.55
身体	**3.54**	**1.35**
体能	3.86	1.85
全身平衡	3.86	1.53
动态灵活性	3.43	1.57
耐力	3.38	1.56

从表1-3可以看出，视觉能力、手动控制精度和对重要信息的响应时间是未来高速列车司机最重要的能力；互动/社交也是未来高速列车司机比较重要的一项能力，其中可信任性和毅力与工作绩效有关，其特点是严格遵守规程、尽责和保持持续的注意力水平；感官/知觉、认知和心理运动领域的不同能力也获得了比较高的评分，而身体能力在调查的样本中评分最低。在认知领域中，选择性注意和问题敏感性是两项重要的能力，选择性注意是一种能够集中注意力在一项任务上而不分心的能力；问题敏感性是指识别问题及其与相关各个因素辨识的能力。数学或逻辑能力是当前欧洲铁路列车司机选拔中的测评指标，然而在Brandenburger的研究中，未来高速列车司机的数学或逻辑能力的重要性相对较低。

智能化和自动化并不是简单地取代人的活动，而是改变人的活动，通常会以智能化和自动化设计者意想不到或预料不到的方式进行，因此这就会对人的操作提出新的要求。人在系统中的角色的变化通常是无意和意料之外的，它们会使人需要执行的任务更加困难，并会破坏已建立的关系、沟通渠道和行使权力的能力。

智能化和自动化类型和水平的不同组合可以用人的绩效表现(脑力负荷、SA及自满和技能退化的可能性)以及系统绩效(自动化的可靠性、整个系统的表现不正确或不适当可能产生的潜在成本)来评估。智能化和自动化的成功取决于所涉及的任务类型,关键是了解什么可以智能化和自动化,什么不能。Cummings采用了公认的技能、知识和基于规则的人为错误分类法探索了系统功能智能化和自动化是如何支持或取代人的能力的。

智能化和自动化通常是最适合于在技术层面上完成的任务,例如车辆控制、精密铣削、解释复杂的图像等,所需的功能已有明确定义并在高度受限的环境中执行。人的基于技能的表现在很大程度上是潜意识的,它包括定期有意识地监控来检测是否有异常问题,当监控检测到一个已识别的问题,并且有以往的学习和实践经历时,就会表现出基于规则的技能。智能化和自动化系统也类似,如果在设计中已经预见到问题,并且已经开发了相应的算法来处理它,那么系统就能够处理这个问题。但是,如果问题没有被识别出来,并且之前没有学习过应对它的策略,人就会恢复到基于知识的表现,这意味着他会利用更深层次的知识、经验和与其他情况相似的认识来找出如何处理这个问题的方案,尽管这很困难也很复杂,但这是人所擅长的。总之,人的认知、直觉和判断在复杂、定义不明确、具有高度不确定性情况下具有非常强的能力,在这些情况下,人与智能化和自动化系统之间的合作和分担任务往往是最合适的解决方案。

智能化和自动化技术通常总是需要引入人来对系统实施监控,事实上监控成为人在智能化和自动化系统中的主要角色。但是正如许多实验研究表明的那样,由于人的注意力特点,人不擅长长期持续监控,与手动执行任务相比,智能化和自动化系统的被动监控可能更加困难,脑力负荷更大。这是由于人在大部分时间不在环,导致缺乏关于系统如何工作、正在做什么以及正在尝试做什么的透明度,这种人在环外以及系统与人之间沟通不畅的结果就会使人对SA的保持变得更加困难。因此,设计和引入高度智能化和自动化的系统时,必须尽量为人的监控角色提供有效支持,尤其是使其保持高水平的SA。

未来随着铁路技术的进步,列车定位技术、列车运行控制技术及车地通信技术等都将发生相当大的变化,这些新系统的设计、实施和运行都将给列车驾驶带来许多新的人因问题。传统的列车驾驶中,司机主要通过对各种仪表数据的判读和理解,手动完成各种行车操作任务,这是一种数据驱动型作业,表现出以技能式(即手动操控)行为为主,并带有一些规则式行为(即根据作业场景来选择合适的操作程序)以及少量的知识式行为(即在应急状态中,司机根据拥有的专业知识来采取有效的操作策略),在未来的智能列车操作中,司机的作业将主要通过能够感知车内外信息的智能辅助装置和ATO(列车自动驾驶)等车载设备来实施对列车运行的监控,司机的作业技能、规则和知识三种行为的相对比例正好与传统列车驾驶相反,即司机的驾驶作业更多地归属于规则式和知识式行为,有效的自动化监控操作更多地取决于司机对专业知识的理解;当遇到非正常行车情景时,司机需要进行一定的推理决策,这种规则和知识驱动式监控操作对司机的能力提出了更高要求。

智能自主化系统的操作需要人的参与，应充分考虑人与智能系统之间的角色、职责和工作量的有效分配，人与智能系统是协作伙伴的关系。随着列车运行速度的不断提高，为了行车安全，人机协同、人机组队将是未来高铁智能化发展的一个方向。

在航空领域，已有学者开展了针对“人-自主化组队”的一系列人因工程研究，初步研究表明，通过培养适当人-自主化组队合作，人机之间会增加互信，会提高人机系统的绩效。2020年欧盟航空安全局(EASA)基于“以人为中心”理念提出了三阶段目标的AI路线图：第一阶段(2019—2024年)利用智能技术协助人类操作和增强人类能力；第二阶段(2024—2028年)开发基于人机协同合作的智能系统；第三阶段(2029—2035年)开发高水平自主化的智能系统，同时确保人是最终决控者，这也为高速列车智能化发展及行车安全保障提供了良好的思路和借鉴途径。

未来高速列车智能驾驶在向智能自主化方向发展过程中，如何优化驾驶信息显示来降低自动化惊讶的可能性，如何通过以人为中心的自动化显控界面设计和训练将司机的非适度自动化信任和依赖调整到适当状态，如何通过有效的自动化监控策略、培训和心理模型构建来帮助司机应对非正常行车场景，如何利用人类生物智能和机器智能在不同程度上的深度组合和互补来支持基于人机协同合作的列车驾驶自主化系统设计，这都是在今后高铁技术发展中亟待解决的问题。

参考文献

[1] SUSSMAN E D, RASLEAR T G. Railroad human factors[J]. Reviews of human factors and ergonomics, 2007, 3(1): 148-189.

[2] BRANTON P. Investigations into the skills of train-driving[J]. Ergonomics, 1979, 22(2): 155-164.

[3] 北贝成纪．新干线电车运转台计器人体工学的检讨[R]. 铁道总研报告, 1990.

[4] WILSON J R, NORRIS B J. Human factors in support of a successful railway: a review[J]. Cognition, technology & work, 2006, 8(1): 4-14.

[5] HAMMERL M, JÄBER B, LEMMER K. An integrated model for working environments and rail human factors[C]// Human factors for assistance and automation, on the occasion of the 2007 meeting, Braunschweig, Germany. Dieren: Shaker Publishing, 2008: 415-427.

[6] HAMMERL M, VANDERHAEGEN F. Human factors in the railway system safety analysis process[C]// 3rd International Conference on Rail Human Factors, Lille, France. Oxford: Taylor & Francis, 2009: 1-9.

[7] BUCK L. Errors in the perception op railway signals[J]. Ergonomics, 1963, 6(2): 181-192.

[8] LUKE T, BROOK-CARTER N, PARKES A M, et al. An investigation of train driver visual strategies[J]. Cognition, technology & work, 2006, 8(1): 15-29.

[9] STEVENSON M G, COLEMAN N, LONG A F, et al. Assessment, re-design and evaluation of changes

to the driver's cab in a suburban electric train[J]. Applied ergonomics,2000,31(5):499-506.

[10] ZUBILLAGA X, BARTA M, MIGLIANICO D, et al. Usability testing of the future standardized European driver's desk under "real world" conditions[C]// 9th World Congress of Railway Research, Lille,France. [S. l. : s. n.],2011:1-9.

[11] KYRIAKIDIS M, PAK K T, MAJUMDAR A. Railway accidents caused by human error: historic analysis of UK railways,1945 to 2012[J]. Transportation research record,2015,2476(1):126-136.

[12] PRIESTLEY K, LEE G. Human factors in railway operations[C]. IET. 2008 International Conference on Railway Engineering-Challenges for Railway Transportation in Information Age, Hong Kong. [S. l. : s. n.],2008:1-5.

[13] AULIANI S, IRIDIASTADI H. Factors causing train driver fatigue: a systematic review[C]// Proceedings of the Second Asia Pacific International Conference on Industrial Engineering and Operations Management, Surakarta, Indonesia. [S. l. : s. n.],2021:2880-2886.

[14] DORRIAN J, CHAPMAN J, BOWDITCH L, et al. A survey of train driver schedules, sleep, wellbeing, and driving performance in Australia and New Zealand[J]. Scientific reports, 2022, 12 (1):3956.

[15] GUO M, HU L, YE L. Cognition and driving safety: how does the high-speed railway drivers' cognitive ability affect safety performance? [J]. Transportation research, Part F: traffic psychology and behaviour,2019,65:10-22.

[16] 叶龙,沈梅,傅俊凤,等. 铁路行车安全与司机生理和心理素质关系的研究[J]. 中国安全科学学报,1997,7(6):56-60.

[17] MISAWA R, INADOMI K, YAMAGUCHI H. Psychological factors contributing to unsafe behavior in train drivers[J]. Shinrigaku Kenkyu: the Japanese journal of psychology,2006,77(2):132-140.

[18] MADIGAN R, GOLIGHTLY D, MADDERS R, et al. Rail industry requirements around non-technical skills [C]//International Conference on Ergonomics & Human Factors 2015, Daventry, Northamptonshire. Florida: CRC Press,2015:474-481.

[19] MCINERNEY P A. Special commission of inquiry into the waterfall rail accident final report volume 1 [R]. New South Wales: Special Commission of Inquiry into the Waterfall Rail Accident,2005.

[20] 于秀珍,牟瑞芳. 集成 DEMATEL 与 ISM 的铁路行车事故影响因素分析[J]. 安全与环境学报,2022,22(5):2334-2341.

[21] BAINBRIDGE L. Ironies of automation[M]// JOHANNSEN G, RIJNSDORP J E. Analysis, design and evaluation of man-machine systems. Amsterdam: Elsevier,1983.

[22] BILLINGS C E. Aviation automation: the search for a human-centered approach[M]. Mahwah: Lawrence Erlbaum Associates,1997.

[23] KARVONEN H, AALTONEN U, WAHLSTROEM M, et al. Hidden roles of the train driver: a challenge for metro automation[J]. Interacting with computers,2011,23(4):289-298.

[24] DEKKER S W, BILLINGS C E. Humans and the evolution of industrial automation[M]// BILLINGS C E. Aviation automation. Mahwah: Lawrence Erlbaum Associates,1997.

[25] PARASURAMAN R, RILEY V. Humans and automation: use, misuse, disuse, abuse[J]. Human factors, 1997, 39(2): 230-253.

[26] FLEMISCH F, HEESEN M, HESSE T, et al. Towards a dynamic balance between humans and automation: authority, ability, responsibility and control in shared and cooperative control situations [J]. Cognition, technology & work, 2012, 14(1): 3-18.

[27] ARTHUR W, BENNETT W, STANUSH P L, et al. Factors that influence skill decay and retention: a quantitative review and analysis[J]. Human performance, 1998, 11(1): 57-101.

[28] MORAY N, INAGAKI T. Laboratory studies of trust between humans and machines in automated systems[J]. Transactions of the Institute of Measurement and Control, 1999, 21(4/5): 203-211.

[29] WOODS D D, SARTER N B. Learning from automation surprises and going sour accidents[M]// SARTER N B, AMALBERTI R. Cognitive engineering in the aviation domain. Boca Raton: Lawrence Erlbaum Associates Publishers, 2000.

[30] WIGGINS M W, AUTON J, BAYL-SMITH P, et al. Optimising the future of technology in organisations: a human factors perspective[J]. Australian journal of management, 2020, 45(3): 449-467.

[31] BESNARD D, CACITTI L. Interface changes causing accidents: an empirical study of negative transfer [J]. International journal of human-computer studies, 2005, 62(1): 105-125.

[32] EINHORN J, SHERIDAN T B, MULTER J. Preview information in cab displays for high-speed locomotives[R]. Washington, D. C.: United States Department of Transportation Federal Railroad Administration, 2005.

[33] PASQUINI A, RIZZO A, SAVE L. A methodology for the analysis of SPAD[J]. Safety science, 2004, 42(5): 437-455.

[34] BRANDENBURGER N, NAUMANN A, THOMAS-FRIEDRICH B, et al. Automation in railway operations: effects on signaller and train driver workload[C]// Proceedings of the 3rd German Workshop on Rail Human Factors, Adlershof, Berlin. [S. l.: s. n.], 2018: 51-60.

[35] YOUNG M S, BROOKHUIS K A, WICKENS C D, et al. State of science: mental workload in ergonomics[J]. Ergonomics, 2015, 58(1): 1-17.

[36] WAARD D D. The measurement of drivers' mental workload[D]. Groningen: University of Groningen, 1996.

[37] DOBSON K. Human factors and ergonomics in transportation control systems[J]. Procedia manufacturing, 2015, 3: 2913-2920.

[38] SILVA, FÁTIMA P D. Mental workload, task demand and driving performance: what relation? [J]. Procedia-social and behavioral sciences, 2014, 162(2): 310-319.

[39] YOUNG M S, STANTON N A. Malleable attentional resources theory: a new explanation for the effects of mental underload on performance[J]. Human factors, 2002, 44(3): 365-375.

[40] BRANDENBURGER N, HÖRMANN H-J, STELLING D, et al. Tasks, skills, and competencies of future high-speed train drivers[J]. Proceedings of the Institution of Mechanical Engineers, Part F:

journal of rail and rapid transit,2017,231(10):1115-1122.

[41] EIßFELDT H,HEINTZ A,KISSING D S. Selection requirements to work in future ATM systems [C]// Proceedings 16th Internatinal Symposium on Aviation Psychology, Dayton, Ohio. Dayton: Wright State University,2011:315-320.

[42] PARASURAMAN R, SHERIDAN T B, WICKENS C D. A model for types and levels of human interaction with automation[J]. IEEE transactions on systems,man,and cybernetics,Part A:systems and humans,2000,30(3):286-297.

[43] CUMMINGS M. Informing autonomous system design through the lens of skill-,rule-,and knowledge-based behaviors[J]. Journal of cognitive engineering and decision making,2018,12(1):58-61.

[44] ENDSLEY M R. From here to autonomy: lessons learned from human-automation research[J]. Human factors,2017,59(1):5-27.

[45] TOKADLI G, DORNEICH M C, MATESSA M. Evaluation of playbook delegation approach in human-autonomy teaming for single pilot operations[J]. International journal of human-computer interaction,2021,37(7):703-716.

[46] 许为. 七论以用户为中心的设计:从自动化到智能化飞机驾驶舱[J]. 应用心理学,2022,28(4):291-313.

第 2 章　列车驾驶认知行为建模及人为失误分析

我国 2001—2015 年的铁路事故案例统计数据表明，因作业人员不安全行为直接导致的行车事故平均占比约 30%。其中，作为铁路运输系统的直接参与者和控制者，动车组司机不安全行为导致的事故在人因事故中占比约为 25%。随着近年来机车保有量、机车速度和行车密度的不断提高，以及铁路机务管理部门对长交路、短间距及单司机值乘等管理制度的改革推进，对列车司机操纵机车的标准化作业及驾驶技能的要求也越来越高。列车司机处于信息高度密集、持续车载振动和噪声干扰的工作环境中，复杂的工作流程、不规律的作息时间，以及常年处于强负荷、高度紧张、高速运转的工作状态，加上司机在操纵列车的过程中，心理生理由于受到外部环境影响，出现疲劳、注意力分散等不安全状态，在短期内的信息感知、认知、决策和动作执行能力会下降，极易导致不安全行为，危及行车安全。本章主要从影响高铁司机驾驶安全绩效的个体因素出发，从人因可靠性的角度对列车驾驶绩效影响因子及驾驶人为失误模式和认知成因展开深入的分析和探讨。

2.1　基于 SA 的列车驾驶认知行为建模

列车司机是整个列车运行系统中关键的一环，与汽车驾驶不同，列车驾驶任务是一个一维的速度控制问题，除了方向控制外，两者之间的主要区别之一是汽车司机需要较少的反应时间来实现制动。相比之下，在铁路基础设施设计时，需要为列车司机预留 8 s 的信号观察时间来让其做出制动反应，列车的自重远远大于汽车，行驶速度也更快，这意味着需要更长时间才能让列车停下来。

从 19 世纪末铁路运营开始到今天，列车司机的工作已经从一个体力要求很高的工作发展成为一个认知要求很高的工作。在以往的铁路系统中，传统的列车驾驶主要依靠轨道上的移动授权信息和司机头脑中的线路知识，司机通过对司机室外信号的瞭望，利用他们既有的知识和经验来对列车速度和制动控制进行决策。现在随着列车运行控制系统技术的不断进步，列车的移动权限可以由司机室内 DMI 上车载信号发出。目前无论是欧洲的 ETCS 和还是我国 CTCS 列控系统均具备列车超速防护功能，在 DMI 上可以为司机提供列车行车的速度曲线，司机须按限速曲线行车，如果驾驶超速，系统会发出报警，列车会自动刹车。

2006 年 Jansson 等人认为列车驾驶主要有三种工况，即在途中(司机在两个车站之间，专注于速度控制)、进站(司机专注于监控乘客和环境，并确保列车进入正确的站台)、出站(司机确保列车安全离开车站)。2009 年 Roth 等人认为列车的驾驶工况还应包括接近平交道口、接近轨道施工区、通过轨道施工区和在不同的列车操作模式之间的转换。

除了不同驾驶工况外，列车驾驶任务还可以分为主要任务和次要任务，列车司机的主要任务是整合来自司机室内外的各种静态和动态信息以实现多个目标。第一个目标是在允许的移动权限范围内移动列车，第二个目标是按计划停车，第三个目标是以安全和有效的速度行车。列车驾驶需要应用非常专业的知识，不仅要熟悉线路，还要了解行车规则和车辆的牵引动力系统，同时还要遵循预定的时刻表安全驾驶列车。除主要任务外，列车司机的次要任务包括出车前整备、操作车门、重联和解编、改变列车方向以及与其他铁路员工沟通。

研究列车驾驶模型不仅能从理论上理解列车驾驶以及与驾驶相关的认知和体力任务及其需求，而且还可以用于解决行业中的工程实际问题，例如，可以为铁路基础设施的设计和变更提供信息支持。目前用于列车驾驶建模的基础理论模型主要有：Wickens 的人的信息处理模型、Boyd 的 OODA 模型(observe，orient，decide，act)、Neisser 的知觉循环模型、Endsley 的 SA 模型、Zhang 的分布式认知模型和 Hollnagel 的联合认知系统模型，以此为基础构建的列车驾驶模型有 6 种，见表 2-1。

表 2-1　既有的列车驾驶模型

序号	模型名称	作　者	时间	国　籍
1	列车司机与自动警告系统(AWS)交互的 SA 模型	McLeod 等人	2005 年	英国
2	基于认知任务分析的人的能力与认知-行为模型	Hamilton 等人	2005 年	英国
3	影响列车司机绩效的知识、认知功能和过程的简化模型	Roth 等人	2009 年	美国
4	马来西亚列车司机绩效模型	Sani 等人	2010 年	马来西亚
5	现代与传统列车驾驶中基于技能的动态控制多任务模型	Naweed	2013 年	英国
6	列车司机心理工作特征、心理负荷与认知需求的模型	Zoer 等人	2014 年	荷兰

目前已有的列车驾驶模型主要关注司机的信息处理过程，如 McLeod 等人认为简单的信息处理模型为理解列车司机的认知过程提供了一个有用的框架；Hamilton 等人在基本的信息处理模型基础上提出了一个列车司机绩效模型来预测司机在不同操作场景下的绩效时间、工作负荷和人为失误；Roth 则在 McLeod 模型的基础上，融入了司机的高级认知功能，对列车司机绩效的知识、认知功能和过程进行了简化；Naweed 的动态列车控制模型着重分析了传统和使用新技术的列车系统对司机信息处理过程的影响。可以看出，信息处理模型在描述列车驾驶过程中相关的认知过程、理解人为失误的原因方面发挥着非常重要的作用，既有列车驾驶模型基本涵盖了以下四个方面：

(1)列车驾驶是一个认知信息处理过程；

(2)强调 SA 的形成及对信息处理的作用；

(3)考虑列车驾驶的动态性质以及司机与外部环境的相互作用;

(4)除了知识和技能,司机的心理和生理因素也会对驾驶产生影响。

列车驾驶模型的构建不仅要考虑心理学上的有效性,还需要考虑驾驶任务及其相关的认知和身体需求,既有这些模型中有许多是为了解决特定的问题或针对不同的目的而设计的。如 Sani 等人的模型旨在评估特定文化背景下的列车驾驶绩效;Zoer 的模型则侧重于描述列车司机的心理工作和特征、心理负荷以及相关的心理和认知要求。

目前,动车组司机在列车驾驶过程中,主要通过监控 CTCS 车载系统状态、车辆状态及外部环境,与中央控制子系统和地面控制子系统中操作人员进行信息交互,实现对列车牵引和制动状态的安全实时控制。司机需要不断地接收、编译、整理和分析信息,并及时做出相应的驾驶行为决策,这对他们的脑力需求提出了较大的挑战。此外,工作调度或列车延误所产生的工作时间的延长、面临的工作绩效考核以及管理部门不断强调安全运行所带来的压力等各方面因素,导致动车组司机具有较高的工作负荷。

同时,复杂的工作环境要求动车组司机在驾驶过程中需保持精神高度集中,容易形成负面情绪,产生职业疲劳。另外,特殊的工作性质使得他们无法拥有充足的业余时间进行日常所需的人际交往与家庭照料,由此可能导致的不和谐人际关系和家庭冲突等问题会进一步增加他们的疲劳程度,呼和浩特局集团公司卫生监督所对普速和高速列车司机作业前后的疲劳状况调查分析表明,动车组司机整体表现出较高的职业疲劳水平。

可以看出,动车组列车与传统列车驾驶存在着一定的差异,因此,希望能从既有的列车司机驾驶模型出发,构建一个高速列车司机绩效个体影响因素模型,这个模型能够较全面地反映影响动车组司机行车安全和绩效的个体关键因素,以及这些因素对驾驶作业安全和绩效的影响途径,从而为高速列车驾驶人因安全保障提供理论和方法的支撑。

目前许多认知模型把人的认知看作一种心理过程,对认知过程进行了抽象。Wreathall 认为,人对事件的反应(人类认知过程)可以分为检测、诊断和实施三个阶段;Woods 将人的认知活动分为监测、解释构建和反应管理;Cacciabue 认为人的认知过程包括认知过滤、诊断、假设评估和执行四个部分;Wickens 将人的认知过程视为信息处理过程,并将其分为知觉、决策、反应选择和反应执行等阶段;Cooper 将人的认知过程分为监测和检测、情况评估、反应计划和反应实施四个阶段;Hollnagel 认为人有观察、解释、计划和执行四个认知过程,同时总结了包括协调、沟通和比较等的 15 种认知活动;Mosleh 将核电站团队中操作人员的认知过程归纳为信息处理、问题解决与决策、行动执行三个模块。

从这些学者对认知的论述可以看出,他们认为认知过程存在着一个基本构架,即人的认知可以被视为一个“输入—处理—输出”的过程,其中输入是通过检测或感知/过滤/监测/观察来实现,处理是解决问题或决策/响应选择,输出是人类行为的实现/执行。在这些观点中,认知过程并不是独立的,也不一定是按顺序执行的,而是相互作用并相互反馈的,它反映了人类认知过程的复杂性。

对于列车驾驶,司机的主要任务是整合来自驾驶情景环境的各种信息,如线路特征、标志和信号等外部环境信息,以及驾驶室内的显示和报警信息等,选择合适的控制策略,执行相应的控制行为,实现安全和准点的列车运行。因此,列车驾驶本质上是一种认知信息处理过程。

在既有的认知信息处理模型中,Wickens 的模型对人的认知过程进行了细致的分析,考虑了认知思维和心理因素,它是人的错误分析和可靠性与安全工程领域中最常见的认知模型,已经被 ATHEANA(a technique for human error analysis)、CREAM(cognitive reliability and error analysis method)、ADS-IDAC(information,decision and action in crew context)等人因可靠性分析方法所采用。

1995 年 Endsley 将 SA 定义为"在一定时间和空间内对环境要素的感知,理解其意义并预测其在不久后的状态",认为 SA 包括三个水平:水平 1(即感知当前情景)、水平 2(即理解当前情景)、水平 3(即预测未来情景),高水平 SA 的获得有赖于低水平 SA 的达成,动态决策中的 SA 模型如图 2-1 所示。

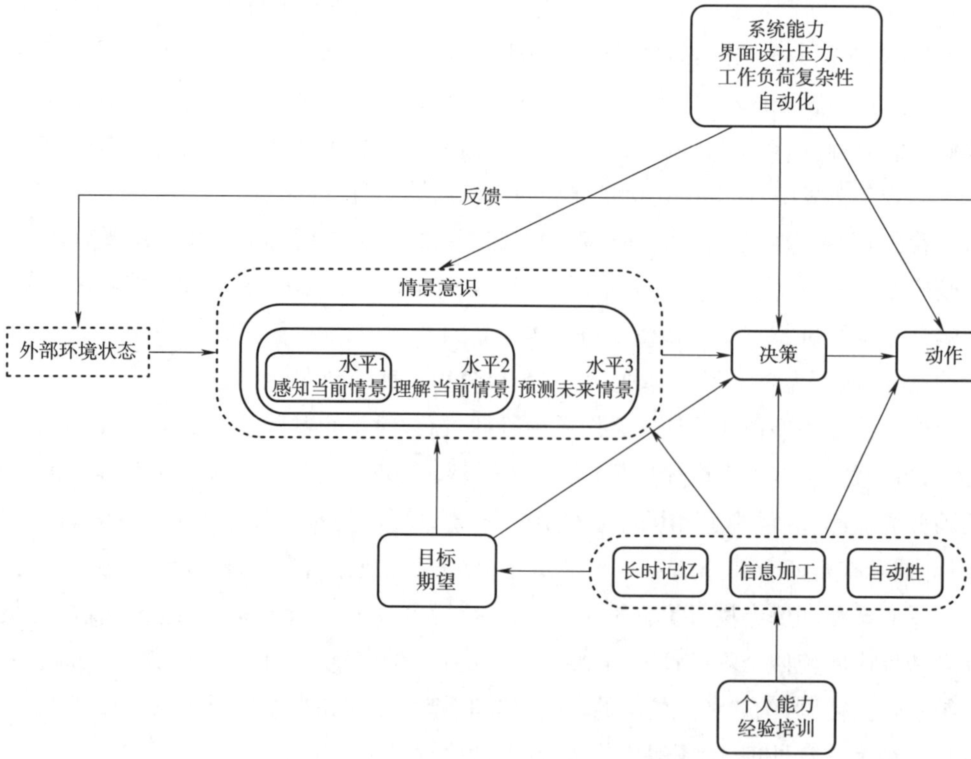

图 2-1　Endsley 动态决策中的 SA 模型

Endsley 采用信息加工模型来描述和解释 SA,如图 2-2 所示,SA 涉及的信息加工机制包含短时感觉存储、图式和注意等概念,其中注意与工作记忆是制约操作者获取、解释环境信息以形成 SA 的关键因素,操作者的心理模型和目标指向行为是克服这两个限制的重要机制。在获取 SA 的过程中,自上而下的加工同自下而上的加工不断地协同作用,信息加工模型将得到注意、工作记忆和长时记忆支持的 SA 保持过程与 SA 本身进行了区分。

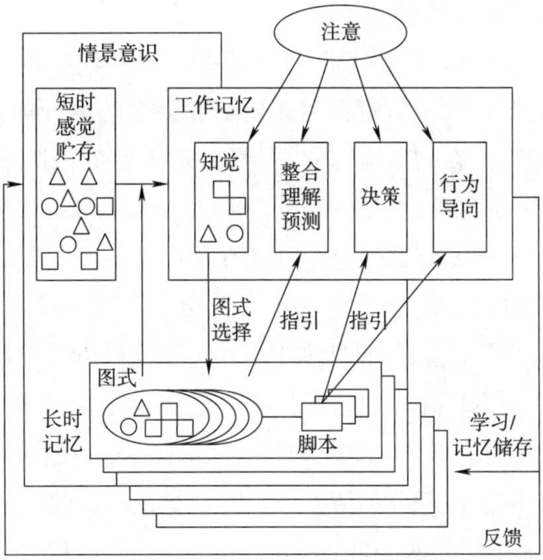

图 2-2　SA 的信息加工机制

列车驾驶的信息处理模型可以用来预测司机的绩效表现，有学者认为应该研究可以量化的驾驶信息处理模型，将心理过程进行形式化和定量化描述来预测实际真实的驾驶行为，这对于有效地预测风险和预防潜在事故的发生有着十分重要的意义。因此，在 Wickens 认知信息处理模型、Endsley 动态决策中的 SA 模型以及 SA 信息加工机制的基础上，针对高速列车驾驶中的相关任务及动态人机交互过程，构建了一个高速列车司机驾驶行为的认知模型，如图 2-3 所示。司机的认知模型主要包括信息预处理（监控/检测）、情景评估、决策、响应（沟通/行动）四个部分。

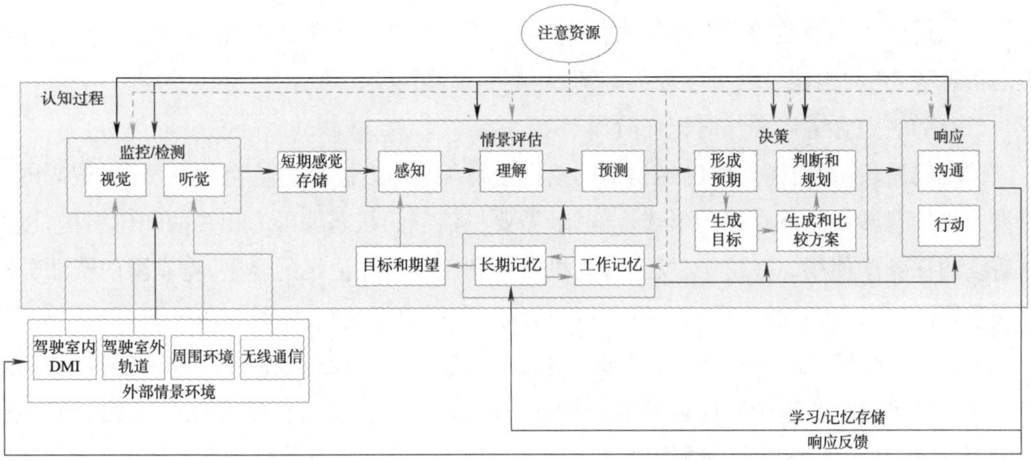

图 2-3　高速列车司机驾驶行为的认知模型

1. 信息预处理

司机的信息预处理过程包括两个阶段：

(1)监控/检测。司机通过感觉器官收集外部环境中的信息，进行短期感觉存储，例如通过视觉感知前方的路况和车辆信息、听觉感知提示或警告的声音等。需要注意并识别最重要的信息，以便更好地应对潜在的危险，同时需要对来自多个感觉器官的信息进行集成，以便全面感知外部环境中的信息。

(2)识别。司机需要将感知到的信息与存储在其记忆中的知识结构进行比较，以便确定它的含义。例如，需要识别前方的信号状态是红色、黄色还是绿色。在这个过程中，他需要将注意力集中在最重要的信息上，并排除其他干扰性信息，以确保准确识别目标信息。同时，还需要将这些识别的信息存储在短时记忆中，以便稍后进行更深入的处理。

动车组司机的知识和技能与长时记忆密切相关，他要不断地更新和完善自己的长时记忆，以便更好地应对不同的工作任务和情景。长时记忆是司机的一个重要认知资源，是司机在过去的经验中积累下来的知识和技能，包括事实、概念、程序和技能等，这些知识和技能是司机在工作中执行任务的基础，可以通过实践和训练进行发展和改进。长时记忆也是司机成功执行任务的重要基础，它为司机提供了必要的信息和策略，以便在复杂的情景中做出正确的决策和行动。例如，在处理紧急情况时，他需要准确地识别问题所在，并快速找到解决问题的方法。这些技能和策略可以通过长时记忆的存储和检索进行支持和加强。此外，长时记忆还可以帮助其快速识别并应对环境中的各种挑战和变化。例如，司机可以根据以往的经验和知识来快速适应不同的驾驶条件，如恶劣天气。

2. 情景评估

在进行信息预处理之后，司机开始进入情景评估阶段。基于对当前环境的感知和对已有知识的运用，通过感知、理解和预测三个阶段完成当前情景的构建。情景模型可以理解为司机对当前任务和环境的一个内部表征，包括环境中的各种元素、它们的关系以及与任务相关的信息等，它的构建过程可以分为感知、理解和预测两个步骤：

(1)感知：包含编码和长时记忆阶段。

①编码阶段：司机需要将已经识别的信息进行编码，以便更好地存储和处理。编码的过程涉及将信息转换为可存储的形式。例如，需要将信号的状态编码为相关的知识结构，以便在后续的任务中使用。在这个过程中，司机需要利用其工作记忆的容量，将有限的资源分配到最重要的信息上，并且根据情况调整编码策略，以便更好地支持后续任务。

②长时记忆阶段：司机需要将识别和编码的信息存储到长时记忆中，并将其与以前的经验和知识联系起来。这个阶段涉及他的长时记忆和语义记忆，司机需要从过去的经验中获取知识，并将其应用于当前的情景中。

(2)理解和预测：包括整合信息、形成场景、激活已有知识、检索长时记忆、预测。

①整合信息：在感知、识别和编码阶段，司机收集和处理了大量信息，这些信息需要被整合成一个有意义的整体。整合的过程包括将不同信息源的信息结合起来，并识别信息之间的关系。

②形成场景：场景是情景模型的一个重要组成部分，是司机对当前环境的抽象和简化。通过识别和整合不同的信息，帮助其形成一个完整的场景，包括元素、属性和它们的关系等。

③激活已有知识：情景模型的构建是基于司机已有的知识和经验。在构建过程中，司机会激活和运用已有知识，这些知识包括与任务相关的信息、场景的模式和策略等，有助于更快地构建情景模型，并做出正确的决策和行动。

④检索长时记忆：在构建情景模型的过程中，司机需要从长期记忆中检索相关的信息和策略，以帮助其更好地理解和处理当前环境，并做出正确的决策和行动。

⑤预测：在情景模型的构建过程中，司机主要依据已有的知识和经验，预测可能发生的未来事件和情景。这些预测有助于其做出更加准确的决策和行动，以避免潜在的风险和危险。

3. 决策

在完成当前情景模型的构建之后，下一步就是决策。决策主要包括以下四个阶段：

(1)形成预期：分析当前情景模型，考虑不同的行动选择，以实现目标和任务。

(2)目标设定：通过检查列车状态，了解列车位置和速度，以及前方行驶路线等因素，来设定目标和任务。

(3)生成和比较方案：制定不同的行动方案，并比较它们的优劣，同时会考虑每个方案的风险、成本、时间等因素，并选择最佳方案。

(4)判断和规划：基于比较和选择出的方案，对下一步行动进行判断和规划，需要考虑列车的状态、环境、任务和目标等因素，以及列车操纵策略和控制策略，来确定最佳的行动方案，决定注意力资源的分配，并准备进行响应。

这个过程中，司机会综合考虑列车操纵策略、期望、目标和优先级，需要分析列车状态和环境等因素，以及自身知识和技能，来制定最佳的行动计划。在决策的过程中，长期记忆对司机的判断和规划过程起着关键性的作用，因为司机需要利用他们以前的经验和知识来帮助他们做出最佳决策。

4. 沟通/行动

在完成决策阶段后，司机需要将决策转化为沟通/行动来控制列车行驶。这个过程包括以下两个阶段：

(1)沟通/行动：实施行动方案，进行列车操纵或与调度员等其他人进行沟通，并根据情景的变化进行调整。例如，司机注意到轨道前方出现了问题，他们可能需要重新评估当前的情景，并调整其驾驶策略以适应新的情况。

(2)响应反馈：监控列车的状态，并根据情况做出反应。例如，可能需要监控列车速度和位置，确保列车行驶在预定的轨道上，并且可以及时做出速度调整以保证行车安全。

注意力资源在动车组司机的整个驾驶过程中都起着至关重要的作用。在监控/检测阶段，注意力资源被用来保持对列车及其周围环境的持续关注。例如，在驾驶列车时，司机必须密切关注铁路信号、速度、距离和行车路线等信息，同时，他还要保持对障碍物和潜在危险的警惕，并及时采取措施来避免事故的发生。因此，司机需要通过持续地分配注意力资源来监控列车和周围的环境。

在构建当前情景模型的阶段，注意力资源会被用于将司机感知的信息编码成可存储的形式，通过选择和加工重要信息的方式来构建一个准确的情景模型。在这个过程中，注意力资源被用来帮助司机快速检测到关键信息并将其存储在长期记忆中。

在决策阶段，注意力资源主要用于帮助司机协调列车操纵策略、期望、目标和优先级。司机需要将他们的期望和目标与当前情景模型相匹配，并根据情景模型中的信息来计划和执行适当的行动。

在沟通/行动阶段，注意力资源主要被用于执行决策并与他人进行有效的沟通。例如，在处理紧急情况时，司机需要快速采取适当的行动，同时与中心和车站调度人员保持通信联络。因此，司机需要将他们的注意力资源分配到多个任务上，以便有效地保证行车安全。

2.2 影响列车驾驶绩效表现的相关因素分析

为了研究列车驾驶安全，了解司机在列车驾驶中的绩效表现是至关重要的，这可以有效地预测风险和预防潜在事故的发生。Walker 等人通过对欧洲铁路事故的调查发现，失序、SA 丧失、注意力分配错误和经验的误用是导致铁路事故的四个主要原因；Roth 等人为了解列车司机的认知需求和活动，对列车驾驶作业展开了认知任务分析，他们的研究不仅针对当前的列车运营情况，也考虑了新的列车控制技术对列车驾驶的影响，将列车驾驶作业的需求分为知识和认知两个部分。Naghiyev 将影响列车驾驶作业绩效表现的主要因素归纳为单调和疲劳，信息处理和驾驶任务，路线知识、记忆和 SA，脑力负荷，注意力，决策和视觉策略等六个方面。

以分析、预测和减少人为失误为目的的人的可靠性分析方法（human reliability analysis，HRA）已经对导致人为失误发生的根源进行了深入探究。第一代 HRA 方法是任务相关方法，它们关注人员能否正确地执行应对特定情况所需的任务，而第二代 HRA 方法则是情景相关方法，它们关注人员在特定上下文条件的特定场景中将采取哪些行为。目前，在 HRA 领域普遍认为各种情景环境因素是导致人为失误的根本原因，这些因素通常被称为绩效影响因素（performance shaping factors，PSFs）。

动车组司机在驾驶过程中会受到各种 PSFs 的影响，这些 PSFs 会影响他们的注意力、认知能力、判断力和压力水平等，进而影响他们认知过程的不同阶段，导致人为失误的产生，严重危害驾驶安全。因此，司机的驾驶安全管理应该围绕驾驶情景环境的表征来展开。驾驶情景环境的表征即 PSFs 是高速列车司机驾驶失误行为分析中一个非常重要的基础性环节，可以为列车驾驶安全管理中人为失误原因的查找、人为失误的辨识、人为失误规避措施的制定等提供技术支持。

针对 PSFs 的研究在 HRA 领域已经取得了相当丰富的成果，许多 HRA 方法都使用预定义的 PSFs 来进行人为失误概率计算，每个 HRA 模型都涵盖了不同数量的 PSFs。然而，大多数 HRA 方法都是针对核电等特定领域，许多与铁路 HRA 相关的研究都是在其他领域研究的基础上进行进一步改进，使其适用性范围扩展到铁路行业，现有研究中专门针对铁路 HRA 的方法比较少，目前既有铁路领域的 HRA 分析方法及 PSFs 分类见表 2-2。

表 2-2　铁路 HRA 分析方法及 PSFs 分类汇总

HRA 方法	PSFs 数量	PSFs 列表	时间
Baysari (TRACEr-rail)	9	列车、基础设施和交通；沟通；程序/文档；信息；培训、知识和经验；工作场所设计、人机交互和设备；驾驶室内环境；个人因素；社会和团队因素	2009 年
Gibson (RARA)	6	任务设计；界面设计；能力管理；程序；人员；环境	2012 年
Phillips (CREAM)	17	人(观察，解释，规划，暂时个人因素，急性行为障碍，永久个人因素)；技术(暂时性 HMI 问题，永久性 HMI 问题，设备故障，通信，天气，轨道的状态)；组织(岗位设计，沟通系统，维修，车辆/列车设计，道路/轨道设计)	2014 年
Rangra	6	培训；沟通；专注/分心；经验；任务负荷(工作负荷)；时间负荷(工作负荷)	2015 年
Rangra	7	培训；经验；沟通；态势感知；任务负荷(工作负荷)；时间负荷(工作负荷)；人-系统界面的质量	2017 年
Kyriakidis (R-PSFs)	7	个人因素(静态)；个人因素(动态)；任务因素；团队因素；组织因素；环境因素；系统因素	2018 年
Zhou (HFACS)	9	技术环境；物理环境；操作人员状况；人员资源管理；个人准备；技能错误；决策错误；感知错误；违规	2020 年
Catelani (SPAR-H)	8	可用时间；压力；复杂性；经验/培训；工作程序；人体工程学；岗位适应性；工作流程	2021 年

铁路行业的绩效影响因素(R-PSFs)分类法是 Kyriakidis 等人在分析以往在运输领域以及其他领域(如核电、化工和医疗保健行业)的 PSFs 分类研究的基础上，着重考虑了来自 THERP、ATHEANA、SLIM、SPAR-H、CREAM、HRMS、CARA、TRACEr、HERMES、HEPI 及 HEART 等 HRA 方法的 PSFs 分类框架，根据铁路操作手册中规定的列车司机、信号人员和控制人员的职责，分类推导出了 45 个 PSFs，通过对 479 起铁路事故和事件报告的分析以及对主题专家有针对性的采访得出的结果进行了验证。R-PSFs 分类见表 2-3，其中，个体 PSFs 被分为静态和动态两大类，静态个体 PSFs 包括六个因素：经验、熟悉程度、适岗能力(健康)、个体特征、动机和培训(胜任力)；动态个体 PSFs 包括九个因素：决策技能、分心/注意力不集中、期望、疲劳、解释、感知、SA、压力和警觉性。

表 2-3 R-PSFs 分类

个体因素（静态）	个体因素（动态）	任务因素	团队因素	组织因素	环境因素	系统因素
经验	决策技能	单调	工作人员之间的沟通	组织内的沟通	能见度	人机界面
熟悉程度	分心/注意力不集中	常规性	团队作业	适岗能力方面	天气条件	铁路沟通方式
适岗能力(健康)	期望	任务复杂度	对信息的信任	员工激励		系统设计
个体特征	疲劳	任务指导		领导力		对设备的信任
动机	解释	时间压力（响应的时间）		程序、标准和规章的质量		作业环境
培训(胜任力)	感知	工作负荷		组织内的关系		
	SA			安全文化（无视程序）		
	压力			安全管理系统		
	警觉性			轮班模式（工作时长、休息、人员配备）		
				监督（培训/培训方法）		

在 R-PSFs 分类的基础上，结合 HRA 方法常用的 PSFs 列表，确定的高速列车司机 PSFs 见表 2-4。

表 2-4 高速列车驾驶 PSFs 的选择与分类

PSFs 分类	PSFs 列表	PSFs 定义
组织因素	程序	指对任务存在和使用的正式的操作程序。包括程序给出关于特定控制序列的错误或不充分信息的情况
系统因素	人-系统界面	用于任务的人机界面。可以包括人员用来完成被评估任务的所有对象，例如工具、控件和显示器
团队因素	沟通	团队成员相互传递信息的能力，以及对使用情况、系统状态等的共同理解，例如误解或遗漏信息、错误的位置、不正确的沟通行为
任务因素	工作负荷	包括任务负荷和时间负荷两种类型。任务负荷是指根据任务的数量和类型（不同的复杂性、重要性等）分配给一个人的实际任务要求，可能受到计划外或紧急事件的影响。时间负荷是指完成一项任务的可用时间，这种时间感知会影响人的压力
静态个体因素	知识与经验	列车司机对高速列车驾驶系统设计、目的、要素、功能和操作的理解，与司机的职责和正在进行的具体活动或任务相关，包括线路知识、列车知识、规则和程序知识等
	情况熟悉程度	人员感知到的情况与他们的一般行业知识和以往经验之间的相似之处
	认知偏差	人倾向于根据选定的信息得出结论，而排除与结论不一致的信息
	生理适岗能力	适合在规定时间内执行任务的个体的生理及心理能力
	内在特征	风格、人格以及其他内在的人类可变性

续上表

PSFs 分类	PSFs 列表	PSFs 定义
动态个体因素	注意	作业者分配现有认知资源的过程
	疲劳	一种精神或身体功能下降的生理状态，这种生理状态会降低人的警觉性和作业能力，或妨碍他们履行其他与安全有关的职责
	压力	生理或心理因素引起的应激
	警觉性	与人的“觉醒”有关，指可分配到任务之间的注意力
	SA	在一定时间和空间范围内对环境要素的感知，以及对要素在近期未来状态的意义理解和预测

在心理学和人因工程领域有充分的证据表明，PSFs 之间存在相互关系。相互关系是指包括 PSFs 状态之间以及 PSFs 对人类绩效的影响之间的所有可能的相互作用，如相关性、依赖性、重叠性或与因果关系的组合效应。如果 HRA 忽略了 PSFs 之间的相互关系，则人为失误概率（HEP）可能被高估或低估。例如，当一项复杂的任务给操作者带来了很高的工作负荷时，将任务复杂性和工作负荷分开考虑可能会重复计算复杂性的影响，从而导致对 HEP 的高估，反之亦然。然而，大多数 HRA 方法在单独处理 PSFs 以及估计 HEP 时通常不考虑 PSFs 对人类绩效的这种联合影响。

近年来，在 HRA 领域，对 PSFs 相互关系的研究引起越来越多学者的关注。一些方法尝试以系统的方式处理 PSFs 之间的相互依赖关系，如 CREAM、SPAR-H 和 IDAC。CREAM 以定性的方式描述 PSFs 之间如何相互影响，而 IDAC 试图分析地描述 PSFs 状态之间的相互关系，这是一个非常复杂的过程。Boring 引入了 PSFs 之间的统计相关性，并讨论了 HRA 应该考虑的 PSFs 的适当数量；Groth 对 HERA PSFs 和 IDAC PSFs 数据进行相关分析和因子分析，开发了包括 6 个正交 PSF 组和 37 个 PSFs 的 PSF 集合；De Ambroggi 和 Trucco 提出了一种基于专家判断，使用分析网络过程建模和评估依赖 PSFs 的系统方法。

然而，在铁路领域，虽然许多研究都对某个或某几个 PSFs 进行了研究和调查，但一项对从 2000 年 1 月到 2021 年 8 月间发表的 268 篇与铁路领域的人的可靠性和人为失误相关的期刊文献分析表明，铁路领域目前非常缺乏对不同 PSFs 之间相互关系的研究。将已有 HRA 方法应用到铁路领域的绝大多数研究并没有重新评估 PSFs 之间的相互关系，而在铁路行业的 HRA 方法中，目前仅有 R-PSFs 分类基于事故数据调查给出了最重要和最常见的 R-PSFs 之间依赖关系的定性描述。这里基于已有 HRA 方法对 PSFs 之间相互关系的描述，结合列车司机 PSFs 相关研究，对高速列车司机 PSFs 之间的相互关系进行描述，见表 2-5。

表 2-5 高速列车司机 PSFs 之间的相互关系

PSF	程序	人-系统界面	沟通	工作负荷	知识与经验	情况熟悉程度	认知偏差	生理适岗能力	内在特征	注意	疲劳	压力	警觉性	SA
程序		√	√	√				√		√	√	√		√
人-系统界面	√		√	√	√			√		√	√	√	√	√
沟通	√	√		√	√	√	√	√		√	√	√	√	√
工作负荷	√	√	√		√	√	√	√		√	√	√	√	√
知识与经验	√	√	√	√		√	√		√			√	√	√
情况熟悉程度	√	√	√	√	√		√	√	√	√	√	√	√	√
认知偏差	√	√	√	√	√	√		√	√	√	√	√	√	√
生理适岗能力	√	√	√	√	√	√	√		√	√	√	√	√	√
内在特征	√	√	√	√	√	√	√	√		√	√	√	√	√
注意	√	√	√	√	√	√	√	√	√		√	√	√	√
疲劳	√	√	√	√	√	√	√	√	√	√		√	√	√
压力	√		√		√		√	√	√	√	√		√	√
警觉性	√	√	√	√	√	√	√	√	√	√	√	√		√
SA	√	√	√	√		√	√	√	√	√	√	√	√	

R-PSFs 涉及的个体因素涉及所有与铁路运行安全相关的人员，具有很强的代表性，为高速列车司机个体 PSFs 的辨识奠定了良好的基础。然而，R-PSFs 是从对铁路事故报告分析中提取的，而事故报告对于个体因素的具体信息往往是缺失的，个体因素的辨识很大程度上依赖于人因专家意见，很容易出现偏差，并且，铁路事故报告的时间跨度非常大，列车驾驶技术的发展可能导致对传统条件下列车事故的分析结果不再适用，因此，高速列车驾驶个体 PSFs 的具体定义及其对司机行为的影响需要进行重新阐述。

2.2.1 静态个体 PSFs

静态个体 PSFs 包含了影响个体绩效的因素和特征，它们与操作发生的时刻没有特别的相关性。在一个事件的跨度内，许多个体 PSFs 是静态的，包括知识与经验、情况熟悉程度、认知偏差、生理适岗能力和内在特征。

1. 知识与经验

知识是列车司机对高速列车驾驶系统设计、目的、要素、功能和操作的理解，与司机的职责和正在进行的具体活动或任务相关，包括线路知识、列车知识、规则和程序知识等。经验是司机通过培训和与系统的交互而获得的信息和知识的积累。很难将知识与经验分开，因为知识往往是通过经验获得的，但是经验较少的人员并不一定比经验丰富的人员知识少。知识和经验与培训有关，因为知识可以通过培训获得，但培训并不完全负责知识的获取。知识、经验和培训之间的一个主要区别是，每个司机的知识和经验都是不同的，但所有司机都接受了相同的培训，培训中的信息转化为知识，但不同的人在相同的培训中可能保留了不同的信息。

1999 年 10 月 5 日发生在英国立博格罗夫的铁路事故引起了人们对列车司机线路知识的关注，英国铁路行业将线路知识定义为“为了在线路上运行而需要记住的知识内容”，然而，从人因工程角度来看，线路知识不仅仅是“记住”信息，而且还需要司机熟练地实时使用这些信息来解释当前和未来的环境状态。

司机的知识和经验会随着时间的推移而发展和变化，司机通常在驾驶作业中利用它提前进行行车预测和规划，2016 年英国铁路安全和标准委员会将其进一步定义为：“线路知识是储存在长时记忆中的信息，是预测、识别或解释特定行车线路线索以实现铁路运营任务的必要条件”，它对于司机对下一个信号的状态预期以及驾驶任务 SA 的保持起着十分重要的作用。一般来说，铁路沿线特征和地标会被列车司机用作即将到站的制动点，司机还会根据特定区域轨道的振动以及其他周边环境的视觉、听觉和嗅觉信息来帮助他确定当前列车的位置。

高速列车驾驶是一项相对复杂的任务，司机需要专业的技能和知识，以确保其安全稳定的绩效，这是因为在一个复杂和动态的环境中进行驾驶，司机需要根据线路状况和信号系统的详细知识来预测未来的状态，如信号状态和速度限制。此外，司机还必须掌握大量的作业规则、操作程序以及以往的运行经验，以适应在正常、降级（如列车故障或铁路基础设施故障）和紧急情况（如列车火灾）等不同工况下的决策和行动。

2. 情况熟悉程度

情况熟悉程度指的是司机感知到的情况与他们的一般行业知识和以往经验之间的相似之处。当一件事情按照计划展开，且可以信赖经过反复演练的动作序列时，个体的认知需求较低，表现较好。对场景的熟悉程度会对场景演变产生复杂的影响，例如，对系统更熟悉的人可能会更快地诊断和解决系统问题，然而，非常熟悉情况的人也可能会忽略掉一些特殊因素，甚至会影响团队合作，如低估或忽略经验较少的团队成员的建议；与经验不足的司机相比，经验丰富的司机可能对更多的情况更熟悉，并能记住更多过去的判断，然而，情况熟悉度高的司机也可能对基于以往经验的某些结论表现出认知偏见。

3. 认知偏差

认知偏差是指人倾向于根据选定的信息得出结论，而排除与结论不一致的信息。在复杂的判断任务中认知偏差的存在已经被很多研究所证实。认知偏差包括：确认偏差，即只寻找支持自己假设的信息；信念偏差，即选择信息来加强自己的个人信念。认知偏差与对情况的熟悉程度密切相关，而认知偏差则主要源于以往的经验、特定的培训等，是作业者基于经验和知识的既存强烈信念而产生的判断偏好或倾向。

4. 生理适岗能力

生理适岗能力是指适合在规定时间内执行任务的个体的生理及心理能力。在 HERA(human event repository and analysis)方法中,它被表示为“不适合于职责的健康状况”。由于列车驾驶环境限制和久坐行为,列车司机群体有心血管和代谢健康受损的风险,2022 年课题组在济南局集团公司、南宁局集团公司、上海局集团公司、广州局集团公司和武汉局集团公司收集了 16 290 名动车组司机健康体检数据,发现超过一半司机体重超重或肥胖,同时随着年龄增长,司机的血压逐渐升高,心率逐渐降低。此外,列车司机的角色存在多种与日常绩效考核相关的压力源,这很可能会加剧司机已有的生理健康问题。我国《铁路机车车辆驾驶人员健康检查规范》中规定,铁路机车车辆驾驶人员取得驾驶资格后需要定期检查以下临床生理指标评价项目:心率、视力、色觉、视野、听力、血压、运动系统、神经系统及耳鼻喉、胸部检查、心脏检查、血常规、尿常规等。使用酒精以及非法或合法药物,或缺乏必要的处方药(如糖尿病药物、高血压药物),会改变司机的生理适岗能力,适岗能力还会受到司机情绪状态、疾病、饥饿和过度劳累的影响。

5. 内在特征

内在特征指风格、人格以及其他内在的人类可变性,一些 HRA 方法中将它们总结为士气/动机/态度 PSF,这些内在特征表现为完成任务的意愿、作业者在任务上投入的努力程度以及作业者的精神状态。许多研究已经证实了司机内在特征和风险驾驶行为之间的关联。例如,调查汽车司机五大人格特征的研究发现,较高程度的外向性和神经质,较低程度的亲和性和严谨性与攻击性驾驶行为及愤怒和焦虑驾驶风格有关;感觉寻求刺激特征被发现是机动车司机攻击性驾驶、超速和其他交通违规行为的有效预测因子;对奖励高度敏感的内在特征与超速和普通违规直接相关;性格冲动的司机更容易违反驾驶规则。

“个人作业实践”作为 PSF,在许多 HRA 方法中均有所体现,但它们并不是真正的 PSF,而是表明个人士气、动机、态度、人格等内在特征的行为,这些内在特征规定了他们的行为方式。由于内在个人特征的测量非常困难,因此需要将司机具体的作业实践行为作为个人特质的衡量标准,如问题解决风格、信息使用、优先级排序以及规则遵守等行为。

2.2.2 动态个体 PSFs

动态个体 PSFs 同样包含了影响个体绩效的因素和特征,但与操作发生的时刻密切相关。这些因素主要包括司机的注意、疲劳、压力、警觉性和 SA。

1. 注意

注意是指作业者如何分配现有认知资源的过程。注意会受到许多外部干扰的影响,也会受到内部思想或情绪状态的影响,它由对任务的注意和对周围环境的注意组成,对任务的注意是指用于特定任务的注意力资源。变化盲视和非注意盲视是注意中两种常见的现象,会对列车司机的驾驶作业产生显著影响，变化盲视是指视觉场景中的某些变化没有被观察者注意到的心理现象；非注意盲视则是指在处理一个相对复杂的任务时，因为注意的转移而没有察觉到背景中出现的醒目的意外刺激的现象。在长时间保持警觉的过程中，人很容易出现非注意盲视，这往往是由缺乏预期或注意力的隧道效应造成的。

任务相关的记忆和信息是影响对任务的注意和意识程度的重要因素，压力大、人机界面质量差或者不良环境条件可能会导致变化盲视或非注意盲视。对周围环境的关注包括意识到环境的状态、其他作业人员的行为以及系统的状态，这包括在完成任务时被动记忆许多信息，如列车司机在进行日常驾驶时，一旦告警响起，他就会注意到背景声音的改变，司机必须适当地平衡对驾驶任务的注意和对周围环境的注意，以确保他们既专注于当前任务，又没有过于投入任务中，这样才能在驾驶时及时注意到周围环境的变化。

许多列车驾驶研究都表明，注意不足会导致更高的驾驶风险和/或不安全行为。McLeod 等人研究在与列车司机表现相关的心理因素中，其中几乎一半与注意相关，包括警惕和动态选择注意、无注意驾驶、认知启动决策和态势感知等；Phillips 和 Sagberg 发现，分心和持续的注意与冒进信号(SPAD)等事件密切相关。司机没有注意到某些对象是司机做出危险动作及产生不安全行为的常见原因，比如制动过晚。错过的对象是一个信号，也可以是一个限速标志或驾驶室的告警。Baysari 等人发现，基于技能的错误是最常见的错误类型，其中 80%归因于注意失败，近 70%归因于注意疏漏。Naweed 的研究表明，在驾驶期间多任务处理会导致列车司机分心，司机的注意力通常被导向几个竞争任务，留下剩余的注意则用于驾驶以外的任务，如安全工作、路线知识和/或情景感知；Naweed 还进一步观察到，“越来越多的焦虑、多任务负荷会表现为分心和注意力不集中，这些因素会扭曲、干扰、断开和/或使司机及其注意偏离与安全驾驶相关的活动”，这表明竞争驾驶任务会产生较高的工作负荷，再加上重度焦虑，从而导致司机因注意力资源不足而分心。

2. 疲劳

疲劳是一种由失眠缺失、长时间清醒、生理节律失调或工作负荷过大而导致的精神或身体功能下降的生理状态，这种生理状态会降低人的警觉性和作业能力，或妨碍他们履行其他与安全有关的职责。列车驾驶的疲劳、单调和无聊的作业特点会导致司机出现不良的精神状态，从而引发严重的行车事故。

与认知要求高的情况相比，在长时间的单人单调环境下行车的同时，还要保持高度的警觉性，注意并识别线路沿途的信号和危险，这对司机来说非常困难。目前，疲劳已经被确认为会对人的精神和身体有不利影响，并可能导致作业效率的下降，它已被证明与单调和高认知负荷的驾驶线路具有相同的影响。

3. 压力

压力是由生理或心理因素引起的应激。高速列车驾驶是一项要求高、压力大的工作，需要处理多种复杂的情况，各种各样的驾驶环境可能会增加司机的工作负荷，并诱发压力。压力作为一种精神紧张状态，会影响司机的驾驶绩效，诱发负面情绪，增加发生铁路事故的风险。Kyriakidis 对 479 起铁路事故的分析结果表明，压力是导致这些事故的主要因素之一，在 Beanland 等的一项研究中，压力也是造成致命交通事故的重要原因之一。

在心理学中，大多数关于压力效应的理论描述都引用了将唤醒与绩效联系起来的 Yerkes-Dodson 定律，即随着压力水平的增加，人的绩效水平逐渐增加，直到达到最优点，超过这一点，任何压力的进一步增加都会导致绩效的逐渐下降。换句话说，如果压力水平过低，司机可能以过度放松的方式来执行驾驶任务，而如果压力水平过高，则可能会在过度和无法控制的兴奋状态下进行操作，其行为很可能会出错。此外，许多研究都强调了压力对作业者认知的影响，特别是对注意力分配的影响。各种形式的压力往往会产生注意的隧道效应，即作业者会在主任务上集中注意力，而减少对外围信息和其他任务的关注。

Naweed 等人认为，压力也可能会扭曲司机的注意力，使司机的注意力偏离与安全驾驶相关的活动。航空领域的研究表明，"复杂的系统可以产生不寻常的、罕见的和令人困惑的状态，这需要作业者回忆和执行规则和程序，然而，不确定和动态的规则和工作场景会给基于规则的应对带来压力，导致基于规则的决策失败"。同样，列车司机也面临着不确定和动态的工作场景，这需要他们准确回忆基于规则的作业流程，较高的压力条件会使司机产生相当大的认知需求（如工作记忆）和诱发较强的负面情绪（如增加的恐惧或焦虑），这可能会损害其决策和驾驶表现。

IDAC 模型确定了四种类型的应激：压力应激、冲突应激、挫败应激和不确定性应激。需要立即处理的紧急事情会给人一种压力应激，多个不兼容的目标会导致冲突应激，目标持续受阻会导致挫败应激，无法充分理解和应对当前情况会导致不确定性应激。不同类型的应激对员工绩效的影响不同：大量的任务需求可能会导致作业者感到压力，并增加用于满足需求的内部资源（如注意力）；可能通过改变某些目标或获得额外的外部资源来应对冲突应激；也可能会通过改变目标或实现目标的方法来应对目标受阻所带来的挫败应激；或者会对不确定性做出反应，注意收集额外的信息或其他资源，以更好地理解和应对当前情况。

4. 警觉性

警觉性与司机的"觉醒"有关，因为它涉及对计划或计划外的需求做出反应，它指的是可分配到任务之间的注意力。警觉性降低会影响人的认知能力。人们普遍认为，在大多数情况下，列车驾驶涉及相对简单的决策和重复的动作。列车司机必须长时间在单调的条件下（即低工作负荷）保持警惕，并对与信号状态和速度限制相关的环境变化或关键事件做出反应。然而，列车行驶时，周围景物快速相对向后移动造成的视觉疲劳会降低司机的警惕性水平；列车司机轮班工作制度会导致与睡眠相关的问题，从而损害司机的警觉性。

由于动车组列车的高速运行，司机的操作任务和驾驶环境会发生较大的变化，这对持续性警觉提出了更高的心理和认知要求。此外，考虑到列车司机对异常情况的感知和处理的重要性，在实际工作中，列车司机都必须通过对“警惕开关”的按钮或踏板的操作来保持警觉性，如我国的铁路管理规定就明确要求动车组司机在驾驶时每隔 30 s 踩一次警惕踏板，以保持高度警觉性，否则，将触发列车紧急制动。

5. SA

SA 是指在一定时间和空间范围内对环境要素的感知，以及对要素在近期未来状态的意义理解和预测。发展和保持 SA 是列车驾驶的一个必不可少的过程。司机需要通过使用诸如当前位置、当前速度、路线特征（如地标）、速度限制、列车时刻表、列车和轨道特征、其他列车和道旁工人的位置、潜在的入侵者或危险地点等信息来获得 SA。在 HRA 方法中，SA 通常被认为是影响操作员绩效的认知因素之一，例如，Park 和 Jung 等人将 SA 确定为数字化核电站控制室操作员的六个 PSFs 之一。

Endsley 将 SA 分为三个级别：1 级感知、2 级整合和理解、3 级预测，已有实证研究表明这些等级是独立且可区分的。在航空领域的一项研究中发现，1 级错误约占 SA 错误的 76.3%，2 级错误占 20.3%，3 级错误占 3.4%。无法正确感知情景会导致第 1 级 SA 错误，遗漏、注意力狭窄、注意力分散、高工作负荷、未观察到可用信息、提供的信息不清楚和呈现错误信息是 1 级 SA 错误的主要促成因素。在某些情况下，信息被正确理解，但不理解其原因和含义，会出现 2 级 SA 错误，这种类型错误的原因是不正确的思维模式、遇到不熟悉的情况或有限的工作记忆，这种 2 级 SA 错误可能会在不正确的心智模型中起主导作用。在这种情况下，尽管列车司机对系统功能有一个正确的心理模型，但却过度依赖默认值和一般性期望，例如，新线路上的列车司机可能会基于他们对之前线路的信息和预期来驾驶。当列车司机未能预测到未来的情况，无法通过主动决策执行任务时，就会出现 3 级 SA 错误，心理资源不足是发生 3 级 SA 事故的关键原因，在这种情况下，尽管司机对当前正在发生的事情有充分的认识，但对未来的心理预测却很差。

SA 还可以反映在列车司机的行为和响应时间上。根据获得 SA 所需的有益思维过程，在具有良好 SA 的决策中，预期有较长的响应时间。Crick 等人发现经验丰富的列车司机对自动列车预警系统（automatic warning system，AWS）的响应时间要长得多，这可能反映了这些人更明白在响应前需要意识到信号状态；Davies 等学者的实验发现利用抬头显示器显示速度和制动信息可以帮助列车司机更好地保持 SA。

结合上述高速列车司机驾驶行为的认知过程及动车组驾驶系统、个体 PSFs 对行车安全的影响，构建了基于认知过程的高速列车司机个体 PSFs 的影响路径模型，如图 2-4 所示。在这个模型中，列车司机通常利用对下一个信号的了解和预测来规划他们的驾驶策略。列车的操纵策略由司机随着时间的推移而制定，做出有关列车制动和加速的决策。这些决策是以目标为导向的，以使列车在规定的站点顺利起动和停车，并保持规定的速度限制，严格按照预定时刻表运行。影响列车制动决策的因素有很多，例如列车编组数量、天气情况、轨道上的异物、轨道的坡度和曲率半径等。

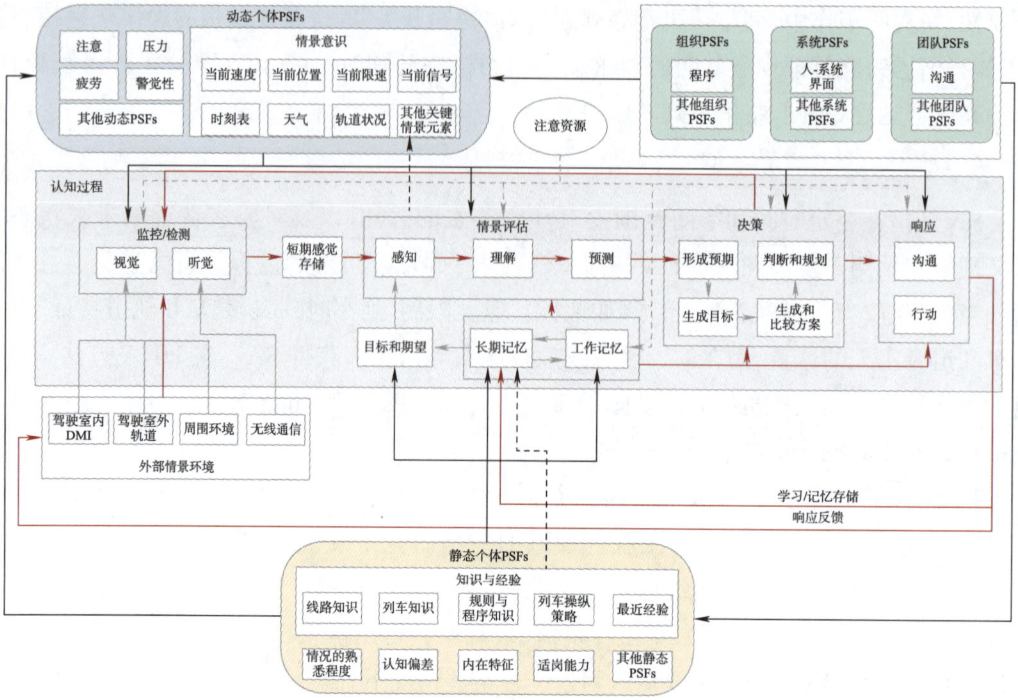

图 2-4 基于认知过程的高速列车司机个体 PSFs 的影响路径模型

自然决策和启发式认知偏差这两种决策方法通常被用于列车驾驶决策分析。认知启动决策(recognition-primed decision,RPD)是自然决策方法的产物,已在多个领域被用于决策建模和分析决策中失败的原因,它是基于人在过去和当前情况下进行模式匹配和无意识地将特征之间的信息链接在一起并生成响应的过程,它融合了两个认知阶段:一是决策者当前的情景,二是通过心理模拟来评价和选择行动方案(如果怎样,那么会怎样等),它能帮助人在时间紧急、目标模糊、信息缺失和情况多变的条件下做出正确的决策。而启发式认知偏见则是人们用来简化决策,制定复杂任务中的简单规则或思维捷径的一种方法,它往往依据“经验法则”来进行决策,依赖启发法做出的决策会带有不确定性,其结论可能是正确的,但如果所遗漏的因素和现象很重要,那么信息的缺损就会导致产生判断与估计上的严重偏差。

2.3 司机驾驶认知失误的辨识与失误认知成因分析

2.3.1 司机人为失误类型分析

在铁路领域,Kyriakidis 等人对欧洲国家 479 起列车事件或事故的调查表明,导致事件/事故的最常见的列车司机人为失误行为类型主要有:超速、无视信号、错误制动、错误的信号解释、没有观察到信号、延迟观察到信号、距离估计错误、错误的信号观察、错误的命令解释等，其中与超速、信号和制动相关的错误是最常见的。

Zhou 等人通过对 611 例中国铁路事件/事故的调查，总结了机车驾驶过程中司机典型的人为失误和违规行为，主要包括：简化列车检查程序、忽略或无视信号、在紧急情况下误判制动效果、由于能见度低（如浓雾）而看不到信号、分心（注意力不集中）、不认真进行呼唤应答以及与制动绩效和警告信号相关的超速等。

Baysari 等人审查了 19 份澳大利亚铁路安全调查报告，基于 HFACS（人因分析与分类系统）方法来识别列车司机人为失误行为，发现最常见的错误类型是“基于技能的错误”，发生率为 63%。在这些“基于技能的错误”中，有 80%是注意失败的结果，而 67%的注意失败是由于注意疏忽。Baysari 等人随后基于 TRACEr-rail 方法确定了 22 个铁路司机人为失误，发现大多数人为失误发生在司机驾驶或制动时，其中“列车制动失误”是发生率最高的错误类别，这一类失误会导致司机遇到红色信号未能及时停车，另外，所有的“列车驾驶失误”都与驾驶超速有关。

Baysari 研究中发现感知失误是列车司机最常见的人为失误，几乎所有失误都与“没有进行视觉检测”相关，即司机未能检测到红色信号并随即做出适当的反应。此外，与视觉检测相关的另一种情况是，司机将红色信号误读为绿色信号。“违规”也是一种常见的失误，它与超过一半的列车驾驶错误有关。在这些违规行为中，有的是常规行为，即司机违反规则已经成为同行中的一种正常行为方式；有的是“情景性的”行为，即由司机当前的工作空间或环境决定的因素造成的。

在 Baysari 等人研究的案例中，68%的司机通过“结果反馈”发现了自己的失误，最常见的反馈媒介是视觉反馈。大多数司机看到即将到来的信号或列车（通常为时已晚），并立即意识到自己的失误。另一种常见的反馈媒介是“列车行为”，当司机看到或感觉到列车没有按照预期的方式运行时（例如制动迟缓），他就会发现自己的失误。

Baysari 研究发现，司机没有意识到他们犯了错误，导致错误检测能力降低的因素主要包括疲劳、警觉性下降及对告警设备的自动响应。纠正错误的唯一方法是由驾驶者“逆转或直接纠正”，例如司机在意识到自己犯了错误后紧急制动就属于这种情况。在 Baysari 研究的 45%的案例中，司机的失误没有得到纠正，这是因为司机没有检测到错误或检测到错误的时间太晚。根据 Baysari 等人对列车事件/事故的调查表明，列车司机的人为失误类型可以分为以下两类：

（1）不遵守信号，包括没有观察到信号、无视信号、错误解释信号等。不遵守信号和标志的原因可能是司机疲劳驾驶、分心驾驶或者驾驶经验不足等。

（2）未按规定操作，包括错误的操作，例如制动不及时、制动失误等控制或操纵错误，或者是忽略重要的信息，例如，忽略信号，机车的警告和故障灯，调度员的指示、通知和警告以及行车手册和相关文件。未按规定操作的原因可能是司机知识不足、缺乏培训、疏忽等。

2.3.2 司机人为失误模式分析

在人因可靠性分析的发展过程中，研究者构建了多种人为失误分类方法，其中，SRK(skill-rule-knowledge)分类、CREAM(cognitive reliability and error analysis method)分类、TRACEr(technique for the retrospective and predictive analysis of cognitive errors)分类、GOMS(goals, operators, methods and selection rules)分类等都属于与人的认知有关的认知失误分类方法。

SRK 分类法将认知活动分为技能、规则和知识层面，用于对复杂任务中的认知失误进行分类，该方法简单易懂，可操作性强，适用于分析操作过程中的基本认知过程；GOMS 分类法将认知过程分为目标、操作、方法和选择规则四个层面，可以较准确地描述人类操作行为。但是，SRK 分类法和 GOMS 分类法都不能反映认知过程的动态变化。CREAM 分类法则可以很好地反映任务的动态过程，更容易确定认知失误的来源和原因，但使用该方法需要较高的专业知识和技能。相比于上述三种认知失误分类法，TRACEr 分类法在高速列车司机认知失误模式的分析中具有以下优越性：

(1)包含更加详细的认知过程信息：TRACEr 分类法不仅考虑了认知失误的来源和类型，还对认知过程中的环节进行了详细划分，包括感知、决策、执行等，这能更全面、细致地了解认知失误的具体发生情况，有利于进一步找到解决问题的方法。

(2)能够检测多种类型的认知失误：TRACEr 分类法不仅可以检测到任务难度过大、缺乏注意力等基础性的认知失误类型，还能检测到因环境变化、任务复杂度等因素导致的认知失误，可以更准确地描述认知失误的发生情况。

(3)易于应用：TRACEr 分类法的应用方法相对简单，只需要对各个环节进行详细的描述和分类，有利于研究者快速准确地识别认知失误类型，并为进一步的分析提供有效的数据支持。

因此，在对高速列车司机人为失误类型分析的基础上，采用 TRACEr 分类法来对高速列车司机的认知失误模式进行分析，司机认知功能对应的认知失误模式及失误行为示例见表 2-6。

表 2-6 高速列车司机认知失误模式分析及失误行为示例

认知功能	认知失误模式	列车司机失误行为示例
感知	未进行检测	未对列车损坏进行检测； 未对轨道上的障碍物进行检测； 未对红色信号进行检测
	检测过迟	没有及时检测到列车损坏； 没有及时检测到轨道上的障碍物； 没有及时检测到红色信号

续上表

认知功能	认知失误模式	列车司机失误行为示例
感知	错误读取信息	错误地读取信号的颜色，从而导致误解信号； 错误地读取仪表盘上的信息； 错误地读取与列车控制和运行相关的通信信息，例如路况信息、维修通知等； 错误地读取线路上的标志和标识，例如速度限制、车站距离等
	视觉错觉	司机可能会在阳光或其他强光线照射下看到光斑或眩光，从而影响视线并导致误解信号或标志； 在恶劣天气条件下，司机可能会视线受阻，例如在雾霾或雨天，从而误判距离或障碍物的位置
	错误识别信息	错误识别信号：司机可能会误解信号的含义，例如将黄色信号解释为注意而不是减速信号； 错误识别标志和标识：司机可能会错误地识别标志和标识，例如，可能会将距离标志识别为限速标志； 错误识别地形：司机可能会错误地识别地形，例如将曲线路段识别为直线路段； 错误识别列车位置：司机可能会错误地识别列车的位置，例如将列车位置识别为车站而不是信号点
	没有识别信息	没有识别信号：司机可能没有注意到信号，从而导致未能减速或停车； 没有识别标志和标识：司机可能没有注意到标志和标识，例如限速标志或距离标志，这可能会导致列车无法按时减速或停车； 没有识别列车位置：列车司机可能没有注意到列车的位置，例如错过了车站
	没有听到信息	司机在通信无线电中混淆或遗漏信息，导致他们未能注意到重要的信息； 列车驾驶室内的高噪声水平以及司机的疲劳或分心可能会导致司机未能听到来自列车或轨道系统的异常声音
	听到错误的信息	调度员可能会误解列车位置或路线，发出错误的指令，但司机听到这些指令后，却没有进行进一步的确认或核实，从而导致误解并做出错误的行驶决策； 当听到错误的车站名称时，司机可能会因此造成混淆并做出错误的决策，如停靠错误的站台或开车方向错误； 列车信号系统误报红灯信号，但实际上信号应该是黄灯，司机听到红灯信号后就会紧急制动，导致列车突然停止
	听觉识别过迟	司机在听到警报声或者其他重要的声音时，没有立刻注意到并采取行动，错过减速或制动的时机； 司机在听到其他车辆的鸣笛或者警报声时，无法及时识别声音的来源和意义，导致采取错误的行动或者没有采取任何行动； 司机在听到通信设备中的信息时，无法及时识别并理解信息的内容，导致错误的决策或者延误采取行动的时机； 司机在列车发生异常声响时，无法及时识别声音的来源和意义，导致无法及时发现问题并采取相应的维修措施

续上表

认知功能	认知失误模式	列车司机失误行为示例
记忆	忘记监视	某些信号可能在外观上非常相似，例如不同的速度限制信号可能具有相似的颜色和形状，这可能导致司机错误地记忆了某个信号的具体含义，从而在处理类似信号时产生错误； 某些路段可能具有相似的特征，例如在两个相邻的路段中可能出现类似的地貌特征或者建筑物，这可能导致司机混淆两个路段的具体位置或者特征，从而产生忘记监视错误； 某些车次可能在车次号码或者目的地等方面非常相似，这可能导致司机混淆车次信息，产生错误的行驶计划或者停靠站点错误等
	前瞻记忆失败	长时间单调乏味的行驶，列车司机容易失去注意力，忘记之前的信息； 紧张或焦虑的情况下，列车司机的认知负荷增加，可能会影响前瞻记忆； 身体不适，如疲劳、缺乏睡眠、生病等，也会影响前瞻记忆的能力； 不断受到干扰，例如路况变化、其他列车司机的通信等，也可能导致前瞻记忆失败
	忘记先前的操作	司机在处理其他任务时忘记了将灯光开到正确的模式(例如从远光灯切换到近光灯)； 列车司机在处理列车故障时忘记了关闭故障指示灯； 司机在调节车速时忘记将牵引力调整回正确的设置，以适应不同的路段(例如上坡或下坡)
	忘记临时信息	接到铁路局集团公司或其他车站发来的通知，如维修工作或临时改变的路线，但司机在行车中忘记了通知的内容； 在行车过程中，司机忘记了控制系统的临时信息，如临时更改列车的速度限制
	错误回忆临时信息	当列车遇到紧急情况时，例如道路封闭或者天气突然恶化，司机需要快速决策并采取适当的措施。如果司机错误回忆之前收到的临时信息，例如途中的警告信号或者无线通信设备中的指令，可能会做出错误的决策
	忘记存储的信息	列车司机忘记了之前的信号，导致错过了减速的时机； 司机忘记了特定路段的信息，导致没有及时调整速度造成紧急制动； 司机忘记了当前列车状态的信息，例如列车重量或货物类型，导致没有适当地调整速度或制动距离
	错误回忆存储的信息	列车司机可能会受到存储信息时未注意到的非相关信息的影响，导致错误地回忆信息； 司机可能会根据记忆中事件的发生时间来回忆信息，但是这可能会导致一些失误，例如过度回忆最近的事件，而对过去的事件回忆不足； 列车司机可能会在回忆信息时受到其他任务或信息的干扰，从而导致错误回忆信息，例如，在试图回忆事件的细节时，可能会被其他列车的警示信号或广播信息干扰
判断、规划和决策	错误预测	司机错误地预测了其他列车的行驶方向，可能会导致撞车等危险情况； 司机错误地预测了行驶路线，可能会导致偏离轨道或进入错误的线路； 司机错误地预测了气候变化，可能会导致列车行驶不稳定或出现危险情况
	差的决策	列车司机在做决策时，可能会错误地估计事态的优先级，导致做出不当的决策，例如，在遇到多个紧急情况时，司机可能会选择错误的处理顺序，从而导致更严重的后果； 在一些情况下，司机可能会没有足够的信息来做出最佳决策，例如，在遇到不寻常的天气条件时，司机可能会缺乏必要的信息来适应这种情况，从而做出差的决策； 有时司机可能会受到情绪、压力或其他非理性因素的影响，从而做出错误的决策，例如，在紧急情况下，司机可能会感到恐惧或焦虑，从而导致他们做出差的决策

续上表

认知功能	认知失误模式	列车司机失误行为示例
判断、规划和决策	延迟的决策	忽略了紧急情况下的操作程序，例如在高速运行时出现信号异常而未立即采取紧急制动； 对于出现的问题未能及时做出反应，例如在警示灯亮起时没有马上排查； 未能及时调整行车策略以适应外部环境的变化，例如在天气突然变化时没有及时调整行车速度和安全距离； 未能及时做出必要的决策来避免碰撞事故的发生，例如在与前方列车的安全距离不足的情况下未能及时减速； 在发生意外事件时过于迟疑和不知所措，例如在发生紧急情况时未能迅速判断并采取正确的措施
	不做决策	司机感到无法应对复杂的情况，因此选择不做出决策； 司机不愿承担可能产生的后果或责任，因此选择不做出决策； 司机感到不确定或缺乏信息，因此选择不做出决策
	没有计划	没有规划足够的时间来完成任务，导致匆忙行动和疏忽； 没有预先考虑可能出现的问题，导致在问题发生时无法迅速做出反应； 没有考虑列车上可能出现的特殊情况，例如疏散、紧急停车等，导致没有恰当的应对措施； 没有计划如何适应天气变化和其他不可预见的情况，导致在不利的环境下驾驶列车变得更加困难
	计划不足	司机没有充分考虑到不可预见的情况，如突发事件或紧急情况； 司机没有制定备选计划，以应对计划中可能出现的问题
动作执行	选择错误	司机意外地将控制杆推向错误的方向； 列车司机在误解或者忽略信号系统的情况下，选择了错误的行驶方向或速度； 司机在超过规定的行驶速度或限速标志时继续加速行驶，导致安全隐患
	定位错误	在错误的信号指示下将列车开入错误的轨道； 在错误的方向上行驶； 在错误的位置停车，例如停在路口或距离站台太远
	计时错误	司机在进站停车时需要精确计算停车距离，如果计算错误可能会导致列车停在错误的位置或者停车不稳
	传输了不清楚的信息	司机在通信中使用了错误的代码或术语，导致调度员无法理解他们的意思； 司机在通信中使用了不清晰或含糊的语言，使调度员无法准确理解他们的意思； 司机在通信中声音过小或杂音过大，使调度员无法听清他们所说的话； 司机在通信中遇到了干扰或中断，导致调度员无法完整地接收到他们的信息
	记录了不清楚的信息	司机可能会记录某个事件的发生时间，但由于没有准确地记录时间或者忘记了实际发生的时间，这些信息可能会导致错误的决策； 司机可能会记录某个事故的细节或者与其他人的对话，但由于不清楚或者不完整的记录，这些信息可能会导致对事故的错误理解或者对对话的错误解释
	传输了不正确的信息	司机可能错误地报告某个信号的状态，导致其他人对路况做出错误的判断； 有时司机会错误地传达列车位置信息，导致控制中心或其他工作人员对列车位置的错误判断
	记录了不正确的信息	记录错误的通信内容或指令； 记录错误的时间或日期； 记录错误的天气或环境状况； 记录错误的安全检查或维护记录

续上表

认知功能	认知失误模式	列车司机失误行为示例
动作执行	没有传输信息	没有向列车控制中心传达列车位置和状态的信息； 没有向信号人员或其他工作人员传达列车通过信号的信息
	没有记录信息	没有记录重要的行车指示和信息，如信号、速度限制和列车位置等； 没有记录与其他列车司机或列车调度员的通信和指示； 没有记录和报告列车的故障和修理历史

根据 TRACEr 方法，认知失误模式对应的心理错误机制见表 2-7。

表 2-7　认知失误模式对应的心理错误机制

认知功能	认知失误模式	心理错误机制
感知	没有检测到信息	期望偏差
	检测信息过迟	空间混乱
	错误读取信息	感知混乱
	错误感知信息	感知辨别失败
	错误识别信息	感知的隧道效应
	没有识别信息	刺激过度
	没有听到信息	警觉性缺乏
	听到错误的信息	分心/出神
	听力识别过迟	—
记忆	忘记监视	相似性干扰
	前瞻记忆失败	记忆容量过载
	忘记先前的操作	负迁移
	忘记临时信息	错误了解
	错误回忆临时信息	缺乏了解
	忘记存储的信息	很少发生的偏差
	错误回忆存储的信息	记忆阻塞； 分心/出神
判断、规划和决策	错误预测	不正确的知识
	差的决策	缺乏知识
	延迟的决策	没有考虑副作用和长期影响
	不做决策	整合失败
	没有计划	认知固定
	计划不足	错误的假设； 优先级失败； 风险否定或容忍； 风险识别失败； 决策冻结

续上表

认知功能	认知失误模式	心理错误机制
动作执行	选择错误	手动可变性
	定位错误	空间混乱
	计时错误	习惯性侵入
	传输了不清楚的信息	感知混乱
	记录了不清楚的信息	功能混乱
	传输了不正确的信息	流畅性障碍
	记录了不正确的信息	异常语音
	没有传输信息	不恰当的语调
	没有记录信息	思想导向行动； 环境入侵； 其他疏忽； 分心/出神

2.3.3　与 PSFs 相关的列车驾驶人为失误认知成因分析

1. 个体 PSFs 对信息预处理过程的影响

列车司机的信息预处理过程就是从外界环境中接收、选择和编码与驾驶任务相关的多种类型的感官刺激，并将其转化为可以进一步加工和使用的内部表示。

列车司机在驾驶过程中需要接收多种类型的信息，如视觉信息（信号、速度表、轨道状况等）、听觉信息（广播、警报等）、触觉信息（振动、温度等）和嗅觉信息（烟雾、异味等）。这些信息通过不同的感官通道输入大脑中，并在感知器官进行初步加工。然而，并非所有输入的信息都能引起列车司机的注意，因为人类的注意力是有限的。列车司机需要根据任务需求和个人经验来选择重要和相关的信息，并抑制无关和干扰性的信息，这一过程称为注意选择或滤波。

例如，当列车司机看到红色信号时，他会立即将其作为紧急情况处理，并忽略其他不重要的视觉刺激；而当列车司机听到广播时，他会根据内容来判断是否需要关注或回应。在选择了重要和相关的信息后，列车司机还需要对其进行编码，即将其转化为可以存储和处理的形式。编码方式可以分为语义编码（基于意义）和结构编码（基于形式）。语义编码有助于提高记忆效果，而结构编码有助于提高识别效果。例如，当列车司机看到一个数字时，他可以通过语义编码将其与某个站点或时间联系起来；而当列车司机看到一个图形时，他可以通过结构编码将其与某个信号或标志联系起来。

在动车组司机进行信息预处理过程中，可能出现以下几种认知失误：

（1）感知错误：指司机对外界刺激的感知与实际情况不符，如错看、漏看、错听、漏听等。这种错误可能由感知器官的暂时性缺陷、刺激的模糊性或干扰性、司机的心理状态或认知偏差等因素造成。例如,司机在夜间或雾天驾驶时,可能会错看信号的颜色或位置;在疲劳或紧张时,可能会漏听广播或警报的内容。

(2)注意错误:指司机对重要和相关信息的注意不足或过度,如分心、走神、固执、偏见等。这种错误可能由注意力的分散、转移、疲劳、惯性等因素造成。例如,司机在与他人通信时,可能会分心而忽略轨道状况;在长时间驾驶后,可能会走神而错过信号;在遇到紧急情况时,可能会固执于自己的判断而不听从指令;在对某些站点或线路有偏见时,可能会过度关注其信息而忽略其他信息。

(3)编码错误:指司机对所选信息的编码方式不恰当或不准确,如混淆、遗忘、误解等。这种错误可能由编码方式的不适应性、记忆能力的下降、语言障碍等因素造成。例如,司机在记忆数字时,可能会混淆个位和十位;在记忆图形时,可能会遗忘细节;在接收语音信息时,可能会误解其中的意思。

2. 个体 PSFs 对情景模型构建过程的影响

情景模型的构建过程可以分为以下步骤:整合信息、形成场景、激活已有知识和检索长期记忆。

整合信息可能出现的认知失误有:注意偏差、注意疲劳、注意过载、注意分散等,这些失误会导致司机对信息的获取、处理和更新不充分或不恰当,从而影响情景表示的完整性和准确性。

形成场景与整合信息步骤密切相关,因为场景图像是基于情景表示而生成的,这时可能出现的认知失误有:场景图像失真、场景图像固化、场景图像混淆等。这些失误会导致司机对场景图像的生成、维持和更新不适应或不及时,从而影响 SA 的有效性和灵活性。

激活已有知识会出现的认知失误主要包括:知识缺乏、知识错误、知识过度信任等。这些失误会导致司机对已有知识的激活范围和深度不足或过度,以及对已有知识的适用性和可靠性评估不准确或不客观,从而影响情景理解的正确性和合理性。

检索长期记忆可能出现的认知失误有:记忆遗忘、记忆错误、记忆干扰等。这些失误会导致司机对长期记忆的检索速度和准确度降低,以及对长期记忆的可信度和稳定性降低,从而影响情景预测的可靠性和及时性。

静态个体 PSFs 会影响个体对信息的整合、场景的形成、已有知识的激活和长期记忆的检索。知识与经验越丰富,司机越能快速准确地理解和预测情景,减少认知失误,反之,知识与经验不足,司机容易出现信息遗漏、知识不匹配和记忆缺失等认知失误;情况越熟悉,司机越能利用已有的模式和规则来处理信息,减少认知失误,反之,情况不熟悉,司机容易出现信息混乱、场景不清、知识不适用和记忆困难等认知失误;认知偏差会导致司机出现信息过滤、场景歪曲、知识扭曲和记忆错误等认知失误;适岗能力越高,司机越能有效地接收和处理信息,减少认知失误,反之,适岗能力低下,司机容易出现信息丢失、场景模糊、知识淡化和记忆衰退等认知失误。

司机个体典型的内在特征主要包括性格、动机等。性格是指司机在不同情景中表现出的稳定的心理特征和行为倾向。性格越均衡，司机越能客观地处理信息，减少认知失误。反之，性格不均衡，司机容易出现信息偏好、场景偏颇、知识偏执和记忆偏见等认知失误。动机是指司机在工作中产生的驱动力和目标导向。动机越强，司机越能积极地处理信息，减少认知失误。反之，动机弱，司机容易出现信息漠视、场景无视、知识抵触和记忆消极等认知失误。

注意、疲劳、压力、警觉和SA这些动态个体PSFs对司机情景模型构建过程的影响主要体现在对信息的获取、处理/更新能力以及对信息的重要性和相关性的判断能力，同时对场景图像的生成、维持和更新能力，对场景图像的清晰度和生动度的控制能力，对已有知识的激活范围和深度，对已有知识的适用性和可靠性的评估能力，对长期记忆内容的检索速度和准确度，以及记忆内容的组织和整合能力也会产生影响。

3. 个体PSFs对计划/决策过程的影响

静态个体PSFs中知识与经验是计划/决策阶段的重要依据，它们可以帮助司机分析情景，生成和比较方案，判断和规划行动。例如，如果司机对线路知识、列车知识、规则和程序知识等不熟悉或遗忘，会导致他们无法正确地评估情景的复杂性和紧迫性，无法及时地采取适当的措施。然而，当拥有充足的知识与经验时，司机又可能过于依赖自己的知识和技能，或者过于信任自己的实践经验，导致忽视新的信息，固执己见，或者抗拒改变。

情况熟悉程度会对司机在计划/决策阶段的认知负荷和效率产生影响。如果司机对情况非常熟悉，他们可能会使用技能型或规则型行为模式来快速地做出反应；如果司机对情况不太熟悉或陌生，他们可能会使用知识型行为模式来仔细地分析和思考。例如，如果司机遇到了罕见或未见过的故障或突发事件，他们可能会缺乏有效的解决方案或应对策略。然而，在对情况的熟悉程度很高时，司机又可能对当前情景模型过于熟悉和习惯，导致忽视细节变化，生成惯性的方案，或者制定的计划缺乏灵活性。

认知偏差会影响司机在计划/决策阶段的信息处理和评价。例如，如果司机受到确认偏见的影响，他会倾向于寻找和接受符合自己预期的信息，而忽视和排斥与自己预期相反的信息，导致方案评估不客观或不全面；如果司机受到锚定效应的影响，他可能只会接受某一方案，而难以调整和改变对其他方案的评估，导致方案选择不灵活或不合理。如果司机受到损失厌恶的影响，他可能会倾向于避免可能带来损失的方案，而忽视可能带来收益的方案，导致方案决策过于保守。

适岗能力则会影响司机在计划/决策阶段的注意力、记忆力、反应速度和判断力。例如，司机在受到疲劳、饥饿、疼痛、药物或酒精等因素作用时，他们可能会无法有效地获取、处理和输出信息，减少对情景模型的分析和更新以及对方案的生成和比较，影响计划制定的质量和效率。

内在特征影响的是司机在计划/决策阶段的动机、信心、情绪和态度。例如，如果司机缺乏对任务的兴趣或责任感，他们可能会忽略或简化计划/决策过程；如果司机过于自信或自满，他们可能会过分依赖自己的经验或直觉，而不考虑其他可能性；如果司机情绪低落或焦虑，他们可能会影响自己对情景模型和方案的判断和评价。

动态个体 PSFs 对在计划/决策阶段产生的认知失误的影响主要体现在：注意会影响司机在计划/决策阶段的信息处理能力和选择能力，影响其情景分析和目标设定的准确性和完整性；疲劳会导致认知能力下降，影响司机在计划/决策阶段的认知速度和准确性，降低其执行能力以及对情景变化和突发紧急事件的应对能力；压力会影响司机在计划/决策阶段的情绪状态和风险偏好，诱发情绪波动、紧张、恐惧等负面情绪，出现保守或激进等态度倾向；警觉性则会影响司机在计划/决策阶段的反应速度和灵活性；而 SA 则会影响司机在计划/决策阶段的信息获取和利用能力。

4. 个体 PSFs 对动作执行的影响

静态个体 PSFs 中知识与经验会影响司机在实施和调整行动方案时的判断和决策能力，例如，如果司机对线路知识、列车知识或规则和程序知识不熟悉，他们可能会在遇到问题时选择错误的操作方式或应急措施，导致安全风险。同时知识、经验和情况熟悉程度会对其在监控和反馈阶段的注意力分配和信息处理能力产生影响，从而影响任务完成的时间。

认知偏差则会影响司机在实施和调整行动方案时的评估和预测能力。例如，如果司机对自己过于自信或乐观，他们可能会在评估当前情景时低估了风险或难度，或者在预测未来情景时高估了自己的能力或资源，从而导致传输了错误或不完整的信息给他人。

适岗能力影响的是司机在监控和反馈阶段的感知和反应能力。例如，如果司机因为身体疾病、睡眠不足、饮食不均衡等原因导致身体虚弱、精神萎靡、注意力下降等现象，他们可能会在记录信息时遗漏了重要的细节，或者在接收到信息时难以及时做出反应或采取措施。

内在特征则会对司机在实施和调整行动方案时的意愿、努力和精神状态产生影响。例如，如果司机缺乏责任感、自律性或团队合作精神，他们可能会在选择行动方案时不考虑后果或影响，或者在调整行动方案时不与其他人员沟通或协调，一意孤行从而导致安全问题。

动态个体 PSFs 对在动作执行阶段产生的失误影响主要体现在：注意会影响司机对行动方案的选择和调整，而疲劳、警觉性、压力和 SA 会导致司机反应迟钝、判断力和执行力减弱，从而诱发判断失误或执行错误。

2.4 列车驾驶中外部及个体因素对危险感知的影响

速度是预测事故发生以及严重程度的重要因素之一，随着列车速度不断增加，制动距离延长，当遇到突发情况时，司机反应不及时，由此引发的事故会导致重大的财产损失和人员伤亡。随着列控系统不断升级发展，动车组列车的运行速度不断提高，对驾驶者的危险感知提出了更高要求。因此，本节将着重探讨列车驾驶中外部及个体因素，即不同的列车运行速度等级、轨道异物入侵，以及个体认知能力差异对危险感知的影响，为高速列车驾驶界面设计以及司机选拔培训提供科学依据。

2.4.1　列车驾驶危险感知测试指标与原则

1. 危险感知指标选取

张洁等人认为当道路交通发生危险时，司机通过接收外界环境中的信息进行感知，并在大脑中进行信息加工形成自己对目标物是否确认为危险的判断，然后基于自身的驾驶经验和技能标准对当前情况做出反应决策，从而进一步对车辆进行控制来保证行车安全，由此建立的道路交通驾驶危险感知模型如图 2-5 所示。

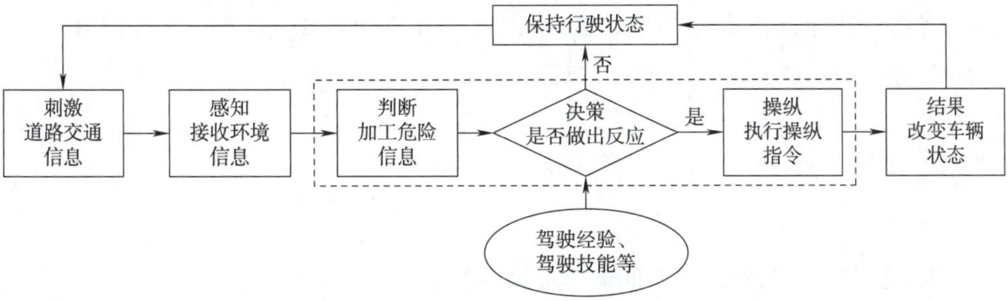

图 2-5　道路交通驾驶危险感知模型

铁路列车驾驶与道路驾驶的危险感知非常相似，危险感知从心理学角度来看就是一种信号检测任务，因此，可以从信号检测论（signal detection theory，SDT）角度来对危险感知进行测量。SDT 是一种心理物理法，是关于人们在不确定的情况下如何做出决定的理论。信号检测的成功与否涉及作业者是否能感知到信号以及被试感知信号或响应的标准，用心理学中的术语来描述就是自下而上的灵敏度以及自上而下的反应偏向。灵敏度表示司机正确感知到危险信号的灵敏程度，反应偏向则体现的是司机对不同类型信号的偏好和误判倾向，这两个指标可以用来衡量高速列车司机危险感知时的表现。

灵敏度是指在没有干扰的情况下，被试分辨信号与噪声的能力，取决于信号刺激的强度和司机的个体因素等，通过式(2-1)计算。

$$d' = Z(\mathrm{HR}) - Z(\mathrm{FAR}) = \Phi^{-1}(\mathrm{HR}) - \Phi^{-1}(\mathrm{FAR}) \tag{2-1}$$

式中　d'——司机的灵敏度，一般来说，d' 越大，表示灵敏度越高，司机感知危险的能力越强，d' 越小，表示灵敏度越低，司机感知危险的能力越弱；

HR——正确响应率，其值为：

$$\mathrm{HR} = H/S$$

其中　H——信号存在的情况下司机回答看到信号的次数，

S——信号存在的总次数；

FAR——虚报率，其值为：

$$FAR=FA/N$$

其中　FA——信号不存在的情况下决策者回答看到信号的次数，

N——信号不存在的总次数；

Z(HR)——正态分布 HR 的横坐标；

Z(FAR)——正态分布 FAR 的横坐标；

$\Phi^{-1}(\cdot)$——正态分布的反函数。

反应偏向是一个用于衡量被试在信号检测中是否有倾向选择某种判断的指标，它表示在没有干扰的情况下，对于信号和噪声的响应是否存在非随机偏差。在对某一信号进行评估时，将其与一个标准阈值(响应标准)进行比较，超过该阈值则视为信号存在。其中响应标准表示司机对危险的判断标准，通常用 β 来表示，β 偏高表示其响应标准较为严格，β 偏低表示其响应标准较为宽松，β 通过式(2-2)计算。

$$\beta=\frac{Y(\mathrm{HR})}{Y(\mathrm{FAR})}=\frac{\frac{1}{\sqrt{2\pi}}\mathrm{e}^{-Z(\mathrm{HR})^2/2}}{\frac{1}{\sqrt{2\pi}}\mathrm{e}^{-Z(\mathrm{FAR})^2/2}} \tag{2-2}$$

式中　Y(HR)——正态分布 HR 的纵坐标；

Y(FAR)——正态分布 FAR 的纵坐标。

除了灵敏程度和反应偏向两项指标可以反映危险感知能力外，危机感知过程中的预期反应时间和行为响应时间也可以反映危险感知能力。如图 2-6 所示，预期反应时间指从危险开始出现到司机做出反应的时间；行为响应时间指从司机做出反应到危险消失或者到行驶到危险所在位置的时间。预期反应时间越短，行为响应时间越长，说明司机可以在更早的时间、更远距离的地方感知到危险，留给制动的时间也越长，更能保证行车安全。Hull 等人通过让被试观看含有危险的视频，利用被试感知危险按下按钮的反应时间来对被试的危险感知进行评估，发现被试按下按钮反应时间越短，其危险感知绩效越好，这说明了预期反应时间可以作为列车驾驶危险感知测试的绩效指标。

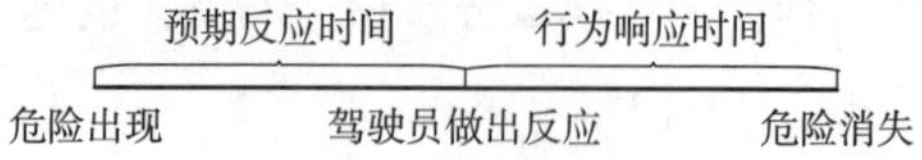

图 2-6　危险感知的两阶段

为了进一步研究危险感知的复杂性，目前有不少学者通过利用眼动仪记录司机的眼动数据来分析其在交通环境中发生危险时的视觉行为。例如，孙龙等人将 AOI 的注视比率、首次注意 AOI 的时间、总扫视时间、扫视 AOI 概率等六项眼动指标作为司机的危险感知视觉搜索指标；Kahana-Levy 等人通过将特定危险下司机的反应时间、注视次数、累计注视时间、垂直搜索范围、水平搜索范围以及响应灵敏度等作为实验指标来探究有无经验的驾驶者在特定危险感知情况下的视觉行为差异；Chapman 等人在研究新手和有经验驾驶者的危险感知行为中发现，水平视野范围增加以及注视次数增多与危险感知呈现显著的相关性，因此可以通过改进视觉搜索模式来提高新手的危险感知能力。

可以看到，目前关于危险感知测试的指标大致可分为信号检测指标、眼动指标和绩效指标三类。为了研究动车组司机危险感知下的注意力分配与转移，这里选取了灵敏度、反应偏向、预期反应时间、AOI 注视比率、总注视次数作为列车驾驶危险感知测试的指标。

2. 危险感知测试原则与方法

目前由于驾驶危险感知的内容不一样，危险感知测试方法也不相同，导致了不同学者之间的研究成果难以比较，因此，为了解决这个问题，Wetton 等人提出了建立有效危险感知测试的相关原则，旨在指导基于计算机的危险感知测试方法的开发，具体原则如下。

原则 1：危险感知测试应该只包含驾驶危险感知的内容

目前的一些危险感知测试不仅包含危险感知的测量，还涵盖了如冒险倾向等其他因素的测量。有研究表明冒险倾向测试与在危险感知测试中的反应相关性较差，这将导致测试中包含多个独立的因素，而且其内部一致性相对较低，因此建议在危险感知测试中不应包括与冒险倾向相关的其他因素的测量，而应仅针对驾驶危险感知的内容进行测量。

原则 2：危险场景的呈现应该是真实常见驾驶情况

测试中不应该为了开发危险感知测试而有意创造危险场景，这种情况可能会造成实验数据不准确，比如有经验的驾驶者可能在无意中创造出更有利于自身快速反应的场景，这会导致场景因素是诱发新手与有经验驾驶者差异的主要原因而不是被试的危险感知能力。同时，用于评估驾驶危险感知的测试中应该涵盖现实场景中常见的场景，如果测试中是参与者不常见的场景，那么有可能会导致被试对场景中的危险不敏感，无法识别危险，从而导致测试内容的效度较低。

原则 3：明确表述危险感知测试中被试做出反应的情况

对于驾驶场景中的危险，不同个体之间对危险的界定是不同的，被试的反应会有所差别，这会导致测试数据的不稳定性，降低测试的可靠性。因此，在危险感知测试中需要明确告知被试需要对危险场景做出反应的特定情况。例如，在汽车驾驶的危险感知测试中，危险可以描述为驾驶者需要减速或改变路线以防止与另一名道路使用者相撞的情况，在该场景下，驾驶者需要立即做出反应，防止交通碰撞。

原则 4：危险感知测试应该能够识别和区分不正确的反应

危险感知中的测试一般需要被试在感知到危险后进行反馈，有了这些反馈才可以通过对危险反应时间以及正确反应次数等绩效指标的测试来评估被试的危险感知状态。然而在实际测试中，有些被试会为了获得好的绩效出现“抢跑”行为，即在危险出现之前就对其进行反馈，为了消除这种情况对实验的影响，需要从时间和空间两个维度对被试的反应状态进行判断，测试中可以通过设置特定的时间窗口，当没有危险出现在窗口内时，被试的反应将被视为无效反应。

实验设计在遵循上述 Wetton 原则的基础上，针对列车驾驶的特殊环境还需要考虑测试方法、列车运行速度等级及危险物类型等自变量等级的确定、场景设置等因素。

目前已知的危险感知测试方法主要有问卷测试、图片测试、视频测试和模拟器测试。问卷法是现在危险感知研究中比较常用的方法，由于仅通过文字进行描述，与被试的真实反应有所偏差，同时由于侧重于参与者的主观感受，缺乏客观数据的支撑与场景的互动，生态效度较低。图片测试法虽然可以更直观地呈现危险刺激，也能更容易地设定危险出现的时刻，场景设计方便，但是仍然不能反映被试在现实世界中的动感交互状态。视频测试是道路交通驾驶危险感知常用的一种测试方法，它弥补了图片测试动态性差的缺陷，实施成本低，危险场景覆盖范围广，但其场景的真实体验度仍然有所欠缺。模拟器测试具有实景测试的真实感，不受场地的限制，实验过程可控制，体验感好，唯一不足的是硬件成本高昂，大规模实施测试有一定难度。

针对上述危险感知测试方法的不足，这里拟采用一种基于 VR(virtual reality)的测试方法，在 Unity3D 中开发危险虚拟交互场景，由于实验场景可设计，测试成本较低，测试灵活性和适应性强，这种测试方法具有良好的可实施性。基于 VR 的列车驾驶危险感知测试就是在 Unity3D 环境中设计和搭建好仿真场景，设计好交互任务，让被试以驾驶坐姿坐在视景显示器前，对不同速度下的危险场景进行感知反应，然后记录测试过程中视觉和行为数据，对危险感知能力进行评价。

为了满足危险测试的需求，将整个测试系统划分为交互层、功能层、数据层和运行环境。交互层是测试系统的输入层，主要实现被试与测试系统之间的交互，当用户或 Unity 向交互层提出请求时，交互层会对请求进行解析，并将其传递给后端处理，处理完成后，后端会把处理结果反馈给交互层，随后交互层会解析并将响应返回给测试系统；功能层是整个测试系统的核心层，包含调试和运行两个模块，该层主要基于 C# 语言创建脚本并将其挂在相应组件上完成代码逻辑运算，实现列车运行和被试对危险的感知；数据层是整个测试系统的基础层，它基于 Unity 内置的序列化与反序列化数据存储管理方式为测试系统提供数据存取等功能。

列车运行速度及危险物自变量等级设定是列车驾驶危险感知测试实验设计的关键。根据我国列车控制系统 CTCS 的现状，CTCS 被分为 5 个等级：CTCS-0 级适用于速度低于 120 km/h 的列车；CTCS-1 级适用于速度在 120～160 km/h 的列车；CTCS-2 级适用于 200～250 km/h 的列车；CTCS-3 级适用于 300 km/h 及以上客运专线信号设备；CTCS-4 级是面向未来列控系统的设计。自变量列车速度等级的设定需要涵盖 CTCS 各等级速度，因此，列车驾驶危险感知测试中分别取 120 km/h、160 km/h、250 km/h 和 350 km/h 进行场景搭建。

国家铁路局 2019—2021 年发布的“铁路安全情况公告”中表明，异物侵限是铁路事故发生的主要因素之一，行人非法上道是铁路交通事故造成人员伤亡的主要原因。行人、沿线障碍物和接触网异物是目前比较常见的异物危险侵入问题。沿线彩钢瓦、防尘网、塑料大棚等接触网异物以及道路中间的牲畜等是影响铁路运行安全的主要因素。因此，在列车驾驶危险感知测试中选取行人、沿线障碍物和接触网异物三种常见的异物危险侵入的类型进行场景设计。为了考虑铁路行车危险场景的全面性，在设计危险场景时需要尽可能涵盖实际轨道上的各种情况，根据在北京局集团公司、上海局集团公司等单位的调研情况，选择了司机在日常行车中常见的 3 种危险物，即行人、树枝和风筝，它们分别代表了上述三种常见的异物危险侵入类型，同时根据实际情况对危险物出现的位置也进行了设定，分别为轨道线路左面、中间、右面以及接触网的上面。

为了减少个体之间差异的影响，提高实验结果的可靠性和准确性，列车驾驶危险感知测试场景需要涵盖 120 km/h、160 km/h、250 km/h 和 350 km/h 四种速度，轨道上方、轨道左面、轨道中间和轨道右面四种危险位置以及行人、轨道遗留物、接触网异物三种危险类型。

2.4.2　列车驾驶危险感知测试方案

在高速铁路这个“人-机-环境”复杂系统中，轨道环境是影响司机对外界信息获取和处理的客观因素。吴初娜等人发现驾驶者的危险感知除了受到个体自身特性的影响，还会受到危险类型、危险位置等外界危险场景的影响，因此，在构建适用于列车驾驶危险感知的测试方法的基础上，还需要对不同速度等级和危险场景与列车驾驶危险感知之间的关系展开进一步研究。现有研究表明，列车的行驶速度会导致司机的动态视野缩小，周边视野的注视次数减少，这会使司机的反应时间增加，危险感知能力降低；同时杨京帅等人研究发现危险与交通情景的特征是影响驾驶者危险感知的因素之一，危险物侵入场景与危险感知的关系表明危险类型、危险位置都会对驾驶者的危险感知产生影响。因此，可以假设不同列车运行速度、不同的危险物类型以及不同的危险物位置会影响列车司机对危险的感知。

实验选择了 30 名被试，其中包括 11 名女性和 19 名男性，年龄范围为 21～27 岁，平均年龄为 24.367 岁，标准差 2.057 岁，身体心理素质良好，视力正常或者矫正视力正常，没有色弱、色盲、听觉、生理行为等特殊障碍。被试注意力等级、反应能力等级和学习能力等级均达到 TB/T 3091《铁路机车车辆驾驶人员健康检查规范》中规定的铁路司机心理认知能力的要求。

实验采用 4(速度等级：120 km/h、160 km/h、250 km/h、350 km/h)×4(危险位置：轨道左面、轨道中间、轨道右面、轨道上面)×3(危险类型：行人、轨道遗留物、接触网异物)的被试内设计，探讨被试在四种不同速度下对不同类型和位置的危险的感知情况，通过危险感知指标(灵敏度、反应偏向、预期反应时间、总注视次数、AOI 注视比率)来表征。

测试内容以危险感知测试中 120 km/h 速度为例，具体场景频率见表 2-8，其余速度下场景频率与其一致。每个场景开始前会有 3 s 的倒计时，告知被试下一场景即将开始。为了防止产生反应偏向，四种速度等级下的每个危险感知场景中，确保危险不在开始的前 5 s 内出现，以便被试有一段速度适应时间。同时在 VR 场景中考虑到实际情况中的危险突发性，在被试适应列车速度 5 s 后，危险被设置在距离机车 600 m 距离内的限界中，并以随机的方式出现，同时让被试用鼠标点击对感知到的危险进行响应，具体如图 2-7 所示。

表 2-8　危险感知测试中 120 km/h 速度下各危险场景中的频率

危险类型	危险位置	突发程度		
		低	中	高
行人	轨道左面	3 次	3 次	3 次
	轨道中间	3 次	3 次	3 次
	轨道右面	3 次	3 次	3 次
轨道遗留物	轨道左面	3 次	3 次	3 次
	轨道中间	3 次	3 次	3 次
	轨道右面	3 次	3 次	3 次
接触网异物	接触网上面	3 次	3 次	3 次

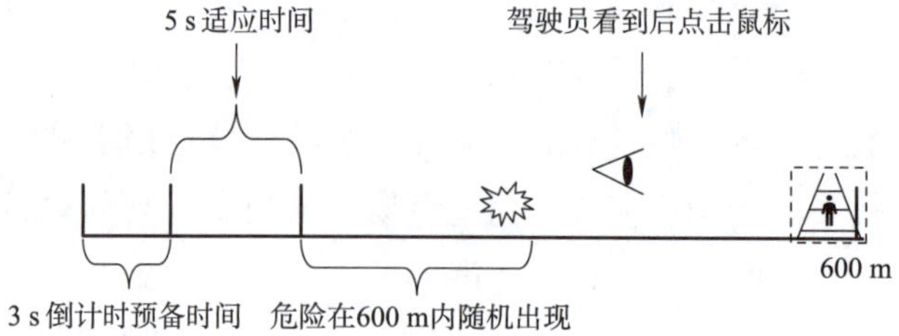

图 2-7　单场景设计

实验硬件系统由一台装载 RX3070 显卡的主机，两台 24 英寸 1 920×1 200 液晶显示器、鼠标、键盘和 Tobbi Pro Fusion 眼动仪组成，两台显示器与主机相连，一台显示器用于被试实验显示，另一台用于主试监控。Tobbi Pro Fusion 眼动仪最高采样频率为 250 Hz，双眼采集最大视角为 30°，眼部图像数据采样率约为 2×4 Hz。

被试在整个实验过程中坐在实验电脑前进行危险感知测试任务，危险感知场景由 VR 驾驶环境和键盘构成，实验 VR 视景与真实线路相似，线路没有较大的坡度、曲率变化，线路周围环境由车站、天空、接触网、轨道、树木、建筑物等构成。

整个危险感知任务持续时间大约为 2 h 20 min，每阶段的危险感知任务持续时间为 0.5 h，具体的实验流程及耗时如图 2-8 所示。

实验流程如下：

步骤 1：实验前主试需要向被试介绍实验目的、实验流程、可能存在的风险、被试的权利和义务等，被试在知晓实验情况的基础上自愿签署知情同意书；

步骤 2：知情同意书签署完成后，由主试进行危险感知和眼动设备的准备调试，这个过

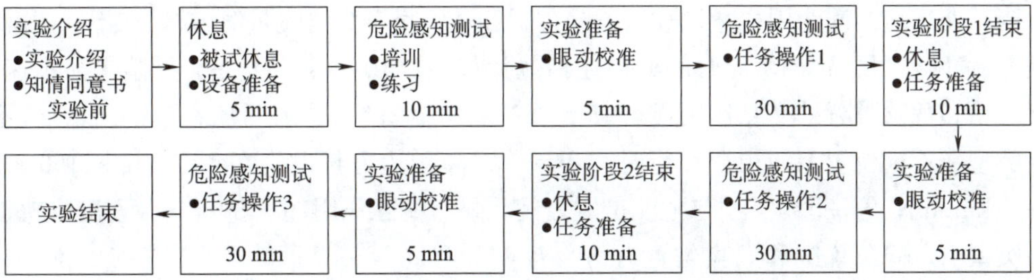

图 2-8　列车驾驶危险感知测试实验流程

程大约 5 min；

步骤 3：主试向被试进行危险感知测试的培训，然后被试进行相应练习，熟悉实验中危险可能出现的位置，练习时间大约 10 min；

步骤 4：被试进行正式实验前需再次校准眼动设备，在此过程中被试尽量保持头部稳定；

步骤 5：眼动设备准备结束后，被试进行正式的危险感知测试，要求被试在发现危险时进行按键反应，该阶段大约持续 30 min；

步骤 6：危险感知测试第一阶段完成后，被试进行休息，播放 10 min 音乐缓解被试疲劳，同时主试对眼动数据进行保存并准备下一阶段实验任务。

有相关研究表明，驾驶司机在可变道路危险的驾驶中大约在 30 min 后开始呈现疲劳状态，因此本实验将危险感知测试分为三个阶段进行，每阶段测试设置在 30 min 以排除疲劳对危险感知数据的影响，此外三个阶段测试完成后询问被试实验中感受并进行记录。

2.4.3　列车驾驶危险感知测试分析

当信号检测数据、灵敏度、反应偏向为因变量，速度等级为自变量时，被试在不同速度下灵敏度和反应偏向的描述性统计如图 2-9 所示。方差分析结果显示，速度对被试的灵敏度（$p<0.001$）和反应偏向（$p<0.001$）均有显著影响，120 km/h 和 160 km/h 与 250 km/h、350 km/h 之间存在显著性差异，并且 250 km/h 与 350 km/h 之间同样存在显著性差异。

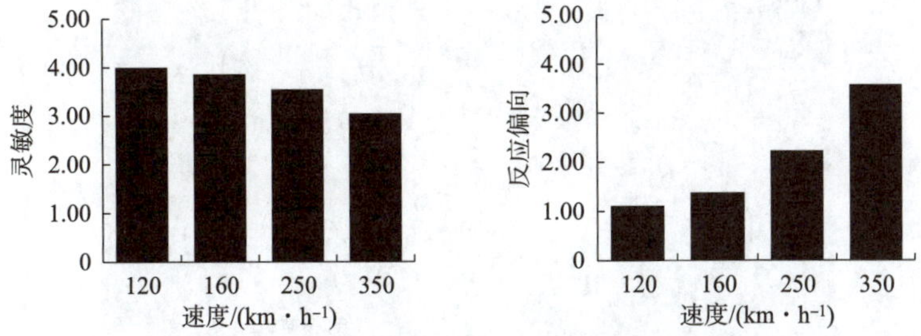

图 2-9　不同速度下灵敏度与反应偏向的描述性统计

当预期反应时间为因变量，速度、危险位置和危险类型为自变量时，被试在不同速度、危险类型、危险位置下预期反应时间的描述性统计如图 2-10 所示。方差分析结果显示速度、危险类型和危险位置的交互作用显著（$F=3.988$，$p<0.05$），这表明随着速度的增加，不同危险类型在不同位置上的预期反应时间不同。简单效应分析发现在 120 km/h、160 km/h 和 350 km/h 速度下危险类型与危险位置之间无显著交互作用，但 250 km/h 速度下轨道遗留物类型下危险位置中和危险位置右（$p=0.042<0.05$）有显著性差异。在 120 km/h 和 160 km/h 速度下危险位置左与危险位置中（$p<0.001$）、危险位置左与危险位置右（$p=0.002<0.05$）、危险位置中与危险位置右（$p<0.001$）之间均有显著性差异；在250 km/h和 350 km/h 危险类型为行人的情况下，危险位置左与危险位置中（$p<0.001$）、危险位置中与危险位置右（$p<0.001$）有显著性差异。在危险类型为行人下速度等级与危险位置之间存在显著交互作用：在 120 km/h、160 km/h 下，危险位置两两之间有显著差异（均为 $p<0.01$）。

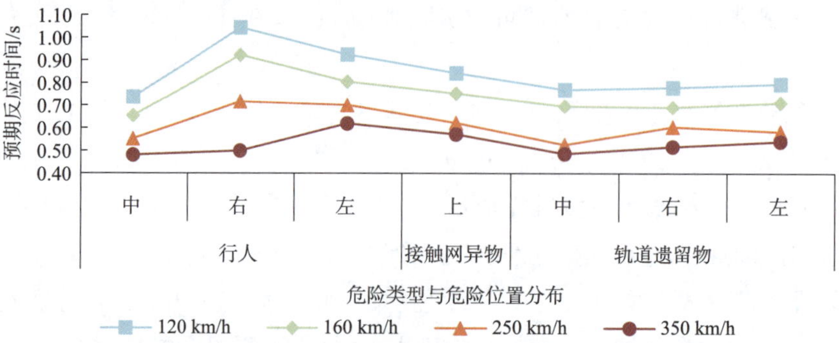

图 2-10 不同速度下危险类型和危险位置的预期反应时间的描述性统计

为更加有效和准确地分析在不同速度下被试视觉注意的转移和分配，将危险感知测试中的显示屏幕分为 9 个等面积的兴趣区，根据划分的方位，分别为屏幕视景左上方区域（左上-AOI）、上方区域（上-AOI）、右上方区域（右上-AOI）、左方区域（左-AOI）、中间区域（中-AOI）、右方区域（右-AOI）、左下方区域（左下-AOI）、下方区域（底-AOI）和右下方区域（右下-AOI），如图 2-11 所示。

图 2-11 不同 AOI 区域的划分

方差分析结果显示，速度对总注视次数($p<0.001$)有显著影响，120 km/h 与 160 km/h、250 km/h 和 350 km/h 均存在显著性差异($p<0.001$)；160 km/h 与 250 km/h 和 350 km/h 均存在显著性差异($p<0.001$)；250 km/h 与 350 km/h 存在显著性差异($p<0.001$)。速度对除右上-AOI 外的其他区域 AOI 注视比率有显著影响($p<0.001$)，两两比较结果见表 2-9。

表 2-9　AOI 注视比指标下的速度等级两两对比结果

位置-眼动指标	速度等级					
	120～160 km/h	120～250 km/h	120～350 km/h	160～250 km/h	160～350 km/h	250～350 km/h
底-AOI 注视比	1.000	0.074	0.470	0.153	0.574	0.995
左-AOI 注视比	1.000	0.020	0.025	0.020	0.024	1.000
左下-AOI 注视比	0.985	0.021	<0.001	0.504	0.047	0.524
左上-AOI 注视比	0.016	0.001	<0.001	0.624	<0.001	0.154
中-AOI 注视比	0.948	<0.001	<0.001	<0.001	<0.001	1.000
右-AOI 注视比	0.025	<0.001	<0.001	<0.001	<0.001	<0.001
右下-AOI 注视比	0.698	<0.001	0.002	0.002	0.043	1.000
上-AOI 注视比	0.997	<0.001	<0.001	<0.001	<0.001	0.955

通过分析速度等级、危险类型、危险位置对列车司机危险感知的影响数据，发现速度等级、危险类型和危险位置对危险感知有显著性差异，这也证明了前面提出的假设是成立的，即不同列车运行速度、不同的危险物类型以及不同的危险物位置会影响驾驶者的危险感知。下面进一步结合眼动机制深入讨论这些变量对危险感知的影响机理。

从速度等级与绩效数据的关系来看，列车速度等级对于被试对危险做出反应的时间有显著影响，即随着速度的增加被试的预期反应时间降低。当列车速度增加时，制动距离也随之增加，这会给被试造成一定的时间压力。当遇到危险时，被试需要在极短的时间内做出决策来启动制动系统以防止发生事故。列车速度较快时，被试在移动过程中视野迅速变化，为了安全行车，被试注意力需要高度集中，减少了注意力分散的情况，从而在识别和反应危险时更加迅速和高效。这与 Törnros 等人的结果一致，他们发现被试以 110 km/h 速度行驶时反应最快，以 70 km/h 的速度行驶时反应最慢；Jurecki 和 Stańczyk 在对 40 km/h、50 km/h、60 km/h 速度与反应的研究中也发现类似结果，即随着行驶速度的增加，驾驶者的反应时间变短。

从速度等级与信号检测数据的关系来看，速度等级对于灵敏度和反应偏向有显著影响，即随着速度的增加，被试的灵敏度降低，反应偏向增大。当列车速度增加时，被试与周围环境之间的相对速度也会增加。这意味着对于同一外部刺激，如障碍物或信号，被试在高速下只会感知到更高的速度变化，从而忽视了对外界刺激的识别。结合眼动数据中的热点图来分析被试注意力的分配情况如图 2-12 所示，红色区域表示注意力最集中的部分，是被试最经常停留和注视的区域；黄色区域表示中等程度的视觉注意力，是被试经常关注的区域；绿色区域表示视觉注意力相对较弱的区域，是被试注视时间较短或不太关注的区域。根据不同速度下的热点图可以发现，120 km/h 下绿色区域比较多，分布的范围也比较广，红黄色区域相对来说数量少且较分散；但随着速度的增加，160 km/h、250 km/h 和 350 km/h 下绿色区域减少，红黄区域集中在中间区域。所以，列车高速行驶会使被试的视野集中在轨道中间部分，形成隧道效应，导致被试视线聚焦在轨道中央，从而减少了其对周围环境细节的感知和判断，因此，较高的列车行驶速度会降低被试的灵敏度。由于其对周围环境中危险感知的减弱，被试对于危险的判别标准也变得比较宽松，从而导致反应偏向随之增大，该结果与 Rogé 等人的研究结果类似，即随着车辆速度的增加，驾驶者检测到的交通信号数量减少。

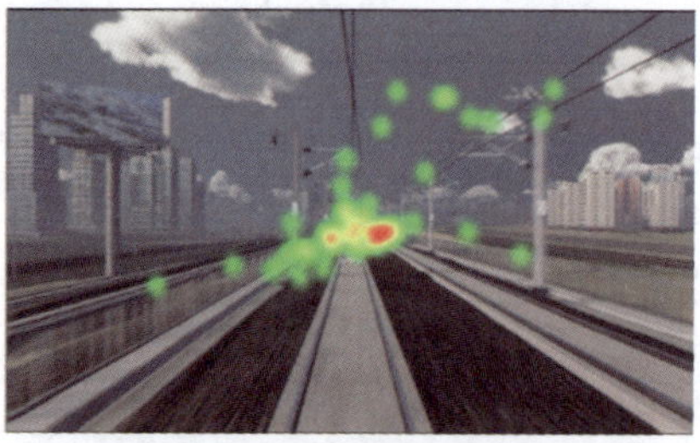
(a)120 km/h

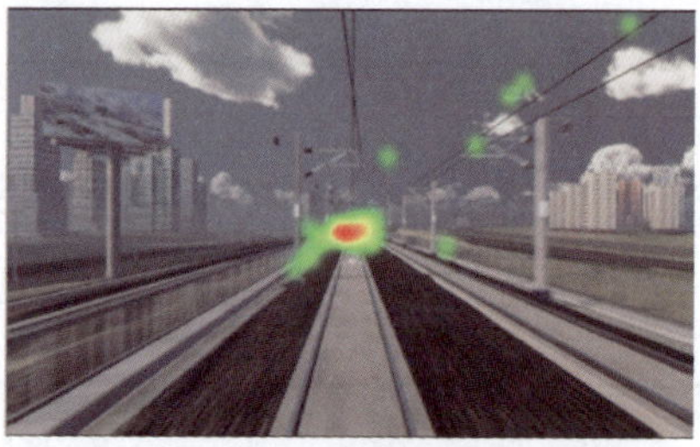
(b)160 km/h

(c)250 km/h

(d)350 km/h

图 2-12　不同列车运行速度下危险物位于轨道中间位置时的眼动热点

从速度等级、危险物类型和危险位置与绩效数据的交互关系来看，如图 2-13 所示，发现在速度相对较低(120 km/h 和 160 km/h)的情况下，被试有足够的时间对外界环境进行感知。但随着速度的增加，在 250 km/h 的情况下，被试左侧的注视点逐步向右偏移，对轨道右侧的关注渐多，更容易发现位置右侧存在的危险，所以轨道位置左右两侧的预期反应时间差距有所减小，从而导致轨道中间与轨道左右两侧差异性显著。在 350 km/h 的情况下，被试隧道效应明显，注视点相对向右侧集中，轨道中间位置和右侧差异缩小，轨道左侧位置因视线偏移反应较慢，所以轨道位置左侧与中间、右侧差异显著，而轨道位置中间和右侧差异不明显。

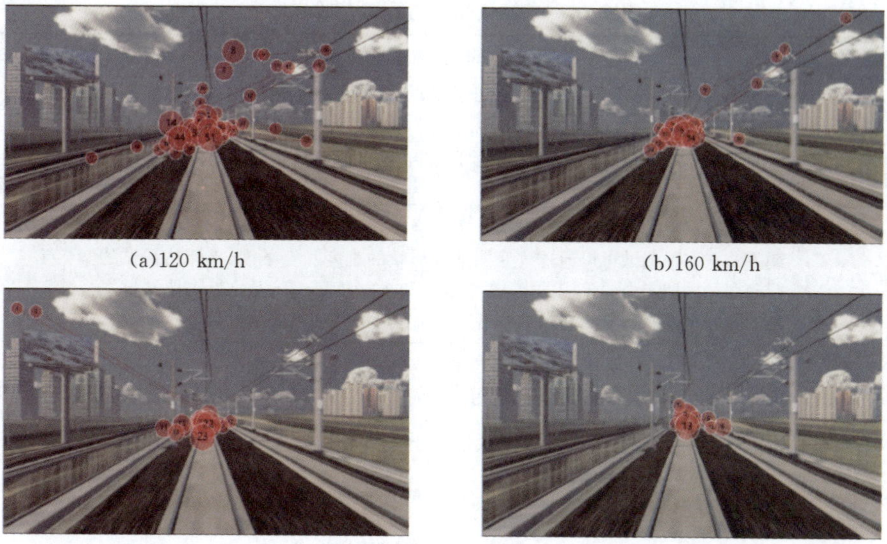

(a)120 km/h　(b)160 km/h

(c)250 km/h　(d)350 km/h

图 2-13　不同列车运行速度下危险物位于轨道中间位置时的注视点

在危险类型为行人，速度 120 km/h、160 km/h 的情况下，危险位置两两之间有显著差异，这是因为被试在单个场景的注视点较多，进行了多次的视觉搜索。同时，大多数的注视点集中在中间和左侧，出现视觉注意偏侧化，行人位于轨道中间位置的预期反应时间要快于轨道左侧位置，轨道左侧位置的预期反应时间要快于轨道右侧位置，这与王芯蕊团队的研究结果相一致，他们发现驾驶者对于危险位于视野中间位置的反应速度最快，视野左侧的反应次之，视野右侧的反应最慢。

随着列车运行速度的增加，在 250 km/h 和 350 km/h 的情况下被试左侧的注视点逐步向右偏移，视线偏向轨道中心，视觉注意偏侧效应消失，视觉中央隧道效应凸显，在四种速度下不同危险类型和危险位置的预期反应时间总体呈现下降的趋势。

2.4.4　个体认知能力差异对危险感知的影响

个体的认知能力会对工作绩效产生一定影响。西南交通大学的郭孜政教授依据高铁司机的工作特点和选拔方法探究了认知能力对安全绩效的预测作用，其结果表明，注意力、多反应能力、速度预期和作业稳定性对高铁司机的安全绩效具有正向预测作用；国外学者也发现不同驾驶者个体认知能力的不同，其对危险的感知也会有差异。因此，本节希望在前述实验的基础上进一步探讨个体认知能力对危险感知的影响。

危险感知作为与碰撞风险相关的特定驾驶技能，涉及对复杂环境中出现的危险检测、理解和反应等一系列认知过程，已有研究表明驾驶者的注意力、记忆力、反应能力、学习能力、手眼协调能力与行车安全以及碰撞风险相关，因此根据 TB/T 3091 选取注意力、反应能力和学习能力三项认知能力指标来探讨其对危险感知的影响，这三种认知能力的测试范式说明见表 2-10。

表 2-10　个体认知能力测试范式说明

个体认知能力	任务描述	绩效指标
注意力	要求被试在 49 个方格中按照从小到大的顺序，依次点击方格中的数字来判断其注意力和集中力	反应时间
反应能力	要求被试通过对出现的随机颜色灯光的信号（黄、红、蓝）以及蜂鸣器的声音信号做出相应反应	反应时间、错误次数
学习能力	要求被试识别一系列图案或形状中的规律，从而预测下一个图案或形状的出现方式。这种测试可以通过改变图案或形状的难度和复杂度，来评估被试的学习速度和推理能力。该测试由 10 个数字和 10 个特殊符号组成，需要被试在规定的时间内按照从左至右的顺序将符号所对应的数字依次点击	正确个数

30 名被试中，为了区分个体认知能力的差异，待其危险感知测试完成后，按照《城市轨道交通列车驾驶员心理素质测试规范》（T/CAMET 300D1）中对应的绩效指标（表 2-11），对被试注意力、反应能力和学习能力进行进一步测试。

表 2-11　认知能力指标等级划分

心理认知能力	评价指标	等级	等级划分	
			下限	上限
注意力	完成时间/s	A	—	71（含）
		B	71（不含）	120（含）
		C	120（不含）	169（含）
		D	169（不含）	—
反应能力	平均反应时间/s	A	—	0.75（含）
		B	0.75（不含）	1.49（含）
		C	1.49（不含）	2.13（含）
		D	2.13（不含）	—
	错误反应次数/个	A	—	3（含）
		B	3（不含）	10（含）
		C	10（不含）	18（含）
		D	18（不含）	—
学习能力	正确个数/个	A	49（不含）	—
		B	34（不含）	49（含）
		C	19（不含）	34（含）
		D	—	19（含）

注：反应能力测试中的两个单维度测试项目等级较差的结果为其最终评定等级。

被试的测试数据量：在注意力中，等级 A、B 和 C 三个组分别为 672 次、1 764 次和 84 次；在反应能力中，等级 A 和 B 两个组分别为 840 次和 1 680 次；在学习能力中，等级 A 和 B 两个组分别为 2 352 次和 168 次。由于样本量不平衡，数据是通过相同被试多次测量获得的，且涉及多个被试间变量（注意力、反应能力、学习能力）以及被试内变量（速度等级）的交互效应，因此这里采用线性混合效应模型对被试在不同认知能力和速度等级条件下的反应时间进行分析。

混合效应模型构建过程是先构建一个包含速度等级和认知能力主效应的简单的混合效应模型，然后再构建一个包含速度等级和认知能力之间交互项的中间模型，以捕捉它们对反应时间的联合影响。由于各变量呈正态分布，且方差膨胀因子（VIF）均小于 10，变量之间不存在显著的多重共线性问题，因此可以进行进一步的回归分析，预期反应时间的混合线性模型回归结果见表 2-12。通过残差进行分析，发现残差总体上服从正态分布，残差的方差在整个拟合值范围内是均匀的，检验了混合效应模型残差的正态性、方差齐性和独立性的假设。

表 2-12　预期反应时间的混合线性模型回归结果

预测变量	系数	标准误差	z	p	95%置信区间下限	95%置信区间上限
截距	0.954	0.059	16.226	<0.001	0.839	1.069
速度等级(160 km/h)	−0.141	0.035	−3.972	<0.001	−0.21	−0.071
速度等级(250 km/h)	−0.329	0.035	−9.28	<0.001	−0.398	−0.259
速度等级(350 km/h)	−0.413	0.035	−11.674	<0.001	−0.483	−0.344
注意力(等级 B)	−0.203	0.053	−3.835	<0.001	−0.307	−0.099
注意力(等级 C)	0.039	0.191	0.203	0.839	−0.336	0.414
反应能力(等级 B)	0.05	0.051	0.971	0.331	−0.051	0.15
学习能力(等级 B)	−0.069	0.133	−0.517	0.605	−0.33	0.192
速度等级(160 km/h) *注意力(等级 B)	0.073	0.032	2.3	0.021	0.011	0.136
速度等级(250 km/h) *注意力(等级 B)	0.186	0.032	5.819	<0.001	0.123	0.248
速度等级(350 km/h) *注意力(等级 B)	0.201	0.032	6.318	<0.001	0.139	0.264
速度等级(160 km/h) *注意力(等级 C)	−0.07	0.115	−0.605	0.545	−0.296	0.156
速度等级(250 km/h) *注意力(等级 C)	0.03	0.115	0.261	0.794	−0.196	0.256
速度等级(350 km/h) *注意力(等级 C)	0.061	0.115	0.53	0.596	−0.165	0.287
速度等级(160 km/h) *反应能力(等级 B)	−0.007	0.031	−0.22	0.826	−0.067	0.054
速度等级(250 km/h) *反应能力(等级 B)	−0.046	0.031	−1.496	0.135	−0.107	0.014
速度等级(350 km/h) *反应能力(等级 B)	−0.062	0.031	−2.022	0.043	−0.123	−0.002
速度等级(160 km/h) *学习能力(等级 B)	0.03	0.08	0.373	0.709	−0.127	0.187
速度等级(250 km/h) *学习能力(等级 B)	0.023	0.08	0.285	0.775	−0.134	0.18
速度等级(350 km/h) *学习能力(等级 B)	0.009	0.08	0.113	0.910	−0.148	0.166
组内随机效应的方差	0.013	0.016				

注：表中的速度等级基线水平为 120 km/h，注意力、反应能力和学习能力的基线水平均为等级 A。

混合效应模型表明，速度等级和注意力显著影响预期反应时间，而反应能力和学习能力对预期反应时间的影响较小。交互效应显示了不同认知能力在不同速度下的复杂关系，特别是注意力对速度变化的显著影响。

不同速度等级下，不同注意力、反应能力、学习能力等级的预期反应时间如图 2-14 所示。图 2-14(a)显示了相同注意力等级下，速度等级越高，反应时间越短；注意力等级 B 的反应时间低于其他两个等级，尤其在速度较低时(120 km/h 和 160 km/h)；注意力等级 A 和等级 C 的反应时间差异不大，随速度增加，两者的反应时间逐渐接近。图 2-14(b)显示了相同反应能力等级下，速度等级越高，反应时间越短；反应能力等级 A 的反应时间低于等级 B；反应能力等级之间的差异在速度较高时(250 km/h 和 350 km/h)逐渐缩小。图 2-14(c)显示了相同学习能力等级下，速度等级越高，反应时间越短；学习能力等级 A 的反应时间略高于等级 B，但差异不显著；随速度增加，学习能力等级间的差异逐渐减小，尤其在 350 km/h 时，两个等级的反应时间几乎相同。

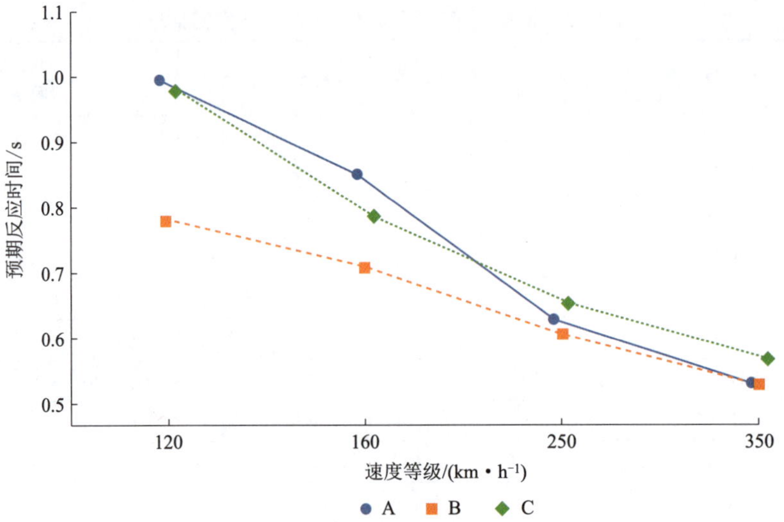

(a)不同注意力等级

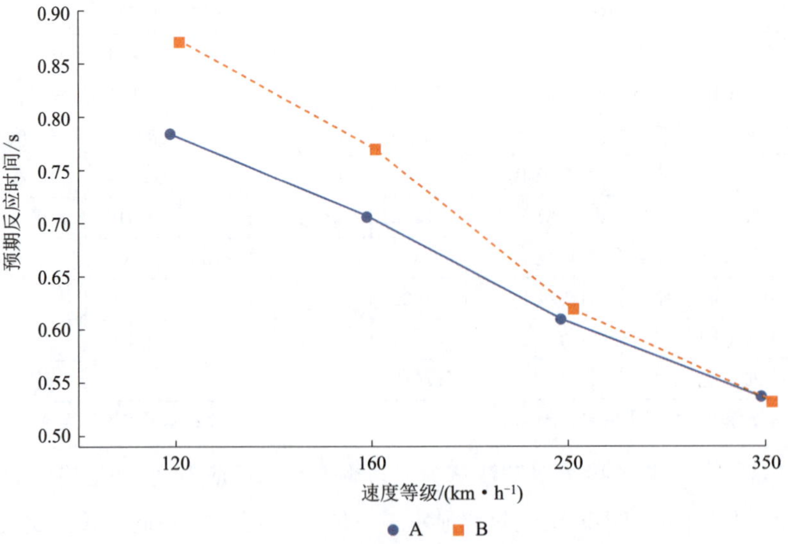

(b)不同反应能力等级

图 2-14

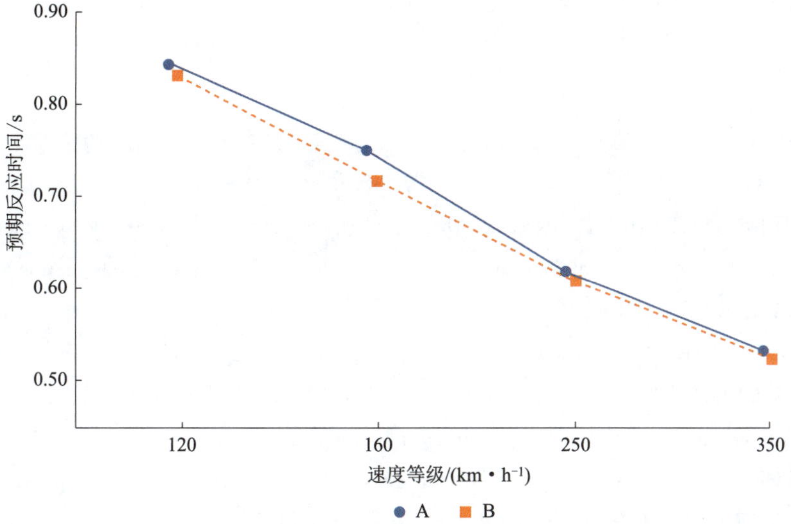

(c)不同学习能力等级

图 2-14　混合效应模型预期反应时间

速度与注意力能力等级之间的交互作用表明个体注意力能力对危险感知的影响受到了速度等级的影响。这主要是因为不同注意力水平的被试关注到的信息量有所差异，注意力水平高的被试关注外界环境范围广，信息较多；注意力水平低的被试关注的外界环境范围较窄，信息较少。随着列车速度的增加，视觉隧道效应显著，此时，不同注意力水平的被试所关注的信息区域差异不大，从而导致高速情况下，不同注意力等级之间对危险做出的反应时间没有显著性差异。

速度与反应能力等级之间的交互作用表明个体对危险感知的反应能力受速度等级的影响，随着列车速度的增加，司机在短时间内需要处理的信息也越来越多，认知负荷也越来越高，在列车高速行驶的过程中，危险感知涉及对危险刺激的感知、判断、决策、反应等多个认知阶段，而这些方面并不是完全取决于驾驶者遇到危险时的反应速度，因此，在列车时速较高的情况下，个体反应能力的高低对危险预期反应的差异并不明显。

目前的实验研究并没有发现学习能力与速度等级之间的交互作用，可能是由于被试群体学习和获取准确知识和信息的水平差距不大，这与郭孜政等人的研究结果一致，他们的研究发现学习能力对动车组司机的安全绩效没有显著的预测效果。

从上述分析可以发现，总体来说个体的反应能力和注意力会对危险感知绩效产生影响。进一步分析会发现，当列车速度在 160 km/h 以下时，个体的反应能力和注意力的差异会对危险感知绩效产生显著影响；当列车运行速度高于 250 km/h 时，个体的反应能力和注意力的差异对危险感知绩效没有显著性影响。这表明当列车运行速度低于 160 km/h 时，可以通过对个体的培训和选拔，改善他们的认知能力来提高其对危险的感知性，而当列车速度超过 250 km/h 时，个体认知能力之间的差异对于危险感知影响很小。在列车高速行驶时，人的个体能力发挥的作用有限，此时更应该通过对列车运行环境智能感知和预警检测技术的提升来提高人的危险感知能力。

参考文献

[1] OPPENHEIM I, SHINAR D, CARSTEN O, et al. Critical review of models and parameters for driver models in different surface transport systems and in different safety critical situations: 218496[R]. Beersheba: ITERATE, 2010.

[2] ROTH E, MULTER J. Technology implications of a cognitive task analysis for locomotive engineers: DOT/FRA/ORD-09/03[R]. Washington, D. C.: United States Department of Transportation Federal Railroad Administration Office of Research and Development, 2009.

[3] HAMILTON W I, CLARKE T. Driver performance modelling and its practical application to railway safety[M]// WILSON J, NORRIS B, MILS A. Rail human factors. London: Routledge, 2017: 25-39.

[4] ZOER I, SLUITER J K, FRINGS-DRESEN M H W. Psychological work characteristics, psychological workload and associated psychological and cognitive requirements of train drivers[J]. Ergonomics, 2014, 57(10): 1473-1487.

[5] MCLEOD R W, WALKER G H, MORAY N. Analysing and modelling train driver performance[J]. Applied ergonomics, 2005, 36(6): 671-680.

[6] SANI M A, DAWAL S Z M. Future human performance model for Malaysian train driver[C]// International MultiConference of Engineers and Computer Scientists, Hong Kong. [S. l.]: Newswood Limited, 2010: 1938-1943.

[7] NAWEED A. Investigations into the skills of modern and traditional train driving[J]. Applied ergonomics, 2014, 45(3): 462-470.

[8] WREATHALL J. Operator action trees, an approach to quantifying operator error probability during accident sequences[R]. [S. l.: s. n.], 1982.

[9] WOODS D D, ROTH E M, POPLE H. Modeling human intention formation for human reliability assessment[J]. Reliability engineering & system safety, 1988, 22(1/4): 169-200.

[10] CACCIABUE P C, DECORTIS F, DROZDOWICZ B, et al. COSIMO: a cognitive simulation model of human decision making and behavior in accident management of complex plants[J]. IEEE transactions on systems, man, and cybernetics, 1992, 22(5): 1058-1074.

[11] WICKENS C D, HELTON W S, HOLLANDS J G, et al. Engineering psychology and human performance[M]. London: Routledge, 2021.

[12] COOPER S E, RAMEY-SMITH A, WREATHALL J, et al. A technique for human error analysis (ATHEANA): NUREG/CR-6350[R]. Washington, D. C.: Nuclear Regulatory Commission, 1996.

[13] HOLLNAGEL E. Cognitive reliability and error analysis method(CREAM)[M]. Oxford: Elsevier, 1998.

[14] MOSLEH A, CHANG Y H. Model-based human reliability analysis: prospects and requirements[J]. Reliability engineering & system safety, 2004, 83(2): 241-253.

[15] ENDSLEY M R. Toward a theory of situation awareness in dynamic systems[J]. Human factors, 1995,37(1):32-64.

[16] YOUNG M S, STANTON N A, WALKER G H. In loco intellegentia: human factors for the future European train driver[J]. International journal of industrial and systems engineering, 2006, 1(4): 485-501.

[17] NAGHIYEV A. Human factors of train driving with incab control and automation technology[D]. Nottingham: University of Nottingham, 2017.

[18] CIANI L, GUIDI G, PATRIZI G. Human reliability in railway engineering: literature review and bibliometric analysis of the last two decades[J]. Safety science, 2022, 151.

[19] BAYSARI M T, CAPONECCHIA C, MCINTOSH A S, et al. Classification of errors contributing to rail incidents and accidents: a comparison of two human error identification techniques[J]. Safety science, 2009, 47(7): 948-957.

[20] GIBSON W H. Railway action reliability assessment user manual: a technique for the quantification of human error in the rail industry[M]. London: Rail Safety and Standards Board, 2012.

[21] PHILLIPS R O, SAGBERG F. What did you expect? CREAM analysis of hazardous incidents occurring on approach to rail signals[J]. Safety science, 2014, 66: 92-100.

[22] RANGRA S, SALLAK M, SCHÖN W, et al. Human reliability assessment under uncertainty-towards a formal method[J]. Procedia manufacturing, 2015, 3: 3230-3237.

[23] RANGRA S, SALLAK M, SCHÖN W, et al. A graphical model based on performance shaping factors for assessing human reliability[J]. IEEE transactions on reliability, 2017, 66(4): 1120-1143.

[24] KYRIAKIDIS M, MAJUMDAR A, OCHIENG W Y. The human performance railway operational index: a novel approach to assess human performance for railway operations[J]. Reliability engineering & system safety, 2018, 170: 226-243.

[25] ZHOU J L, LEI Y. A slim integrated with empirical study and network analysis for human error assessment in the railway driving process[J]. Reliability engineering & system safety, 2020, 204.

[26] CATELANI M, CIANI L, GUIDI G, et al. An enhanced SHERPA (E-SHERPA) method for human reliability analysis in railway engineering[J]. Reliability engineering & system safety, 2021, 215.

[27] KYRIAKIDIS M, MAJUMDAR A, GROTE G, et al. Development and assessment of taxonomy for performance-shaping factors for railway operations[J]. Transportation research record, 2012, 2289(1): 145-153.

[28] BORING R L. How many performance shaping factors are necessary for human reliability analysis? [R]. Idaho Falls: Idaho National Lab. (INL), 2010.

[29] GROTH K M. A data-informed model of performance shaping factors for use in human reliability analysis[M]// BRIS R, SOARES C G, MARTORELL S. Reliability, risk, and safety. London: CRC Press, 2009: 231-238.

[30] AMBROGGI M D, TRUCCO P. Modelling and assessment of dependent performance shaping factors through Analytic Network Process[J]. Reliability engineering & system safety, 2011, 96(7): 849-860.

[31] GROTH K M,MOSLEH A. A data-informed PIF hierarchy for model-based human reliability analysis [J]. Reliability engineering & system safety,2012,108:154-174.

[32] BEANLAND V,FITZHARRIS M,YOUNG K L,et al. Driver inattention and driver distraction in serious casualty crashes:data from the Australian National Crash In-depth Study[J]. Accident analysis & prevention,2013,54:99-107.

[33] CRICK J,MCCORQUODALE B,CHISSICK C,et al. Driver error data collection project:final report [R]. London:Qinetiq,Rail Safety and Standards Board(RSSB),2004.

[34] DAVIES K,THORLEY P,THOMAS M,et al. Feasibility of head up displays in driving cabs[M]// WILSON J R,MILLS A,CLARKE T,et al. Rail human factors around the world:impacts on and of people for successful rail operations. London:CRC Press,2012.

[35] 张洁,郭钢,李文博．驾驶员危险感知研究现状及展望[C]// 中国汽车工程学会．2020 中国汽车工程学会年会论文集．北京:机械工业出版社,2020:170-175.

[36] GREEN D M,SWETS J A. Signal detection theory and psychophysics[M]. New York:Wiley,1966.

[37] HULL M. Hazard perception test:the Geelong trial and future development[C]//Road Traffic Safety Research Council:Officials Committee on Road Safety. [S. l. : s. n.], National road safety seminar, Wellington,New Zealand. 1992:155-175.

[38] 孙龙,常若松,李爽．驾驶员危险知觉测试及其信效度分析[J]. 中国科技论文在线精品论文,2016, 9(8): 863-867.

[39] KAHANA-LEVY N, SHAVITZKY-GOLKIN S, BOROWSKY A, et al. The effects of repetitive presentation of specific hazards on eye movements in hazard perception training,of experienced and young-inexperienced drivers[J]. Accident analysis & prevention,2019,122:255-267.

[40] CHAPMAN P, UNDERWOOD G, ROBERTS K. Visual search patterns in trained and untrained novice drivers[J]. Transportation research, Part F: traffic psychology and behaviour, 2002, 5(2): 157-167.

[41] WETTON M A,HILL A,HORSWILL M S. The development and validation of a hazard perception test for use in driver licensing[J]. Accident analysis & prevention,2011,43(5):1759-1770.

[42] 吴初娜,曾诚,刘梦雅．驾驶人危险辨识能力影响因素研究[J]. 公路交通科技,2017,34(S2):23-28.

[43] TÖRNROS J. Effect of driving speed on reaction time during motorway driving[J]. Accident analysis & prevention,1995,27(4):435-442.

[44] JURECKI R S,STAŃCZYK T L. Driver reaction time to lateral entering pedestrian in a simulated crash traffic situation[J]. Transportation research, Part F:traffic psychology and behaviour,2014,27: 22-36.

[45] ROGÉ J,PÉBAYLE T,LAMBILLIOTTE E,et al. Influence of age,speed and duration of monotonous driving task in traffic on the driver's useful visual field[J]. Vision research,2004,44(23):2737-2744.

[46] 王芯蕊．视频长度和危险来源方位对年轻驾驶员危险预期的影响研究[D]. 大连:辽宁师范大学,2019.

[47] 杨京帅,李秀丽,任书杭,等．驾驶人危险感知影响因素建模与试验[J]. 长安大学学报(自然科学

版),2015,35(5):104-110.

[48] JANSSON A, DLSSON E, ERLANDSSON M. Bridging the gap between analysis and design: improving existing driver interfaces with tools from the framework of cognitive work analysis[J]. Cognition, technology & work, 2006, 8:41-49.

第3章 高速列车司机驾驶疲劳管理及在途状态监测

疲劳是由失眠、长时间清醒、生理节律失调或工作负荷过大引起的生理状态，导致个体的精神或身体功能下降。疲劳会降低人的警觉性和作业能力，妨碍他们履行其他与安全有关的职责。在铁路领域，列车驾驶疲劳是事故发生的主要原因之一，疲劳对安全最显著的负面影响是信号冒进和分心驾驶。根据统计数据，英国 2013 年 78 起列车事故中 28.21%由疲劳导致，美国 2016 年 11%～60%的事故是由司机疲劳引起的，而 2022 年欧洲的统计中，司机疲劳在铁路事故致因中排名第一。

由于高铁列车运行速度快，司机的疲劳情况更为严重，课题组在 2022 年 11 月分别走访了北京、上海、武汉、广州、南宁五个铁路局集团公司，采用 Epworth 嗜睡量表对高铁司机疲劳状况进行了调查，结果表明高速列车司机群体中有超过一半的司机处于过度困倦状态。列车速度的提高，需要司机的注意力更为集中，同时为保证行车安全，驾驶舱内会增设新的显示、通信与控制系统，驾驶界面信息量的增加会使得司机认知与操作负荷增大，从而更容易诱发疲劳。疲劳可能使人难以认识到风险，容忍通常认为不可接受的风险，此外也会对沟通、监测和协调活动产生负面影响。与药物和酒精等导致暂时性精神障碍的原因不同，疲劳在实际作业中很难检测，所有这些特征使得疲劳成为高速铁路运输安全工作中的一个特别需要关注的问题。

3.1 列车驾驶疲劳的致因及影响

人类对疲劳的研究至今已有 100 多年历史，在不同领域对疲劳的概念都有学者进行了相关探索。例如：医学领域认为疲劳是一种可以被测量或量化的机体防御性反应，表现为机体生理过程不能持续其机能在特定水平上和（或）不能维持预定的运动强度；心理学领域则强调由于个体绩效下降而对继续正在进行的工作的主观体验，认为疲劳是一种由身体疲惫干扰正常人体功能后产生的令人不愉快的症状；生理学领域却认为疲劳是由调节睡眠和生理节律的神经生物学过程导致的睡意（即内稳态睡眠驱动），表征一种趋向睡眠－清醒的机能状态；也有人认为疲劳是一种休养的状态或生物驱动力。可以看到疲劳是一种多维概念，其结果是一种涉及生理、行为和心理的反应形式。

虽然不同领域对疲劳的研究试图提炼出一个全面且多维的概念，但大多数定义只能有效解释部分“疲劳”现象。Hanowski 和 Williamson 曾指出行业需要根据行业特征自行赋予疲劳相关的定义，英国铁路监管办公室(ORR)将疲劳定义为一种可感知的疲倦状态，可能由长时间工作、繁重的工作量、休息不足和睡眠不足引起。它包括一种普遍的疲劳感，导致有效工作的能力下降，与不疲劳的人相比，疲劳的人会更不警觉，处理信息的能力更差，需要更长的时间来做出反应和决定，对工作的兴趣更小；疲劳会增加出错的可能性，并对绩效产生不利影响。

在铁路疲劳风险管理中，由于疲劳的主要关注对象为健康正常的成年人，因此，通常将疲劳分为心理疲劳和生理疲劳，心理疲劳(mental fatigue)或称脑力疲劳，是指一种缺乏动机与警觉的主观感觉，表现为头脑昏沉、注意力不易集中、思考困难、健忘、欲望降低、工作绩效下降且易出差错等，而生理疲劳(physical fatigue)或称体力疲劳，则是肌肉缺乏能量和力量，通常表现为进行一定的体力劳动后所出现的主观疲劳感受，这种分类方法便于归纳疲劳的主要表现和疲劳监控模型的构建。

3.1.1 驾驶疲劳的致因

疲劳是由于过度的体力或脑力劳动引起的一种复杂的生理现象，列车驾驶疲劳属于“技巧性疲劳”，作为一种自然的人体防御反应，通常情况下是不以消耗体力为特征，而是属于心理能量的消耗，这种状态会损害人的警觉度，影响人的安全操纵和履行岗位职责的能力。2017 年澳大利亚昆士兰大学的 A. J. Filtness 针对列车驾驶疲劳的致因因素，对澳大利亚和新西兰的八个不同铁路运营商的列车司机进行了调研，归纳了引起列车司机疲劳的九个具体因素，分别是难以入睡、要做的事情太多、轮班工作、司机疲劳时超负荷工作的动机、没有提供足够的恢复机会、货运与客运列车运输性质的差异、疲劳评估手段的局限性、管理决策不当和组织因素。

在铁路领域，引发疲劳的因素有很多，各个国家的铁路管理规章制度不同，诱发疲劳的因素也会有一些差异，但总的来说职业因素与个人因素是列车司机驾驶疲劳的最主要诱因，具体体现在睡眠、工作负荷、精神压力和环境、昼夜节律等方面。

(1)缺乏睡眠或睡眠不佳：人体需要充足的睡眠，缺乏或不良的睡眠会导致疲劳。一般人每 24 h 需要 8 h 睡眠，慢性和急性睡眠不足都会影响司机清醒和警觉水平。此外，睡眠质量也是非常重要的，其主要受睡眠障碍的影响，例如睡眠呼吸暂停和嗜睡症。随着清醒时间的延长，人的睡眠压力会逐渐增大，疲劳感也会越来越严重，因睡眠不足或清醒时间过长而导致的疲劳，是列车司机疲劳比较典型的特征。

(2)工作负荷：工作负荷主要来自工作的强度、复杂程度和时间长短的综合影响。一般来说，长时间、高强度的工作会导致身心疲劳，工作复杂程度以及所要求的人员熟练度、综合能力、精细程度等也会影响工作负荷。另外，低工作负荷可能使人感到单调和无聊，同样导致生理困倦。

(3)精神压力和环境：当人的精神压力较大时会产生紧张的感觉，为了克服精神压力，人们需要比以往付出更多的努力应对工作，容易造成疲劳。此外，由于噪声、振动、辐射、气压、温度、湿度、密闭空间等驾驶室环境的特殊性，使司机很难获得适宜的工作条件，从而导致疲劳。

(4)生理节奏：每天我们都能感受到生理和行为功能的差异，包括睡眠、体温、警觉水平和心理及生理表现。这些功能在 24 h 内持续变化，呈现出一定规律的高低起伏的生理节奏。生理节奏背后的生理机制称为生物钟，即昼夜节律，它与疲劳有关，协调人们日常活动的生理优先级，包括睡眠、体温、消化、表现和其他变量，因此，它对人的警觉性、情绪、动机和表现有直接影响，夜间工作干扰昼夜节律会导致失误增加 4 至 10 倍。

(5)个体特征：年龄、身体状况、睡眠时型、饮酒等个人特征也影响司机疲劳程度。年龄与疲劳呈线性关系，睡眠时型不同的个体在白天工作时表现出不同的疲劳水平。睡前 1 h 内饮酒会扰乱后半段睡眠。

高铁司机驾驶疲劳与睡眠和作业任务密切相关，除睡眠因素外，驾驶的某些特征，如任务需求和持续时间会产生与任务相关的疲劳。这种疲劳可以分为主动疲劳和被动疲劳，主动疲劳是由增加的任务负荷、长时间驾驶、恶劣的天气和需要完成次要任务引起的，而被动疲劳是由缺乏刺激、单调的驾驶条件、轮班不规律和系统自动化造成的欠负荷引起的。

3.1.2 驾驶疲劳的影响

疲劳是一种多系统功能紊乱，对人的生理和认知都会产生影响，这在工作和实验室环境的观察试验中已经得到了广泛证实。疲劳对高速列车驾驶人员心理和生理的影响症状主要体现在 13 个方面，见表 3-1。

表 3-1 疲劳对高速列车驾驶人员心理和生理的影响症状

疲劳的心理和生理症状	具体描述
反应时间增加	司机对行车中的变化和异常情况反应变得迟钝
思路单一	只能集中于一种思想或活动，不能从不同侧面考虑问题
思想麻木	思想和视线固定在某一对象，对其他信息视而不见，甚至忽略重要的信息
短时记忆丧失	忘记刚才的操作以及显示的信息，对几分钟前的作业内容失去记忆
错误判断和决策	不能进行正确的行车风险评估，会做出一些不正确的判断和决策
易犯迷糊	对一些极简单的操作都容易出错，而且不能意识到错误
思维缺乏条理	不能按事件的轻重缓急处理事务
缺乏积极性和主动性	对外界表现冷漠，看见他人的错误也懒得去制止和帮助
个性改变	容易激动，缺乏耐性，爱发脾气
态度改变	对外界事物出现异常的看法和反应

续上表

疲劳的心理和生理症状	具　体　描　述
抑郁症	表现出一种短暂的悲观和厌世情绪
眼睛调节能力下降	视力下降，在看远处物体时，不能很快转移到近处物体
身体机能下降	手眼协调和手控能力降低

在铁路运输中，驾驶疲劳对安全构成重大威胁。疲劳症状可能会突出地表现在某次出车任务中，但更常见的是逐渐在日常行车中积累。疲劳导致精神和身体表现能力下降，随疲劳程度增加，司机会投入更多努力来维持高水平的任务表现。然而，随着时间推移，这种补偿努力的效果会减弱，最终导致驾驶技能和作业效率下降，疲劳还会对认知、情绪、动机和精神运动产生负面影响。

(1)认知能力受损：认知能力是指个体在观察、记忆、理解、概括、分析、判断以及解决问题等方面具有的能力，也就是感知、记忆、思维、想象和语言等方面的能力。疲劳状况下，列车司机表现为感知降低、反应迟钝、视野缩小、短时记忆丧失，从而导致信息理解和利用下降，判断和决策受损。在语言方面，有人变得不愿言谈，而有些人可能表现出兴奋，但条理不清晰、缺乏逻辑性。

(2)注意稳定性、注意的分配能力降低：疲劳状态下的司机在行车任务中会经历全神贯注能力下降，表现为注意力狭窄，只关注某一点而失去对整体的关注。注意力容易分散，监控技能减弱，易受无关因素干扰，导致认知能力减弱，对相关信息的处理减少，并且可能使工作记忆中的信息混淆或遗忘，进而增加决策失误的风险。

(3)情绪、人格特质及动机的改变：出现疲劳时，列车司机可能会经历心境异常、情绪不稳定，会感到心烦意乱，容易急躁，甚至表现出冒险倾向。情绪会在兴奋和消沉之间交替变化，一会感到郁郁寡欢、沉闷，一会又情绪激昂、充满力量。在疲劳状态下，司机的情绪控制能力降低，容易沮丧，可能表现出过激的言语行为，影响与工作相关人员的协作，从而降低工作效率。

(4)身体机能下降：疲劳会导致倦怠感，出现困倦、头昏、头痛、全身酸痛、疲倦无力等症状，动作协调性降低，手控能力下降，随着疲劳程度的加剧，还会出现头晕加重，恶心、心悸、心律失常、严重失眠以及其他植物神经功能障碍等。

列车驾驶疲劳致因和影响如图 3-1 所示。

3.2　列车驾驶疲劳的管理

面对全天候的高速铁路运营需求，运营方在有效管理和维护车辆、线路、信号等基础设施的同时，还需确保员工在提供安全有效服务时不受疲劳影响。高铁司机的警觉性和情景

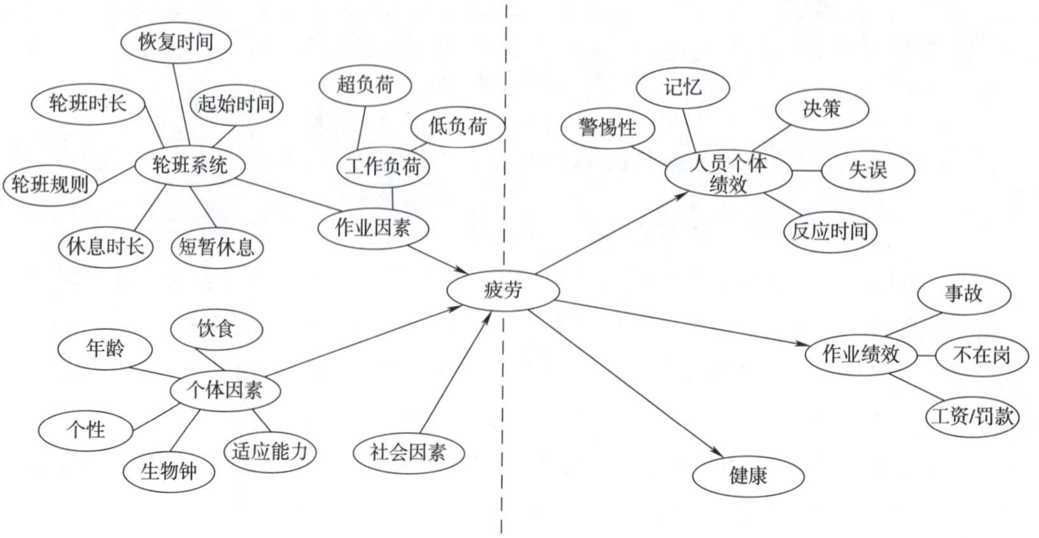

图 3-1　列车驾驶疲劳致因及影响

意识若达不到最佳水平,可能危及行车安全,因此,列车司机的疲劳管理必不可少,应纳入高铁运营安全的整体框架。疲劳管理旨在从多个角度解决问题,包括识别和管理疲劳源,主动减轻疲劳带来的负面影响,这一过程涵盖轮班安排、超时工作监控、疲劳管理策略的制定和培训,以及员工健康和工作场所条件的评估和监测,这些都是安全和绩效风险管理过程中的一个重要环节。

3.2.1　疲劳风险的管理分析

综合疲劳管理的起源可追溯到 1987 年,当时切尔诺贝利灾难发生后不到一年,美国核管理委员会关闭了一家位于宾夕法尼亚州西部费城电力公司的 Peach Bottom 核电站,起因是控制室操作员被发现在夜班期间睡觉。这一事件引起了美国核管理委员会的注意,暂停了该电厂两年的运营,并处以 125 万美元的罚款。后来费城电力公司聘请了 CIRCADIAN 公司,开发了一套疲劳管理程序,建立了风险管理系统,并将这种方法应用于其他行业。在 1986 年的加拿大艾伯塔省发生的火车相撞事故中,由于货运列车司机的疲劳导致 23 人死亡,这引起了加拿大交通部的关注。在 CIRCADIAN 公司的协助下,铁路公司采用警觉性保障计划等来解决疲劳问题,成功系统地在铁路行业实施了疲劳管理这一流程,导致列车司机疲劳风险因素的流程如图 3-2 所示。

传统的疲劳风险管理主要依赖于遵守服务时间(HOS)规则,限制工作时段和休息时间。这种基于生理疲劳的管理方法最初用于监管职业健康和安全,通过调节工作和非工作时间来管理生理疲劳。虽然 HOS 方法能有效监控生理疲劳,但对于心理疲劳或其他类型的疲劳并不适用。心理疲劳的累积和恢复具有非线性特征,例如昼夜节律对于疲劳的动态

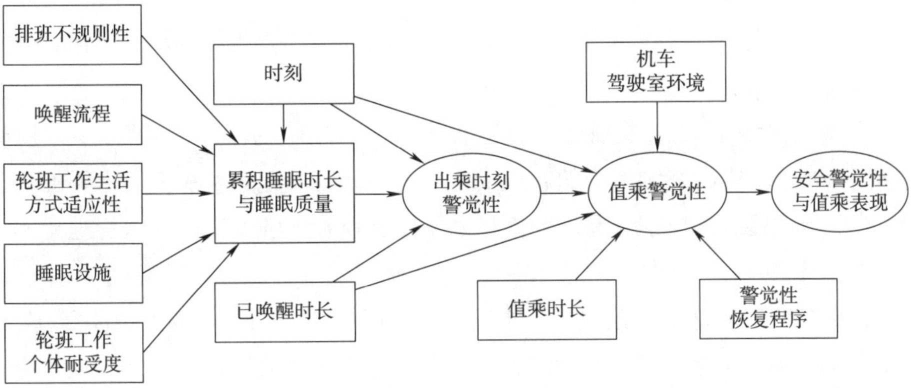

图 3-2　导致列车司机疲劳风险因素的流程

和恢复过程产生显著非线性影响，仅根据轮班持续时间进行监管可能难以在安全和不安全之间达成一致。因此，疲劳应被视为可识别的职业健康安全危害，应纳入企业安全管理体系。Drew Dawson 等人认为传统的 HOS 方法不是管理疲劳相关风险的最合适或唯一的方法，他使用瑞士奶酪事故模型的概念分析了可能与工作-休息或轮班计划相关的疲劳程度，建立了疲劳风险轨迹，如图 3-3 所示。

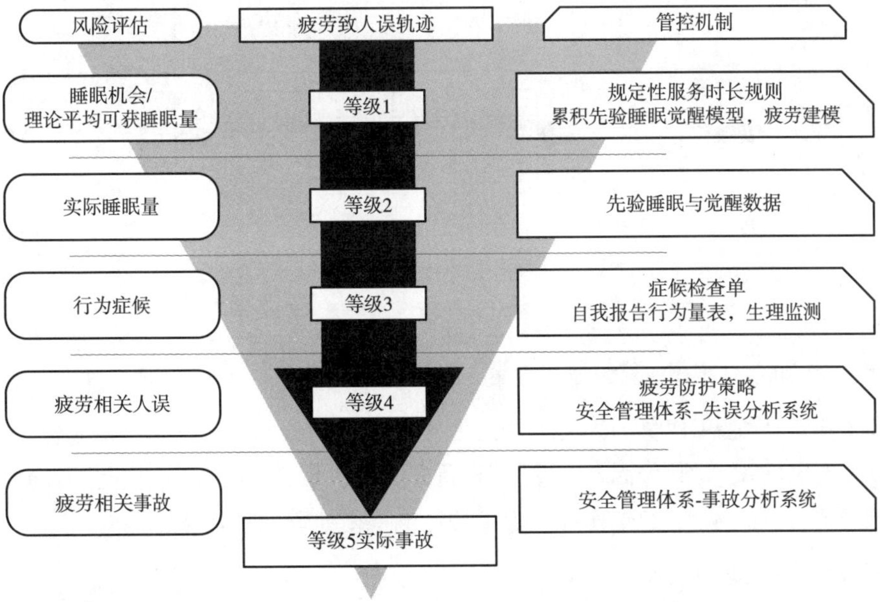

图 3-3　疲劳风险轨迹

Drew Dawson 的疲劳风险轨迹涵盖五个层次，首先是由服务时间和政策控制的工作休息时间表提供的睡眠机会，其次是由上下班通勤时间和生活方式决定的实际获得的睡眠量，第三层是由于短时间睡眠的累积效应而产生的疲劳行为症状，可能被自己、同事和主管发现，也可能未被发现，接下来是疲劳相关失误的发生，最终是由疲劳相关失误引发的实际安全事故。这五个层次构成了一道道防线，当“瑞士奶酪片”上的漏洞排成一排时，就会发生与疲劳有关的事故和伤害。

Dawson 的疲劳风险轨迹提供了一种系统分析疲劳风险的流程，关键在于识别并关闭或减小“瑞士奶酪片”中的漏洞所需的解决措施。这些疲劳问题和解决方案需要被整合到安全管理体系中，通过政策、规程或标准的修订来不断更新和加强系统的安全管理能力。尽管 Dawson 的疲劳风险轨迹提供了一个有价值的框架，但它过于强调以睡眠为中心，为此，Martin Moore-Ede 在此基础上建立了一个新的疲劳风险评估和管理的关键路径，强调了五个关键的纵深防御要素，前三个关注睡眠管理，后两个关注警觉性管理，如图 3-4 所示。

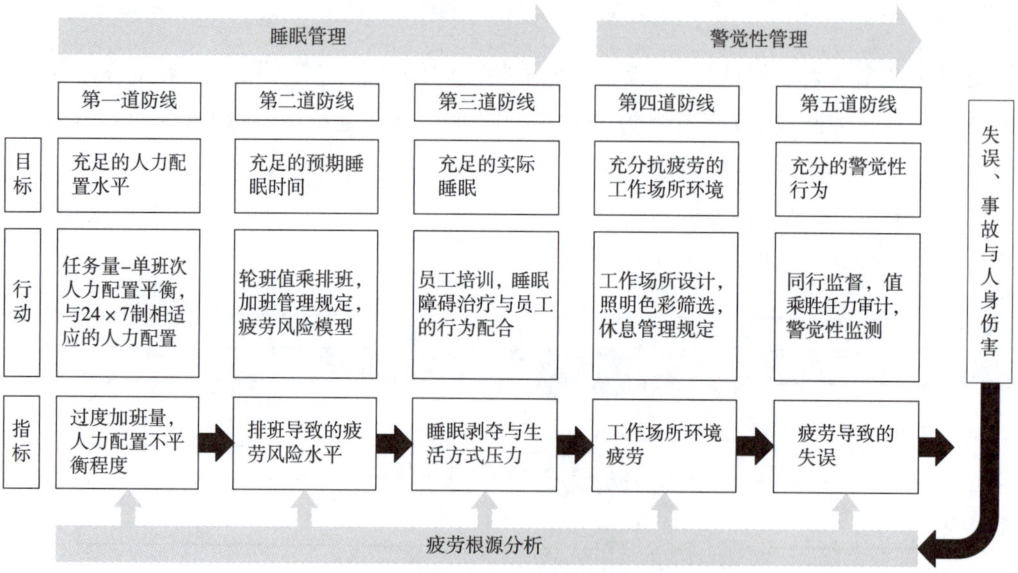

图 3-4 Martin Moore-Ede 的疲劳风险管理防御路线

1. 第一道防线：工作量-人力资源配置平衡

相比于轮班计划，工作量与人力配置的平衡是决定加班水平、平均下班时间，以及其他与员工疲劳有关的关键因素，因此，疲劳管理首先要解决任务量/工作流程问题，确保足够的人力资源配置，并在 24×7 的工作排班表中按比例平衡他们的工作量。

2. 第二道防线：轮班或休息时间安排

在合理配置人力资源的前提下，如果轮班时间表设计不当，未考虑员工上下班通勤时间、调换班次或加班等因素，会导致员工过度疲劳。在实际监管过程中应采用疲劳风险模型对实际的工作-休息模式进行评估，以便及时地衡量和干预，最大限度地降低风险，同时还应设置相应的疲劳风险警戒线（例如，限制连续工作超过一定小时数或连续工作超过一定天数）。

3. 第三道防线:员工疲劳培训和睡眠障碍管理

教育员工更好地理解和管理他们的个人睡眠和疲劳风险是疲劳风险管理的一个重要组成部分。尽管单位提供有充足睡眠机会的工作-休息计划,但是诸如缺乏轮班生活方式应对技能、个人危机(如家里有生病的老人或孩子)以及未被诊断和治疗的睡眠障碍等因素都可能会使员工难以获得充足的睡眠。

4. 第四道防线:工作场所环境设计

有时无论员工多么努力地管理自己的睡眠,但由于岗位的要求,仍然需要在昼夜节律周期的低点清晨工作,或者有时会在睡眠不足的情况下到岗。这时下一道关键的疲劳防线就是工作环境的设计,特别是照明强度和波长、声压级、温度和湿度等关键因素的设计应保护员工的警觉性水平,并防止其受到损害。

5. 第五道防线:警觉性监测和在岗疲劳监测

如果上述四道疲劳防御都被穿透,那么第五道防线则至关重要。这时如果需要进一步降低工作场所和疲劳相关的风险,就需要员工自己和他的同事、主管一起通过相关的培训和学习来识别疲劳的迹象和症状。此外,还可以通过警觉性监测等适合对在岗疲劳辨识等技术对疲劳进行实时监控。

目前,利用疲劳风险管理系统来有效管理和降低员工疲劳风险已经获得了欧洲航空安全局、美国石油协会、美国联邦铁路、美国管道安全局等国际上许多行业的广泛认可,这代表着人们对疲劳风险的理解和应对已经比较成熟。在从依赖旧的和熟悉的服务时间规则转换到积极主动灵活地管理疲劳还有很多工作要做,为了完成这一转换,我国铁路运输行业必须确保疲劳风险管理系统能有效地融入企业的健康和安全管理系统中,并对其进行严格维护、仔细监测和不断改进,这应该成为任何铁路运输部门风险管理的一部分。疲劳风险管理系统只要设计、实施和管理得当,就能在一周 7 天,每天 24 h 运营中大大减少健康和安全风险。

3.2.2　疲劳风险的管理流程

按照国际民用航空组织(ICAO)对疲劳风险管理的定义,它是一套基于科学原理、知识和运行经验的、数据驱动的系统,旨在持续监控和管理与疲劳相关的安全风险,以确保相关人员在保持足够警觉水平的条件下履行职责,提升操作效率,降低疲劳水平升高的可能性,并缓解疲劳水平升高时的风险。

与其他健康和安全风险一样,铁路运营也需要对与疲劳相关的风险进行管理。在运营中,工作时间的延长或轮班作业的不合理安排需要更有效的控制。疲劳风险评估必须考虑工作发生的背景,工作时长可以提供关于人体机能或警觉性受损的信息,用于疲劳控制或风险处理,但是工作时间限制本身还不足以有效管理与疲劳相关的风险。高速列车司机的疲劳风险管理应反映其承担运输任务的性质,包括特定区域内的作业列车,以及考虑车辆编组、复杂性、交通密度、运行长度、载客率和地理因素等,还需要考虑司机的教育和培训、出乘日程安排、应急处置、警示策略、休息环境、执行政策、疲劳管理计划和乘务管理有效性的评估等多个方面。

全面的疲劳风险管理应能提供具备支持疲劳报告以及在疲劳相关风险加剧时进行检测的系统,Dinges 和 Mallis 曾提出四种监测或预测驾驶疲劳的技术和方法:

(1)班前测试:在工作开始前(即轮班开始前)进行反应时间、运动跟踪或警觉性等基础认知或视觉生理学测试。

(2)建立警觉性模型:根据驾驶者的睡眠数量和质量、生物节律、当前工作量以及和疲劳相关因素之间的相互作用,建立相应的数学或计算模型来预测驾驶者在不同时间的警觉性和绩效表现。

(3)驾驶行为监测:通过对驾驶者行为(头部位置和运动)和车辆控制参数的监控,来推断驾驶疲劳状态。

(4)在途生理监测:通过穿戴式或非接触式生理测量设备,通过与驾驶者面部识别、眼动跟踪、脑电、心率等生理参数辨识来判断其疲劳程度。

疲劳风险管理计划的关键要素主要包括政策、角色和职责、知识和培训、沟通和咨询以及审查。疲劳管理政策是组织对管理疲劳相关风险的承诺,应体现在管理层的行动中,并纳入组织的安全管理体系。该政策由管理层与所有利益相关方参与制定,政策需通过疲劳风险评估,并定期审查以保持其时效性,能有效适应工作安排的变化和新的疲劳管理方法。相关政策应有相应的程序和指导材料支持,包括管理疲劳风险的角色、资源分配承诺、对疲劳影响的理解、疲劳风险管理系统的评估、排班设计原则、减少风险的要求、支持疲劳问题报告、公正的文化和政策以及培训和教育过程等。

疲劳培训是疲劳风险管理计划的基本组成部分,员工接受的培训水平应与工作时间和任务性质一致。培训计划内容包括疲劳效应和对健康安全的影响、企业的疲劳管理政策和流程、风险评估和计划制定、休息和疲劳恢复、疲劳控制策略、疲劳对任务绩效的影响、睡眠卫生、疲劳报告以及其他相关规定和法规等。

疲劳管理中必须与存在疲劳风险的员工进行沟通和协商,提高与疲劳风险相关的管理者和员工的参与度,改善疲劳风险管理计划中输入的信息质量。沟通和协商通常在以下时机进行:疲劳风险管理计划开发时、当确定疲劳是工作场所的主要危险时、在监控和审查单位现有疲劳管理计划时、对工作计划和工作程序提出变更时、将采用新的工作时间表和工作程序时、在风险管理方法的开发过程中、当存在影响员工健康和安全的持续疲劳迹象时、事故(或未遂事故)发生后。铁路领域中疲劳风险管理的一般框架流程如图 3-5 所示。

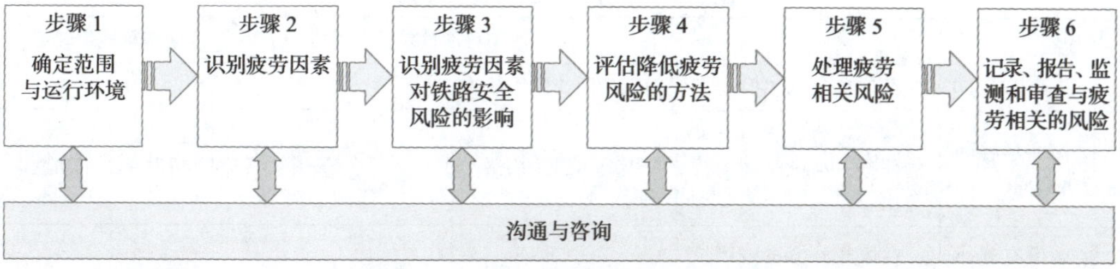

图 3-5　铁路领域疲劳风险管理流程

英国职业卫生协会曾对影响列车司机疲劳的因素进行了调研，他们发现可能诱发司机疲劳的因素主要包括：重复的运行路线、长时间夜班轮回、早班后上夜班前休息不充分、高空缺率、极短的轮班周期、早班的用餐时间安排不当、休息轮班起始时间的差异。作业以外的因素也可能会导致疲劳，员工的生活方式、家庭责任、精神或身体健康（例如失眠、睡眠呼吸暂停、服药）、兼职或工作地与家之间的长途通勤都可能会增加疲劳的风险，此外，员工可能会由于自己的作为或不作为影响其他人的健康和安全。在铁路领域疲劳风险管理流程中可以根据表 3-2 分析高铁司机可能出现的疲劳因素。

表 3-2　需考虑和评估的致高铁司机疲劳因素

生理和任务因素	社会和心理因素	组　织　因　素	个 体 因 素
昼夜节律 延长清醒期 长期睡眠不足 睡眠惯性（瞌睡状态） 工作与非工作安排： 任务时长； 休息机会； 休息时长与频率； 总工作时间 高级认知需求 单调、无聊的低级认知需求	值乘排班可预测性与不规则性 控制加班时长	延长工时与加班 生活起居与休息 临时召集与随叫随到待命状态 通勤 执勤线路 班组呼叫惯例 工作环境（气候、噪声、振动、烟雾） 休息环境（营房、休息室、休息车厢） 异常、降级、紧急状况 司机在识别和管理疲劳方面的教育与信息	司机在识别和管理疲劳方面的知识和技能

铁路运输管理部门可以根据休息和恢复原则来对作业排班规划和流程进行评价，以确定疲劳发生的可能性，同时对可能消除或减轻员工疲劳发生概率的任何其他措施进行评估。目前欧洲学者结合专家意见和与工业界协商编制的疲劳诱发的可能性因素见表 3-3，排班安排应基于整个风险评估过程，需要考虑与铁路安全风险相关的疲劳相关错误的后果。轮班定义为“签到”和“签退”一个工作班次之间的时间，包括一个班次内工作或休息的所有时间。持续注意力任务是指需要持续的注意力去发现信息并对信号或事件做出反应的任务，这些信息可能发生频率较低，同时具有一定的不可预测性。

表 3-3　疲劳诱发的可能性因素

原　　则	测　　评	疲劳可能性较低		疲劳可能性较高
轮班期间与工作相关的休息，以减少因任务时间延长而造成的绩效损害				
1. 保证足够的非任务时间	需要持续注意力要求的任务占当班时间的百分比	高达 85%的班次	在 85%～90%之间的班次	超过 90%的班次
2. 确保有规律的休息	在休息 15 min 或更长时间之前的工作时间	至少每 3 h 一次	至少每 4 h 一次	至少每 5 h 一次
轮班之间的恢复休息，以提供充足睡眠的机会，以便在后续轮班期间圆满地完成所需执行的任务				
3. 确保休息时间提供充足睡眠的机会	轮班之间的恢复休息时间	10 h 以上	大于 8 h 且小于等于 10 h	8 h 或以下
4. 尽量增加夜间睡眠机会	轮值排班中在 00:00 至 06:00 之间保留夜间睡眠机会的恢复性休息的比例	轮值排班中的所有恢复休息时间都覆盖 00:00 至 06:00 时段	轮值排班中一半以上的恢复休息覆盖 00:00 至 06:00 时段	轮值排班中一半或更少的恢复休息时间覆盖 00:00 至 06:00 时间段
5. 尽量减少夜间工作	轮值排班中在 00:00 至 06:00 之间结束的班次比例	00:00 至 06:00 之间没有班次结束	半数或更少班次在 00:00 至 06:00 之间结束	一半以上的班次在 00:00 至 06:00 之间结束
6. 尽量减少超长班次	轮班时间长度，尤其是 00:00 至 06:00 之间结束的轮班	少于 10 h 轮班	10～12 h 的轮班	超过 12 h 轮班
重置休息时间：按轮班顺序休息，以最大限度地减少累积的睡眠损失，并消除在长时间的轮值排班中积累的不安全的疲劳水平				
7. 最大限度地减少一系列轮班中的疲劳累积	重置前的轮班时间至少为 34 h，其中包括轮班之间的两个夜间睡眠时间(00:00 至 06:00 之间)	在一连串的轮班中，2～4 个班次之间的重设休息时间	在一连串的轮班中，5～7 个班次之间的重设休息时间	在一连串的轮班中，8 个或以上班次之间的重设休息时间

表 3-3 主要是从日程排班角度出发，通过既有科学研究得出的有可能导致疲劳的一些因素。需要注意的是表 3-3 中的原则主要用于解决导致疲劳的一些关键因素，但在应用这些原则时，还必须考虑铁路运输管理部门在图 3-5 步骤 2 中确定的其他相关风险因素。例如，在短时间内轮班的调整和员工随时待命的作业可能会中断睡眠、降低员工的睡眠能力，从而减少在特定休息时间内为员工提供睡眠的机会。

应用表 3-3 中的原则最重要的一点就是要协调好它们之间的相互关系，疲劳风险管理过程并不排除与提高疲劳可能性有关的轮班安排方面的问题，但需要更详细和严格的风险评估来证明铁路安全的风险得到了有效的管控。疲劳风险控制不仅仅与轮班安排有关，还包括管理控制或调整作业程序等方法，这些措施同样可以用来减少和降低与疲劳相关错误发生的可能性或后果。

在昼夜节律低潮期进行长期夜班的员工其高疲劳可能性更高，现实工作中往往会有个别员工能够很好地适应夜班，但在这种情况下，还需要对其原因进行进一步求证，因为他的适应程度可能取决于工作和休息日的光照、轮班时间或者其他因素，这些都应作为疲劳风险评估过程的一部分进行检查，铁路运输管理部门还应为异常、恶化或紧急状况制定相应的疲劳管理应急计划。

在疲劳风险管理中，关键是制定合理的工作标准和模式，包括限制连续夜班或早班次数，保证充分休息，减少睡眠障碍，以降低员工疲劳感。这些标准应符合国家规范或行业法规，除了要考虑工作设计、负荷、环境、轮班制度、更值、加班等疲劳诱因外，还应对员工作业中的最长工时、最小休息间隔、七天内最长工时、休息日频率、连续班次最大次数等因素予以充分考虑。虽然这些限制可以用于可量化工作时间，帮助管理者判断可接受范围，但是无法解释工作负荷、工作条件及个人因素对疲劳的影响。

疲劳管理的重点是在合理范围内降低风险，建立更全面的疲劳风险管理系统，应用评估工具评估工时限制，与员工始终保持沟通，在待命或计划外加班需要调整工作模式时，应提前进行风险评估避免临时更改。工作模式设计时应考虑拟议的工作时间模式是否可能增加疲劳引发事故的风险，是否有可能引起疲劳风险的特殊特征。工作时间模式在作业时间、班次间的间隔、恢复时间、轮班作业、一天中的时间等五个方面与疲劳有关。

1. 作业时间

当工作超过 12 h，人的绩效明显下降。英国铁路安全和标准委员会(RSSB)研究发现，8 h 以上轮班会增加事故风险；相较于 8 h 轮班，10 h 轮班会导致风险增加 13%，12 h 轮班会导致风险增加 27%；Dembe 等人的研究显示，每天工作 12 h 以上的员工比正常员工受伤概率高 37%。因此，铁路运输管理部门应审查高铁司机等关键岗位员工的轮班，确保不超过指定时间。在 12 h 内，疲劳程度取决于轮班期间的休息充分性、间隔时间、工作性质和环境。RSSB 建议白班不超过 12 h，夜班或早班不超过 10 h，凌晨 5 点前开始的工作不超过 8 h，列车司机连续驾驶时间不超过 4 h。

2. 班次间的间隔

对于列车司机等关键安全岗位员工，确保每日休息时间足够长至关重要，以确保他们在充分休息后能够有效恢复工作。研究发现每 24 h 所需的平均睡眠量为 8.2 h，超过 16 h 不睡眠会增加作业失误。某些轮班工作可能只有 8 h 的短暂休息，这不是一个理想的休息时间间隔，但如果没有其他选择，则需要确保其他日常休息时间足够长，在短时间间隔后轮班期间有足够的休息恢复时间，RSSB 建议连续轮班之间至少休息 12 h，连续夜班的休息时间要增至 14 h。

3. 恢复时间

休息日对于司机的疲劳恢复至关重要，因此在制定休息日计划时，需考虑轮班长度、每日休息时间、休息日频率和恢复时间长度。定期(至少每两周一次)的 48 h 休息期对轮班司机尤其重要，尤其是夜班司机，因为短时间内的睡眠中断可能导致休息日部分时间需用于睡眠。RSSB 建议最大连续轮班次数，如白班为 7 次，夜班为 3 次，早班为 5 次。在夜间工作需求较大的情况下，限制连续夜间工作的次数将意味着更多的夜间工作和日间工作之间的转换，RSSB 建议夜班后休息两天，晚班后休息一天，以确保疲劳恢复。此外，研究还发现在夜班期间小睡是有效的抗疲劳措施，特别是在夜班初期，允许在值班期间短时间小睡，如航空公司允许飞行员在飞行的巡航阶段小睡 40 min，然后进行 20 min 恢复，有助于缓解和消除疲劳，这对有效地缓解和消除疲劳也是一种有益的启发。

4. 轮班作业

高铁运输任务的性质决定了司机、调度等关键岗位需要轮班作业，其中可能包括夜班。由于人体的生物钟受自然黑夜和白天交替的周期影响，适应不同的睡眠模式较为困难。尤其是在任务单调重复时，夜班或早班带来的疲劳在高铁司机中尤为明显。虽然人们倾向于连续工作更多的班次，以便在事后休息几天，但需要平衡更高水平的疲劳风险。

有研究表明一周改变一次的轮班模式可能比变化更快或更慢的模式更难适应，正向轮班比反向轮班问题小，且对于三班制轮班，较好的模式是 MMMAANNRR、MMAAANNRR 或 MMAANNNR(其中 M 是早班，A 是中班，N 是晚班，R 是休息日)，某些轮班模式可能导致每天仅有 8 h 的休息时间，对员工健康和安全不利。

对于随时待命作业的员工，工作时间的不确定性使得计划适当的睡眠更加困难，增加疲劳风险。例如，“待备”司机工作开始时间常常变化很大，最多可长达 4 h。为减少疲劳问题，应尽量将轮班开始时间和待班时间的变化范围控制在 2 h 以内。如果不可避免，可考虑在值班期间增加休息时间或缩短值班时间，避免作业开始时间有很大差异的连续排班安排。

5. 一天中的时间

与疲劳相关事故的风险通常与一天中的不同时间有关。一天中最糟糕的时间是在午夜到早上 6 点的清晨，下午 2 点到 6 点的中间时间的事故风险要小一些。RSSB 的一项针对 8 h 早、中、夜班的铁路司机冒进信号事故统计表明，夜班发生事故的风险比早班高 28%，比中班高 15%。

轮班工作管理的主要问题是如何对夜间时段作业进行安排，此时人的自然警觉性很低，在深夜或清晨工作的人在轮班期间经常感到困倦和疲惫，出现这种情况是因为他们的内部生物钟提醒需要睡眠。夜班司机必须在白天睡觉，他们的白天睡眠质量往往较差；早晨轮班的司机必须很早起床，睡眠时间可能会缩短。因此在安排轮班计划时，应尽量避开这些警觉性低的时间段，同时还可以考虑采取其他控制措施，如有计划的休息、两人一组工作、适当改变作业姿势(如坐立交替)以及改变工作环境，如提高照明水平和降低环境温度等来缓解和消除疲劳。

3.3 司机驾驶轮班风险评价

轮班是目前我国铁路行业司机值乘常见的工作排班方式,轮班制作业(shift work)是指将一天24 h划分为几个连续的班次,员工按照班次划分轮流进行作业任务。轮班工作要求作业者不断调整他们的睡眠—清醒时间,以满足不断变化的工作时间,而这种对生物钟的干扰会损害睡眠质量和持续时间,从而诱发疲劳。在目前其他行业普遍实行的轮班制中,最常见的形式为三班制,即把一天的工作时间平均分为3份,其中每个班次8 h,每隔一段时间各班轮换一次。在这种轮班状况下,周期内工作者工作的时间是固定的,每进行一次班次轮换,人体昼夜节律的相位会随之发生一次改变,在此之后人体昼夜节律逐渐同步于外界,但在下次轮班后再次进行改变。这种恶性循环下,机体的昼夜节律会产生紊乱,对人体健康和工作安全极为不利。

3.3.1 轮班疲劳的影响因素

轮班工作通常定义为至少50%的工作在8:00—16:00之外完成。在现代社会,轮班工作已成为普遍现象,欧盟的调查发现有24%的工作人口从事非标准日间工作,包括轮班、夜班、兼职和周末工作,轮班工作会对身心健康、社交关系和日常活动产生不良影响,频繁的轮班可能导致生物钟与环境不匹配,打乱正常的睡眠—清醒节律,引发睡眠和疲劳问题。轮班工作易导致与工作相关的疲劳和嗜睡,累积的睡眠剥夺效应和个人的睡眠—清醒时间与生物钟不匹配,增加主观嗜睡和疲劳,提高工作中入睡的风险,进而增加工作场所事故的可能性。

我国铁路列车司机值乘制度有包乘制和轮乘制两种。包乘制是由几个乘务机班组成乘务组,轮流值乘一台机车,这有利于司机对机车运用和保养的责任心,但限制了机车运用和交路长度,从而降低了机车运用效率和司机的劳动生产率。轮乘制则没有固定的机车乘务组,各乘务机班轮流使用任意一台机车,这保障了更好的劳动和休息条件,提高了机车运用效率和司机劳动生产率,并且可延长机车交路,关键是保障了机车检修工作,确保机车质量良好地出乘。

2004年我国铁路在进行第五次大提速时,在主要干线上开始大力推行机车单司机作业,这在我国铁路发展史上是一个里程碑式的改革,极大地推动了我国铁路事业的发展。以单司机值乘、长交路轮乘制为标志的乘务制度的实施,引发机车运用与管理制度的变革。根据我国《动车组司机管理办法》规定:动车组采用单司机值乘和轮乘制。根据图定旅行时间,确定单司机班数。一个区段内,运行图中动车组运行4 h(含)以内的,实行单司机值乘(执行单司机作业的有关规定);一个区段内,运行图中动车组运行4 h以上的,配两名司机轮流驾驶,动车组出入段、始发、终到及遇恶劣天气、行车设备故障等情况时,必须二人同时值乘。

铁路部门一般根据交路长度和列车司机一次连续工作时间标准的规定采用外段调休、外段立即折返、外段换班、中途换班、定时换班和随乘制等换班方式，具体见表 3-4。

表 3-4 我国铁路列车司机换班方式及特点

换班方式	特　点
外段调休	司机由机务本段出发，牵引列车到达折返段休息一定时间后，再行车返回机务本段交班。适合于较长交路区段
外段立即折返	列车由机务本段出发，运行到折返段后，司机不换班继续接运相反方向的列车，返回机务本段后换班。适用于行车量大的短交路区段
外段换班	司机由机务本段出发，牵引列车到达折返段，完成一个单程作业后在折返段休息待接乘。同时将机车交由另一组待接乘的司机，担任相反方向列车的牵引作业，完成一个单程作业后在机务本段换班。适用于行车量大的长交路区段
中途换班	司机由机务本段出发，牵引列车到固定的中间站换班点换班后休息待接乘。适合于超长交路区段或长交路区段的零摘列车
定时换班	按照一定的时间间隔，在指定的地点换班。一般列车在很短交路上担当小运转列车牵引任务或在本站、邻站担当调车任务时采用

目前我国高铁列车司机值乘制度复杂，涉及多因素如运行数量、速度等级、地理环境等。合理安排动车组司机乘务计划是高铁组织的核心问题之一，也是运营管理水平的标志。乘务计划涉及司机值乘和休班的安排，需考虑列车运行图、车站属性、制度约束等技术因素，同时还要充分考虑作业时域、轮班模式、工作时长、工作负荷和工作间休对疲劳的影响。

研究表明生物节律通过作业时域影响轮班作业者的疲劳。作业时域反映了司机工作时间与人体生理机能的关系，疲劳相关的事故往往发生在 03:00—06:00，在这个时间段内人体机能活力水平较低，工作绩效达到低谷，容易产生操作失误，造成事故发生。

研究表明轮班模式的速度对疲劳存在影响，在快速轮班（1～4 天）中，睡眠缺失的负面效应减少，司机的警觉性提高；相比之下，慢速轮班（3～4 周）有助于保持节律的稳定性，特别是持续相同值班方式（如永久夜间模式）时可能提高绩效，然而，由于社会和家庭原因，实施这样的值班方式通常较为困难。轮班方向通常分为顺时针和逆时针，一般情况下这两种轮班方式对睡眠状况影响没有差异，但逆时针轮班可能导致昼夜节律幅度减小和相位延迟，造成节律紊乱，因此排班时一般优先选择顺时针轮班方式。

由于列车驾驶作业需要保持较高注意力，作业负荷较大，长时间的工作会使得司机疲劳度加剧，易产生困倦。2004 年 Mcguffog 通过对铁路司机工作时长（即作业的持续时间）的研究发现，在连续驾驶的前 4 h 内，持续驾驶对疲劳的影响相对稳定，在此之后迅速增加，当连续驾驶超过 6 h 后，风险增加一倍。因此，适当地设置列车司机的工作时长将有助于改善驾驶疲劳风险。

一项关于飞行员间休的研究表明，间休后的 15 min 内，飞行员的慢眼球运动（用以评定睡意的特征）显著降低，间休带来的精力恢复会在工作 40 min 后消失。与只有一次短暂休息的飞行员相比，有规律进行间休的飞行员更不易产生困意。因此，高速列车驾驶作业中如果能安排规律的间休，避免连续工作时长过长，可以有效减少列车司机的疲劳。2006 年

Spencer 研究了轮班工作中的睡眠时间，发现疲劳感只能通过持续的睡眠来抵消，但由于白天光线和噪声等影响比夜晚要大，夜班司机在白天往往难以正常入睡，因此建议在连续的夜班之间至少间隔 16 h。

排班导致的疲劳是铁路行业的一个重要问题，不良的轮班制度会对相关人员、组织的工作效率以及铁路系统的安全产生广泛的影响。同时，轮班诱发的疲劳还会涉及员工的健康和福祉，它会影响一个人与家人和朋友的关系，从而对他的幸福感和工作表现产生负面效应。因此，轮班疲劳风险的评价对于确定与目前排班情况相关的风险、降低疲劳相关事故的发生概率、指导设计合理科学的换班模式有着十分重要的意义。

3.3.2　基于疲劳指数的轮班疲劳风险评价

基于疲劳指数（fatigue index，FI）的轮班疲劳风险评价方法是英国健康与安全委员会（health and safety executive，HSE）在 20 世纪 90 年代中期开发的用于轮班风险评估的工具，用于支持 1994 年英国铁路安全关键岗位工作条例。该工具通过评估轮班模式的长短、间隔、休息天数、休息时间质量、轮班可变性和一天中的时间等六个因素，计算总体疲劳指数，以确定何时会导致过度疲劳及如何调整模式以降低疲劳。由于初版方法权重的确定较为随意，主要基于专家推测，因此 HSE 委托 QinetiQ 公司进行了第二版的修订，吸纳了新的轮班工作研究成果，保留了轮班模式中的五个因素，设计了一个 Excel 电子表格工具。这套方法目前在英国工业界和欧洲铁路得到了广泛应用，被认为是最适合评估铁路环境下司机轮班疲劳风险的工具，英国铁路安全和标准委员会（RSSB）已将 FI 计算方法纳入铁路事故分类系统，用于评估与疲劳相关的事件。

疲劳指数由作业开始时间、作业持续时间、休息时间、连续作业、累积疲劳等 5 个变量构成：

$$FI=\delta(F_1+a)+F_2b+F_3+F_4\gamma+F_5 \tag{3-1}$$

式中，$F_1 \sim F_5$ 为疲劳指数的 5 个构成变量，其余参数为修正因子。

F_1 是根据开始工作的时刻进行的疲劳评分，每个班次的 F_1 分数根据它一天中的开始时间由表 3-5 给出。以低水平负荷作业 8 h 为基础情景，给出 F_1 分数基线，后续可针对工作负荷、作业时长进行修正。当针对工作更复杂且时间紧迫的轮班情景时，需要在基线分值上增加修正系数 a，a 取值为 4，若工作时长小于 8 h，则按比例 δ 减少其分值，例如，工作时长为 6 h，δ 则取值 75%。

表 3-5　F_1 评分

开始时间	0:00	1:00	2:00	3:00	4:00	5:00	6:00	7:00	8:00	9:00	10:00	11:00
评　分	13	13	13	12	12	11	9	7	4	2	1	1
开始时间	12:00	13:00	14:00	15:00	16:00	17:00	18:00	19:00	20:00	21:00	22:00	23:00
评　分	1	2	3	4	5	7	10	11	12	13	14	14

F_2用于同时衡量作业开始时间与作业持续时长（针对 8 h 以上的长时轮班情景），对于不同的作业开始时间以及其对应的任一工作时长进行打分。一般情况下脑力负荷修正参数 b 取值为 1，当脑力负荷较高时取值 1.3。F_2的评分见表 3-6。

表 3-6　F_2评分

作业开始时间	作业持续时长								
	8 h	9 h	10 h	11 h	12 h	13 h	14 h	15 h	16 h
0:00	0	2	5	7	10	13	16	19	22
1:00	0	2	5	7	10	13	15	18	21
2:00	0	2	5	7	10	12	15	18	21
3:00	0	2	4	7	9	12	15	17	20
4:00	0	2	4	6	9	11	14	16	19
5:00	0	2	4	6	8	10	13	15	18
6:00	0	1	3	5	7	9	11	13	16
7:00	0	1	2	3	5	7	9	11	13
8:00	0	0	1	2	3	4	5	7	9
9:00	0	0	1	1	2	3	5	6	8
10:00	0	0	1	2	3	4	5	7	9
11:00	0	0	1	2	3	5	7	9	11
12:00	0	1	2	3	4	6	8	11	13
13:00	0	1	2	4	6	8	10	13	15
14:00	0	1	3	5	7	9	12	14	17
15:00	0	2	3	6	8	10	13	16	19
16:00	0	2	4	5	9	12	15	17	20
17:00	0	2	5	7	10	13	16	18	21
18:00	0	2	5	8	10	13	16	19	22
19:00	0	2	5	8	11	14	16	19	22
20:00	0	3	5	8	11	14	17	20	23
21:00	0	3	5	8	11	14	16	19	22
22:00	0	2	5	8	11	13	16	19	22
23:00	0	2	5	8	11	13	16	19	22

F_3定义了轮班前休息状态和后续持续工作时长相关的疲劳等级，休息时间分数取决于一天中休息时间结束的时间，round()表示四舍五入。

$$F_3 = \mathrm{round}\left(\frac{\mathrm{RSP}(10+h-8)}{20}\right) \tag{3-2}$$

式中　RSP——休息指数；

h——休息后的持续工作时长。

RSP 休息指数的计算公式如下：

$$\mathrm{RSP}=\begin{cases}2(13-\mathrm{RH}) & \mathrm{RH}<13, T\in[4:00,8:00] \\ 2.6(12-\mathrm{RH}) & \mathrm{RH}<12, T\in[9:00,12:00] \\ 3.5(13-\mathrm{RH}) & \mathrm{RH}<13, T\in[13:00,18:00] \\ 2.2(15-\mathrm{RH}) & \mathrm{RH}<15, T=19:00 \\ 1.8(17-\mathrm{RH}) & \mathrm{RH}<17, T=20:00 \\ 1.5(19-\mathrm{RH}) & \mathrm{RH}<19, T=21:00 \\ 20-\mathrm{RH} & \mathrm{RH}<20, T\in[22:00,3:00] \\ 0 & \text{其他}\end{cases} \tag{3-3}$$

式中　RH——休息持续时长；

T——休息结束时刻(24 小时制)。

F_4用于反映工作中需要持续保持注意力的工作时长，它衡量的是短时注意力不集中可能导致的事故风险。实验研究发现一天中不同时段的短时注意资源存在波动，随着工作的持续推进，夜间的短时注意资源消耗最快，下午的短时注意力消耗速度次之，其他时段仅有轻微的注意力资源衰减。由此可将一天内的不同时段根据注意资源消耗速度进行划分，见表 3-7。

表 3-7　轮班作业时段划分

时　段	时　间
上　午	06:00—14:00
下　午	14:00—17:00
夜　间	17:00—01:00
凌　晨	01:00—06:00

15 min 的短暂歇息可帮助作业者快速恢复短时注意资源，根据短暂歇息前的持续工作时长与作业时段，对每小时的短时注意资源缺损情况进行评分，见表 3-8。

表 3-8　不同时段的工作持续时间的评分表

工作持续时间/min	上午/夜间	下　午	凌　晨
30～60	0	0	0.5
60～120	0	0.5	1
120～180	0.5	1	1
180～240	0.5	1	1.5
>240	1	1	1.5

若在整个作业过程中，只有部分时间需要保持注意力的持续集中，则 F_4的取值应乘比

例系数 γ，γ=注意力持续时间/作业持续时间。

在作业班次中，F_5=CF；在休息班次中，F_5=0。CF(cumulative fatigue)用于计算轮班序列中连续值乘的班次种类带来的疲劳累积。进行评测时，首先按照工作时间将作业者一系列的不同班次逐一划分为夜班、早班、晚班、正常、休息等几个类别，见表 3-9，然后根据相同班次类型连续出现的次数，按照表 3-10 进行评分。

表 3-9　轮班班次类型

班次类型	划分时间
夜　班	值班时间在 02:00—04:30
早　班	值班开始于 04:30—07:00
晚　班	值班结束于 00:00—02:30
日　班	其余值班类型
休　息	无值班任务

表 3-10　班次类型-连续班次数量评分

夜班	连续班次数量	1	2	3	4	5	≥6
	当前班次评分	5	4	3	2	1	0
早班	连续班次数量	1	2	3	4	5	≥6
	当前班次评分	3	2	2	1	1	0
	备注	对于在 6:00—7:00 开始的任何班次，分数减 1					
晚班	连续班次数量	1	2	3	4	5	≥6
	当前班次评分	3	2	2	1	1	0
	备注	对于在 0:00—1:00 结束的任何班次，分数减 1					
日班	连续班次数量	1	2	3	4	5	≥6
	当前班次评分	0	0	0	0	0	0
休息	连续班次数量	1	2	3	4	5	≥6
	当前班次评分	−6	−4	−4	−4	−4	−4
	备注	休息时间少于 30 h 的休息日得分为 0					

对于表 3-10 的评分，有如下计算细则：

(1)$CF_t = CF_{t-1}$+当前班次评分；

(2)每发生一次班次类型变换，当前班次评分按照“连续班次数量=1”取值；

(3)如果 CF≥15，则计 CF=15；

(4)如果 CF≤0，则计 CF=0；

(5)若轮班跨夜，CF 计在轮班开始时刻的工作日；

(6)若连续的两班间隔大于 30 h，第二班的班次评分减半；

(7)F_5在“休息”班次计 0，否则 F_5=CF。

根据以上几项分值的评定，计算得到 FI，用以判定轮班制度是否存在风险隐患及其相应的等级。最终的 FI 得分在 0～100 之间取值，表示处于高水平困倦程度员工的平均概率。例如：FI 得分为 50 分，意味着员工有 50% 的概率极度困倦。具体计算过程可参见表 3-11 的算例。

表 3-11 HSE—FI 算例

工作日/d	轮班		F_1	F_2	RSP 指数	RSP 总分	F_3	作业时段			F_4	班次类型	当前班次评分	CF	F_5	FI 总分
	开始	结束						上午/夜间	下午	凌晨						
1	7:00	15:00	7	0	0	0	0	7	1	0	0.5	日班	0	0	0	7.5
2	4:40	15:00	11	4	0	0	0	8	1	1	1.5	早班	3	3	3	19.5
3	15:00	2:00	4	6	0	0	0	8	2	1	2.0	晚班	3	6	6	18.0
4												休息	−6	0	0	0.0
5	21:30	5:30	13	0	0	0	0	4	0	4	4.0	夜班	5	5	5	22.0
6												休息	−6	0	0	0.0
7												休息	−4	0	0	0.0
8	10:00	21:15	1	2	0	0	0	8	3	0	1.5	日班	0	0	0	4.5
9	15:00	23:00	4	0	0	0	0	6	2	0	1.0	日班	0	0	0	5.0
10	9:00	20:45	2	2	5.2	73	4	9	3	0	1.5	日班	0	0	0	9.5
11												休息	−6	0	0	0.0
12	17:00	5:00	7	10	0	0	0	8	0	4	4.0	夜班	5	5	5	26.0
13	17:00	5:00	7	10	3.5	49	2	8	0	4	4.0	夜班	4	9	9	32.0
14	17:00	5:00	7	10	3.5	49	2	8	0	4	4.0	夜班	3	12	12	35.0
15												休息	−6	6	0	0.0
16	11:00	15:00	1	0	0	0	0	3	1	0	0.5	日班	0	6	6	7.5
17	5:00	17:00	11	8	0	0	0	8	3	1	2.5	早班	3	9	9	30.5
18	4:00	17:00	12	11	4	60	3	8	3	2	3.5	夜班	5	14	14	43.5
19	11:00	23:00	1	3	0	0	0	9	3	0	1.5	日班	0	14	14	19.5
20	15:00	5:00	4	13	0	0	0	8	2	4	5.0	夜班	5	15	15	37.0
小计			92	79			11				37			104	98	317.0

F_1 与轮班开始时间有关，查表 3-5 可直取对应分数，本算例中没有额外的工作负荷且每班次工作时长均大于 8 h，无需计算修正系数 δ 和 a。

F_2 与轮班开始时间有关，查表 3-6 可直取对应分数，本算例中没有额外的脑力负荷，对应修正系数 $b=1$。

F_3 与本班次开始时刻以及上一班次结束时刻（休息时长）有关。根据式（3-3），第 2 天班次的开始时刻需要至少 13 h 的休息，当前班次休息了至少 13 h，因此 RSP 指数计 0，第 10 天班次的开始时刻需要至少 12 h 的休息，但当前班次只休息了 10 h，因此根据式（3-3）计算得到

RSP 指数＝2.6×(12－10)＝5.2。根据式(3-2)，F_3＝5.2×(10＋12－8)÷20＝3.64≈4。

F_4与作业过程中的短暂歇息相关，本算例中作业者每隔 2 h 进行 15 min 的休息，需要全程保持注意。计算出每一工作日的各作业时段单位时间(1 h)数量，如在第一天中工作时间是 7:00—15:00，则 7:00—15:00 时间段被分为 7 个上午单位时间和 1 个下午单位时间。由于每 2 h 休息 1 次，则持续工作时间是 120 min，上午时段的评分是 0×7，下午时段的评分是 0.5×1，F_4的总的评分为加和所得 0.5。

F_5与班次类型及其导致的疲劳累积历史相关，根据轮班作业开始、结束或持续时间，结合表 3-9 将班次划分为不同类型；根据班次类型从表 3-10 中选取对应评分计入"当前班次评分"列，若出现连续相同班次安排，须注意评分变化(如第 12～14 天，评分从 5 递减到 3)；将"当前班次评分"与上一班次 CF 结果相加得到本班次 CF 值。须注意若休息，则对应 F_5 与 FI 总分均取 0 值，但 CF 值会保持累加状态(如第 15 天)；CF 最小取 0 值(如第 6 和 7 天)，最大取 15 值(如第 20 天)。

HSE 目前并未制定疲劳度的阈值，因为其目标应当是将 FI 分数降低到合理可行的水平，而不是仅仅达到某个分数。HSE 的疲劳指数计算器的电子版如图 3-6 所示。

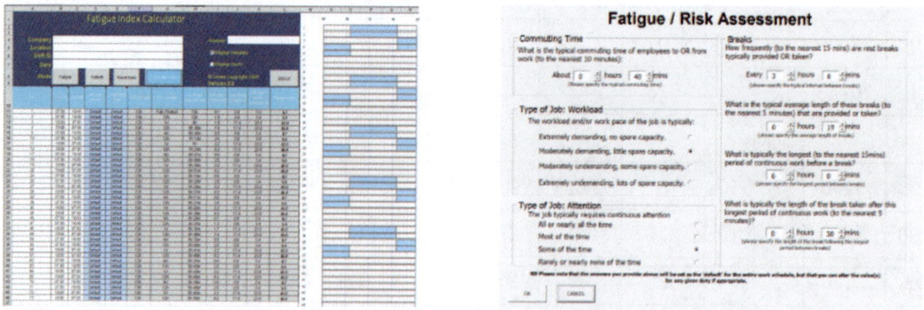

图 3-6　HSE 的疲劳指数计算器

3.3.3　基于池田公式的轮班疲劳风险评价

日本学者大岛正光在 20 世纪 60 年代对轮班疲劳问题也进行了深入的研究，他在人体生物节律的基础上，对产业疲劳提出了利用作业负荷评点表评定在不同时域开始的工作，连续作业多少时间后所产生的疲劳程度。大岛正光将一天中人的生理机能最好的时区定为 9:00—17:00，以此 8 h 的连续作业所产生的作业疲劳程度作为 100，其他任一时域开始和持续时间组合所产生的疲劳程度均与此相比而得到相应的评分，形成大岛作业疲劳评点表，见表 3-12。例如，23 时开始作业，持续工作 8 h，其疲劳程度则为 132；从 9 时开始作业，持续工作 16 h，其疲劳程度的评点则为 228。该表的特点是考虑了时域对疲劳的影响，即同样长时间的作业，因其开始的时域不同，所产生的疲劳程度将不同。同时还考虑了由于作业的持续而产生的疲劳累积，即同一时域开始的作业，由于作业持续时间的不同，疲劳程度的评点亦不同。

表 3-12　大岛作业疲劳评点表

作业持续时间/h	开始时间																							
	6	7	8	9	10	11	12	13	14	15	16	17	18	19	20	21	22	23	24	1	2	3	4	5
1	14	13	12	12	12	12	12	12	12	12	12	12	13	13	14	14	15	15	16	16	16	18	17	15
2	27	25	24	24	24	24	24	24	24	24	24	25	26	27	28	29	30	31	32	33	33	35	32	29
3	39	37	36	36	36	36	36	36	36	36	37	38	40	41	43	44	46	47	49	51	51	50	46	42
4	51	49	48	48	48	48	48	48	48	49	50	52	54	56	58	60	62	64	67	68	68	64	59	54
5	63	61	60	60	60	60	60	60	61	62	64	66	69	71	74	76	79	82	84	83	83	77	71	66
6	76	74	73	73	73	73	73	74	75	77	79	82	85	88	91	94	98	100	100	98	85	90	84	79
7	89	87	86	86	86	86	87	88	90	92	95	98	102	105	109	113	116	116	115	112	112	103	97	92
8	103	101	100	100	100	101	102	104	106	109	112	116	120	124	129	132	133	132	130	126	126	117	111	106
9	117	115	114	114	115	116	118	120	123	126	130	134	139	144	148	149	149	147	144	140	140	131	125	120
10	131	129	128	129	130	132	134	137	140	144	148	155	159	163	165	165	164	161	158	154	154	145	139	134
11	146	144	144	145	147	149	152	155	159	163	168	174	179	181	182	181	179	176	173	169	169	160	154	149
12	161	160	160	162	164	167	170	174	178	183	189	194	197	198	198	196	194	191	188	184	184	175	169	164
13	176	175	176	178	181	184	188	192	197	203	208	211	213	213	213	212	210	208	205	198	198	189	183	178
14	191	191	192	195	198	202	206	211	217	222	225	227	228	227	226	224	222	219	216	212	212	203	197	193
15	206	209	208	211	215	219	224	230	235	238	240	241	241	240	239	237	235	232	229	225	225	216	211	207
16	221	222	224	228	232	237	243	248	251	253	254	254	254	253	252	250	248	245	242	238	238	230	225	222
17	236	237	240	244	249	255	259	263	265	266	266	266	266	265	264	262	260	257	254	250	250	243	239	235
18	251	253	255	261	267	272	275	277	278	278	278	278	278	277	276	274	272	269	266	263	263	257	253	251
19	267	269	273	279	284	287	289	290	290	290	290	290	290	289	288	286	284	281	279	276	276	271	268	266
20	283	286	291	296	299	301	302	302	302	302	302	302	302	301	300	298	296	294	292	290	290	286	283	282
21	300	304	308	311	313	314	314	314	314	314	314	314	314	313	312	310	309	307	306	304	304	301	299	298
22	318	321	323	325	326	326	326	326	326	326	326	326	326	325	324	323	322	321	320	319	319	317	316	315
23	335	336	337	338	338	338	338	338	338	338	338	338	338	337	337	336	336	335	335	334	334	333	333	333
24	350	350	350	350	350	350	350	350	350	350	350	350	350	350	350	350	350	350	350	350	350	350	350	350

在人体生物节律的基础上，大岛正光还以工作外的时间疲劳恢复效果作为评定指标，提出了睡眠效果评点表，见表 3-13。该表采用与表 3-12 完全对应的形式，并以 22:00—6:00 的 8 h 睡眠效果作为 100，对其他时域和持续时间的睡眠效果予以定量评定。其原则是在日生物节律上最有利的时域持续 8 h(9:00－17:00)的作业所产生的疲劳，应该为夜生物节律上最有利的时域连续 8 h(22:00－8:00)的睡眠所抵消。

表 3-13　大岛睡眠效果评点表

睡眠持续时间/h	就寝时间																							
	8	9	10	11	12	13	14	15	16	17	18	19	20	21	22	23	24	1	2	3	4	5	6	7
1	9	8	8	8	8	8	8	8	8	9	9	9	10	10	11	12	12	12	12	12	12	11	11	10
2	19	18	18	18	18	18	18	18	19	20	20	21	22	23	25	26	26	26	26	26	25	24	23	21

续上表

睡眠持续时间/h	就寝时间																						
	8	9	10	11	12	13	14	15	16	17	18	19	20	21	22	23	24	1	2	3	4	5	6	7
3	29	28	28	28	28	28	28	29	30	31	32	33	35	37	39	40	40	40	40	39	38	36	34	31
4	39	38	38	38	38	38	39	40	41	43	44	46	49	51	53	54	54	54	53	52	50	47	44	41
5	48	47	47	47	48	48	49	50	52	54	56	59	62	64	66	67	67	66	65	63	60	56	53	50
6	56	55	55	55	56	57	58	60	62	65	68	71	74	76	78	79	78	77	75	75	68	64	61	58
7	64	63	63	64	65	66	68	70	73	77	80	83	86	88	90	90	89	87	84	80	76	72	69	66
8	71	70	71	72	73	75	77	80	84	88	91	94	97	99	100	100	98	95	91	87	83	79	76	73
9	77	77	78	79	81	83	86	90	94	98	101	104	107	108	109	108	105	101	97	93	89	85	82	79
10	84	84	85	87	89	92	96	100	104	108	111	114	116	117	117	115	111	107	103	99	95	91	88	88
11	91	91	93	95	98	102	106	110	114	118	121	123	125	125	124	121	117	113	109	105	101	97	94	92
12	98	99	101	104	108	112	116	120	124	128	130	132	133	132	130	127	123	119	115	111	107	103	101	99
13	106	103	110	114	118	122	126	130	134	137	139	140	140	138	136	133	129	125	121	117	113	110	108	106
14	114	116	120	124	128	132	136	140	143	146	147	147	146	144	142	139	135	131	127	123	120	117	115	114
15	123	126	130	134	138	142	146	149	152	154	154	153	152	150	148	145	141	137	133	130	127	124	123	122
16	133	136	140	144	148	152	155	158	160	161	160	159	158	156	154	151	147	143	140	137	134	132	131	131
17	143	146	150	154	158	161	164	166	167	167	166	165	164	162	160	157	153	150	147	144	142	140	140	141
18	153	156	160	164	167	170	172	173	173	173	172	171	170	168	166	163	160	157	154	152	150	149	150	151
19	163	166	170	173	176	178	179	179	179	179	178	177	176	174	172	170	167	164	162	160	159	159	160	161
20	173	176	179	182	184	185	185	185	185	185	184	183	182	180	179	177	174	172	170	169	169	169	170	171
21	183	185	188	190	191	191	191	191	191	191	190	189	185	187	186	184	182	180	179	179	179	179	180	181
22	192	194	196	197	197	197	197	197	197	197	196	195	195	194	193	192	190	189	189	189	189	189	190	191
23	201	202	203	203	203	203	203	203	203	203	202	202	202	201	201	200	199	199	199	199	199	199	200	200
24	209	209	209	209	209	209	209	209	209	209	209	209	209	209	209	209	209	209	209	209	209	209	209	209

大岛作业疲劳评点表和睡眠效果表是仅依据人体日生物节律的变化而建立的，对作业的密度和内容所产生的疲劳程度的差异均未加以考虑，同时也未考虑因作业者睡眠方法和条件产生的效果差异。日本铁道综合技术研究所的池田久敏在应用大岛作业疲劳评点表和睡眠效果表对列车司机进行疲劳风险评估时发现了这一问题，于是他通过对日本 29 个铁路局进行抽样调查，根据列车司机的实际作业和休息情况引入了加权系数，建立了评定列车司机作业疲劳程度的动态公式，即池田公式。

$$W=\alpha\times L-\beta\times R \tag{3-4}$$

式中 W——任意钟点作业疲劳评价值（当 $W<0$ 时，计为 0）；

α——疲劳效果的加权系数；

L——任意时刻疲劳效果累积值；

β——休息效果的加权系数；

R——任意钟点休息效果的累积值。

$$L=\sum_{i=1}^{n_i}\sum_{j=1}^{n_j}\left\{C_{ij}\times\left[\left(\frac{L_{abi}}{b\times60}\right)\times T_{ij}\right]\right\} \tag{3-5}$$

式中　n_i——第 i 次作业；

n_j——作业中的第 j 个时间段；

C_{ij}——第 i 次一系列作业中第 j 次作业的疲劳加权系数；

$L_{abi}/(b\times60)$——在第 i 次作业中（a 点开始，持续 b 小时）的平均疲劳得分，由表 3-12 查得；

T_{ij}——第 i 次一系列作业中第 j 次作业的持续时间，单位 min。

$$R=\sum_{k=1}^{m_k}\sum_{l=1}^{m_l}\left\{C_{kl}\times\left[\left(\frac{R_{cdk}}{d\times60}\right)\times T_{kl}\right]\right\} \tag{3-6}$$

式中　m_k——第 k 次休息；

m_l——休息的第 l 个时间段；

C_{kl}——第 k 次一系列休息中，第 l 次休息的休息加权系数；

$R_{cdk}/(b\times60)$——在第 k 次休息中（c 点开始，持续 d 小时）的平均休息得分，由表 3-13 查得；

T_{kl}——第 k 次一系列休息中，第 l 次休息的持续时间，单位 min。

3.3.4　两种轮班风险评价方法的比较

从上述两种疲劳分析方法中可以发现，大部分疲劳因素在这两种方法中均有体现，但对于不同因素的计算方法有所不同。具体差异见表 3-14。这两种方法均考虑了作业时域及作业持续时间对疲劳的影响，池田久敏方法通过时间跨度对工作和休息进行评分；FI 方法针对不同的影响因素分别进行评分，同时增加了对轮班模式的考量，可为轮班模式提供更多参考。

表 3-14　两种轮班风险评价方法的影响因素差异比较

疲劳影响因素	池田久敏方法	FI 方法
工作时域	对工作时间区段评分	对工作开始时间评分
工作时长	与工作时域同时评分	对工作时间区段评分
休息时间	对休息时间区段评分，得分需在计算中减去	根据休息时间区段计算
工作间休	对工作中的休息时间单独评定	根据单次持续工作时长评分
轮班模式	未考虑轮班模式影响	根据轮班类型评分

这里以某列车段（简称 A 段）司机轮班为例，通过其轮班表进行驾驶疲劳分析，进一步探讨两种轮班疲劳评价方法的特点。此次评估未引入修正系数，即不进行负荷修正。

1. 单班次疲劳风险评估

评估司机轮班疲劳时，首先应确认单个班次对其疲劳的影响程度，避免司机在单次执勤后疲劳水平过高。按值班时间划分，A 段司机值班分为白班（7：50—18：10）、上夜班（17：50—24：00）及下夜班（4：00—8：00）等 3 类班次，其中白班时间跨度长，值乘任务多，易造成疲劳风险，因此，以白班司机为例进行疲劳度分析。

分别运用上述两种方法评估 A 段 9 位白班司机的疲劳度，他们的工作内容基本类似，区别在于值乘时间，以其中一位轮班时间在 09:01—17:10 的司机为例，该司机的工作内容见表 3-15，表中显示了每项任务的内容与时间跨度。

表 3-15　某白班司机工作内容示例

任　务	通勤	上班准备	值乘	间休	值乘	午饭	值乘	间休
开始时间	7:31	8:31	9:01	9:51	10:28	11:18	11:56	12:46
结束时间	8:31	9:01	9:51	10:28	11:18	11:56	12:46	13:24
任　务	值乘	间休	值乘	间休	值乘	退勤	回家	
开始时间	13:24	14:14	14:55	15:45	16:20	17:10	17:40	
结束时间	14:14	14:55	15:45	16:20	17:10	17:40	18:40	

FI 方法的评估过程见表 3-16，由工作时间区段对应到 F_1、F_2 的评点表得到其分数；由于单班次评估不包含两班之间的休息，因此 F_3 取 0；连续值乘时间在 1 h 以内，连续注意时长较短，F_4 取值为 0；该班次时间符合轮班类别“日班”，其对应 CF 得分为 0。最终得到疲劳得分为 14。

表 3-16　某白班司机 FI 评估单班疲劳结果

开始时间	结束时间	F_1	F_2	F_3	F_4	CF	得　分
7:31	18:40	7	3	0	0	0	14

记录每项任务开始和结束的时间节点，采用池田公式的计算方法，对得分进行累计算出每个时间点的疲劳值，最后一项为该司机值班后的总疲劳得分。使用池田公式评估单班疲劳的过程及结果见表 3-17。

表 3-17　某白班司机池田公式评估单班疲劳结果

时间点	7:31	8:31	9:01	9:51	10:28	11:18	11:56	12:46
累计得分	16.88	22.04	32.00	23.70	33.66	26.59	36.55	28.02
时间点	13:24	14:14	14:55	15:45	16:20	17:10	17:40	总分
累计得分	37.98	28.78	38.74	30.88	40.84	45.71	63.50	63.50

按照上述两种方法，分别分析 A 段 9 名白班司机疲劳度，得到结果如图 3-7 所示。

对两种方法得分进行相关性分析，两组数据相关性为 0.263，双侧显著性为 0.493，大于 0.05，说明该组数据并无显著相关性。可以看出，这两种方法对单班疲劳度的评估结果差异较大，分析原因如下：FI 采用近似取整方法评估单班疲劳度，而池田公式采用线性插值法，结果精度不同；由于单次值乘时长未达到 FI 的 F_4 项的取值下限，所有班次在该项没有区分度；FI 受时域影响较大，在不同的时间点进行作业得分差异较大，池田公式受时域影响较小，得分主要取决于工作的时长。

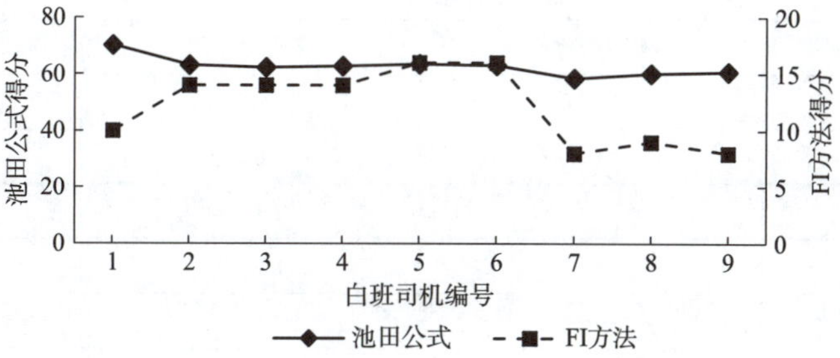

图 3-7　两种方法单班次疲劳度得分比较

2. 周期轮班疲劳风险评估

在单班次疲劳得分的基础上，考虑班次之间的休息时间计算连续轮班的疲劳度。以其中一位司机的连续 4 天轮班为例，其班次安排及疲劳度得分见表 3-18，司机按照“白班一上夜班一下夜班一休息”的顺序周期轮班，其中夜班从第 2 天夜晚开始，持续到第 3 天清晨结束。

表 3-18　某司机 4 日轮班工作内容示例

轮班天数	班次类型	开始时间	结束时间	疲劳度
第 1 天	白班	7:31	18:40	63.50
第 2 天	上夜班	15:38	23:01	57.60
第 3 天	下夜班	4:09	10:21	51.28
第 4 天	休息	—	—	—

FI 评估轮班疲劳见表 3-19，F_1、F_2、F_4 等 3 项得分与单班评估方式相同；由于连续轮班需考虑两班之间的休息时间，根据排班表中 2 班之间的间隔计算得到 F_3 取值；在评估连续轮班时，当日班次种类得分与前日 CF 值进行累加，得到当日 CF 值，同一天的各项指标得分相加，得到每日的 FI 评估得分，见表 3-19。

表 3-19　某司机周期轮班 FI 疲劳评分结果

轮班天数	班　次	F_1	F_2	F_3	F_4	CF	得　分
第 1 天	白班	7	3	0	0	0	14
第 2 天	上夜班	5	0	5	3	0	17
第 3 天	下夜班	12	0	6	0	5	27
第 4 天	休息	0	0	0	0	2	2

在采用池田公式对周期轮班工作进行评估时，根据单班次评估的结果，获得每个班次结束后的得分，每日的疲劳得分减去当日休息得分，将结果累加到次日，见表 3-20，选取每日工作后累计疲劳度作为当日轮班疲劳度。

表 3-20 某司机周期轮班池田公式疲劳评分结果

轮班天数	单班疲劳度	当日休息值	累计结果
第 1 天	63.50	—	63.50
睡眠	—	177.00	0.00
第 2 天	57.60	—	57.60
睡眠	—	65.59	0.00
第 3 天	51.28	—	51.28
睡眠	—	177.00	0.00
第 4 天	—	177.00	0.00

依照以上方法，分析 A 段司机排班表中 36 天 9 个周期的连续轮班，计算其每天的疲劳程度，结果如图 3-8 所示。

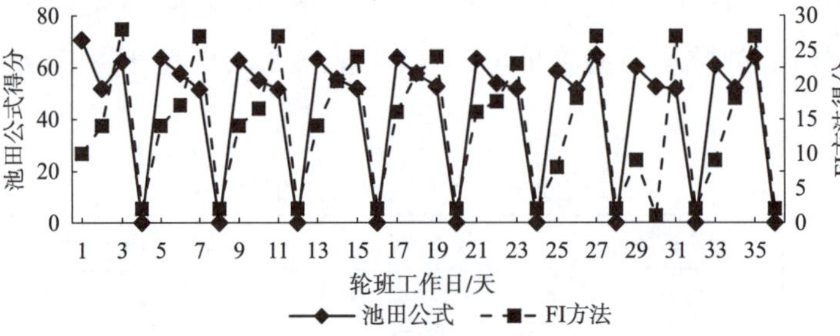

图 3-8 两种方法周期轮班疲劳度得分比较

由计算结果可知：在评估连续轮班的疲劳度时，两种方法在周期和变化趋势方面均展现出一致性。通过进一步对数据进行相关性分析，两组数据相关性为 0.715，双侧显著性小于 0.001，在 0.01 水平上显著相关，说明在评价该组连续轮班的疲劳度时，两种方法获得的结果是一致的。

评估司机连续轮班疲劳时，两种方法获得近似的结果；池田公式采用休息后的疲劳值进行累加，FI 根据休息时长和轮班方式进行计算；池田公式未考虑轮班方式的影响，而 FI 考虑了由轮班方式带来的累积疲劳。

在应用上述两种方法对 A 段司机单班和连续班次的疲劳度进行计算中可以看出，在评定单班时，两种方法得到的结果并不一致，但在连续班次的评定中结果显著相关，通过对比分析发现：在评定数值上，FI 方法对结果进行近似取整处理，而池田公式采用线性插值法进行计算，导致 FI 方法的单班次计算区分度较低；两种方法对工作开始时间的敏感度不同。

从计算模型可以看出，池田公式和 FI 均根据作业时间来计算疲劳度，区别在于池田公式有精确到分钟的计算公式，FI 则是对各项疲劳度评价指标进行评分，更为简便。在司机单班值乘疲劳评估时，池田公式和 FI 分析的结果呈现不一致性，FI 计算结果区分度较低，池田公式法对于时间和工作内容的变化更为敏感。在对司机进行连续轮班疲劳评估时，这两种方法评估轮班疲劳度的结果是一致的，且均能较准确地确定疲劳度较高的班次。

3.3.5　列车司机轮班疲劳评价模型的构建

由 3.3.4 节可知，相较于 FI 方法，池田公式在轮班疲劳评价灵活性和精确度方面存在较大优势。由于列车司机轮班疲劳评价主要涉及目标班次的作业时域、持续时间、工作间歇等内容，计算时需要对同时域不同班次以及同任务不同时域下的疲劳度变化进行准确衡量。需要注意的是，列车司机可能存在不能在整点时刻值乘而无法正常使用作业负荷和睡眠效果评点表（仅支持查询整点及小时为单位的数值）的情况，因此采用线性差值方法对池田公式进行改进。针对列车司机工作任务相对固定特性，可以摒弃原有公式中多任务累积方法，将一次出乘作为一个完整任务进行计算以保证计算精度。

$$W=\alpha\times l-\beta\times r \tag{3-7}$$

$$l=\sum_{i=1}^{m}(\mu_i\times l_{ab}) \tag{3-8}$$

$$r=\sum_{j=1}^{n}(v_j\times r_{cd}) \tag{3-9}$$

$$l_{a,\lfloor b\rfloor}=(l_{\lfloor a\rfloor+1,\lfloor b\rfloor}-l_{\lfloor a\rfloor,\lfloor b\rfloor})(a-\lfloor a\rfloor)+l_{\lfloor a\rfloor,\lfloor b\rfloor} \tag{3-10}$$

$$l_{a,\lfloor b\rfloor+1}=(l_{\lfloor a\rfloor+1,\lfloor b\rfloor+1}-l_{\lfloor a\rfloor,\lfloor b\rfloor+1})(a-\lfloor a\rfloor)+l_{\lfloor a\rfloor,\lfloor b\rfloor+1} \tag{3-11}$$

$$l_{a,b}=(l_{a,\lfloor b\rfloor+1}-l_{a,\lfloor b\rfloor})(b-\lfloor b\rfloor)+l_{a,\lfloor b\rfloor} \tag{3-12}$$

$$r_{c,\lfloor d\rfloor}=(r_{\lfloor c\rfloor+1,\lfloor d\rfloor}-r_{\lfloor c\rfloor,\lfloor d\rfloor})(c-\lfloor c\rfloor)+r_{\lfloor c\rfloor,\lfloor d\rfloor} \tag{3-13}$$

$$r_{c,\lfloor d\rfloor+1}=(r_{\lfloor c\rfloor+1,\lfloor d\rfloor+1}-r_{\lfloor c\rfloor,\lfloor d\rfloor+1})(c-\lfloor c\rfloor)+r_{\lfloor c\rfloor,\lfloor d\rfloor+1} \tag{3-14}$$

$$r_{c,d}=(r_{c,\lfloor d\rfloor+1}-r_{c,\lfloor d\rfloor})(d-\lfloor d\rfloor)+r_{c,\lfloor d\rfloor} \tag{3-15}$$

式中　l——疲劳效果累积值；

r——休息效果的累积值；

m——总任务量；

μ_i——第 i 个任务的加权系数；

$l_{a,b}$——a 时开始，持续 b 小时的工作疲劳值；

$\lfloor\cdot\rfloor$——线性插值；

n——总休息次数；

v_j——第 j 次休息的加权系数；

$r_{c,d}$——c 时开始，持续 d 小时的休息恢复值。

改进后的池田公式需要考虑实际运行条件，同时结合工作内容、环境和任务强度等方面的影响进行系数修正。基于改进后的池田公式设计问卷对目标线路的列车司机进行调查确定修正系数，利用疲劳自觉症状调查表进行验证，将结果与修正后的系数进行对比分析，验证该公式的可行性。这里同样以 A 段司机轮班为例，分别对 A 段司机白班（7:50—18:10）、上夜班（17:50—24:00）及下夜班（4:00—8:00）等 3 类班次的工作内容进行分解，涵盖不同班次的必备流程与正常任务，得到不同工作任务（包括通勤在内）与休息状态，并分别编制量表针对分解后的内容选择目标线路的列车司机进行调查。

量表采用多级模糊评估方法编制，多级模糊评估方法是根据模糊数学中类别判断的模糊集模型建立起来的一种新的定量评估方法，它采用的评估量表含有两个向量，分别是供选择的评估等级和自信度。按照列车司机工作内容分成任务负荷指数量表和休息质量指数量表，分别对列车司机值班中的各项任务和休息方式进行调查。对表中所列出的评估项目，由有经验的列车司机根据其主观工作负荷强度，从1～5分对其进行分别评分，对于任务负荷指数量表，1分表示强度极低(毫无感觉)，5分表示极高(完成后极度疲惫)；对于休息质量指数量表，1分表示休息质量极差(没有休息的感觉)，5分表示休息质量极好(可以得到充足的休息)。

所有评估项目均按照多级评估表(见表3-21和表3-22)进行打分，实施步骤如下：

步骤1：被试司机在多级评估表上选定一个他认为最合适的评定等级，然后在表中相应的一个方格中打一个"√"；

步骤2：对与该评定等级相邻的左右侧的两个评定等级进行比较，并确定对这两个评定等级的自信度大小，然后在相应的方格中打"√"；

步骤3：对其余两个评定等级进行比较，并确定其自信度大小，然后在相应的方格中打"√"。如果在第一步中选定的评定等级为"1"或"5"，则按照从左到右或从右到左的顺序对其他四个评定等级进行比较，并分别赋予一定的自信度水平，然后在相应的方格中打"√"。最后采用多级评估法最终得出的评定分数 R_w，得分越高表示评价越高。

步骤4：将每张问卷中正常值乘作业标准值定为1，按照其比例关系分别计算得出其余各项得分，结果经标准化后剔除3倍标准值外的异常数据，求得每项系数的平均值，最终结果将作为A段司机单班次疲劳评价方法的修正系数。

表3-21　任务负荷指数量表多级评估表

自信度		等级				
		1 极低	2 较低	3 适中	4 较高	5 极高
赞同	完全赞同					
	基本赞同					
	少许赞同					
不赞同	少许不赞同					
	基本不赞同					
	完全不赞同					

表3-22　休息质量指数量表多级评估表

自信度		等级				
		1 极差	2 较差	3 适中	4 较好	5 极好
赞同	完全赞同					
	基本赞同					
	少许赞同					

续上表

自 信 度		等 级				
		1 极差	2 较差	3 适中	4 较好	5 极好
不赞同	少许不赞同					
	基本不赞同					
	完全不赞同					

$$R_w = \frac{\sum_{i-1}^{n} S_i C_i}{\sum_{i-1}^{n} C_i} \tag{3-16}$$

式中　S_i——评定等级；

C_i——自信水平。

修正后的池田公式需要结合列车实际值乘情况验证其有效性。主观疲劳问卷调查表达直观、测量方便且不会妨碍实际作业，在轨道交通行业性质和程度评定中占有十分重要的地位。“疲劳自觉症状调查表”(2002年版)由日本产业卫生学会在其1970年版的基础上修订而成，并于2003年引进国内，常用于制造等工业领域的疲劳测定。该量表包括“困倦感”“不安定感”“不快感”“乏力感”“模糊感”五个维度，每个维度包含5个项目，共25个项目。每个项目采用5点量表对疲劳体验打分，疲劳程度从1(一点都不疲劳)到5(非常疲劳)，分数越高代表其疲劳程度越高。调查对象在相应项目和程度上画圈，以此计算得分。分析时可将此25个项目分为5群，项目群和各群包含的项目见表3-23。需要注意的是，问卷使用“时间跟踪”方式进行调查，其对调查结果的判定，主要着眼于各项目、各因子得分的伴时性变化，而不是只看某个时间点的值。原则上每次调查应连续进行两个工作日，每隔1 h进行一次最为理想。最终将主观问卷调查结果与修正后的池田公式计算结果进行相关性检验来验证公式的有效性。

表3-23　疲劳自觉症状调查表项目

Ⅰ群困倦感	Ⅱ群不安定感	Ⅲ群不快感	Ⅳ群乏力感	Ⅴ群模糊感
犯困	感到不安	头痛	手臂没力	眼睛有些睁不开
想躺下来	心情忧郁	头重	腰痛	眼睛很累
打哈欠	感觉静不下心来	感觉心情不好	手或手指痛	眼睛痛
没有干劲	脾气急躁	头脑发呆	腿酸乏力	眼睛干
全身没力	思路混乱	头昏	肩酸	视线模糊

以A段司机周期轮班为例，课题组收集了9位司机在白班(7:50—18:10)、上夜班(17:50—24:00)及下夜班(4:00—8:00)3类班次下出勤前和退勤后的主观疲劳自评值，并将其与修正后的池田公式计算值进行对比，见表3-24。由表可知，部分司机在上夜班结束

到下夜班开始前的主观疲劳度出现了不同程度的上升。以编号为 9 的 A 段司机为例，其主观夜晚休息恢复值为负数(主观夜晚休息恢复值＝上夜班退勤后疲劳值－下夜班出勤前疲劳值＝－52)，即代表上夜班退勤后至下夜班出勤前这段时间的休息对疲劳恢复影响较差。造成这种情况的原因是，铁路线路运营时间较长，列车司机常常在 23 时至次日 1 时之间结束当日值乘任务，而在次日 4 时至 5 时之间便开始新一天的值乘，为满足铁路运营的需要，夜班司机常常需要连续进行上夜班和下夜班的值乘，而在两个班次之间在车辆段内休息，这样的值乘方式使得司机无法拥有充足睡眠。休息时间晚于正常休息时间，而起床时间又早于自身作息，休息时间的不足、起床和入睡时间与自身作息的差异都会影响列车司机的疲劳状况。然而，计算该司机的疲劳值却发现，上夜班结束后的当夜休息值完全可以弥补上夜班期间产生的疲劳(表 3-25)，这可能忽略了夜班之间的短暂睡眠可能出现的负反馈影响，因此，需要结合人体昼夜节律进一步对公式进行修正。

表 3-24　池田公式与疲劳自评结果对比

司机编号	班次类型	池田公式	出勤前疲劳自评	退勤后疲劳自评	司机编号	班次类型	池田公式	出勤前疲劳自评	退勤后疲劳自评
1	白班	70.56	38	84	6	白班	63.12	36	52
	上夜班	51.68	36	44		上夜班	53.77	33	43
	下夜班	62.19	38	48		下夜班	51.51	42	49
2	白班	63.50	31	48	7	白班	58.44	38	45
	上夜班	57.60	25	36		上夜班	51.35	25	36
	下夜班	51.28	30	40		下夜班	64.69	34	37
3	白班	62.59	42	54	8	白班	60.07	30	65
	上夜班	54.94	40	51		上夜班	52.38	40	52
	下夜班	51.28	39	51		下夜班	51.54	70	82
4	白班	63.10	36	38	9	白班	60.69	35	52
	上夜班	55.40	32	42		上夜班	51.77	37	46
	下夜班	51.65	41	47		下夜班	63.86	98	107
5	白班	63.71	30	46					
	上夜班	57.54	39	55					
	下夜班	52.43	57	66					

表 3-25　编号 9 的列车司机池田公式计算结果

轮班天数	班次类型	开始时间	结束时间	单班疲劳度	当日休息值	累积结果
第 1 天	白班	7:48	17:28	60.69	—	60.69
睡眠	—	—	—	—	159.30	0.00
第 2 天	上夜班	15:54	23:07	51.77	—	51.77
睡眠	—	—	—	—	62.38	0

续上表

轮班天数	班次类型	开始时间	结束时间	单班疲劳度	当日休息值	累积结果
第 3 天	下夜班	3:55	9:02	63.86	—	63.86
睡眠	—	—	—	—	177.00	0
第 4 天	休息	—	—	—	177.00	0.00

哺乳动物的连续活动时间和休息时间通常呈负相关，昼夜节律原则认为活动时间越长，睡眠时间越短；内稳态原则认为活动时间越长，睡眠深度越深，这两种原则的结合更加适合使机体对睡眠需求的变化产生补偿性反应。基于此，Daan 提出了一种人体睡眠—清醒时间模型以模拟人体昼夜节律变化。该模型假设人体睡眠倾向由调节变量（S，即疲劳度）调控。正常情况下 S 在清醒阈值 L 和睡眠阈值 H 之间进行单调振荡。清醒状态时，S 单调增加，到达 H 点产生睡眠倾向，该点即为休息时间点；睡眠状态时，S 单调递减，达到 L 点产生清醒倾向，该点即为清醒时间点。

对疲劳度 S 定量分析的关键在于计算其增减率。有研究表明低频波段 EEG（脑电信号）的功率密度与 S 变化趋势相同，因此，Daan 基于先前脑电信号数据变化给出了睡眠—清醒状态下的 S 计算公式：

$$S_i=\begin{cases} S_{i-1}\times e^{-r/2} & \text{睡眠状态} \\ U-e^{-r'/2}(U-S_{i-1}) & \text{清醒状态} \end{cases} \tag{3-17}$$

式中　S_i——i 时刻的疲劳度；

S_{i-1}——$i-1$ 时刻的疲劳度；

r——EEG 瞬时下降率，取 0.238/h；

r'——EEG 瞬时累积率，取 0.055/h；

U——上渐近线，取 1。

由此得出个体昼夜疲劳度计算公式：

$$\begin{cases} S_{2m}=S_{2n}\times 0.888^{2(m+24-n)} & \text{清醒倾向} \\ S_{2n}=1-(1-S_{2m})\times 0.973^{2(n-m)} & \text{睡眠倾向} \end{cases} \tag{3-18}$$

式中　S_{2m}——m 时刻起床时的疲劳度，$S_0=0.093$；

S_{2n}——n 时刻入睡时的疲劳度，$S_{32}=0.622$。

因此，保持任意清醒时长 x 或睡眠时长 y 的疲劳度计算公式如下：

$$\begin{cases} S(x)=1-(1-S_{2n})\times 0.973^{2x} & \text{清醒时长 } x \\ S(x,y)=S(x)\times 0.888^{2y} & \text{睡眠时长 } y \end{cases} \tag{3-19}$$

式中　$S(x)$——自发睡眠结束后保持清醒时长 x 的疲劳度；

$S(x,y)$——此时刻后保持睡眠时长 y 的疲劳度。

列车司机轮班疲劳评价模型的核心是结合昼夜节律振荡模型和修正后的池田公式计算

轮班疲劳度，将昼夜节律振荡模型加入其中，以此计算当夜休息变化值，在公式的修正下得出的晨间疲劳度累计到次日，再与新一轮的单班次疲劳累计计算，由此建立昼夜轮班疲劳评价模型，其实施步骤如下：

步骤 1：数据收集。基于行车记录仪调查轮班司机作息时间表，利用昼夜节律振荡模型计算当夜休息恢复值，同时利用修正后的池田公式计算夜间疲劳度。基于疲劳自觉调查问卷收集轮班司机夜班出勤前和退勤后的主观疲劳值。

步骤 2：对数据做标准化处理。昼夜节律振荡模型计算得到的当夜休息恢复值为负数，可通过 $1+S(x,y)-S(x)$ 进行处理。单班次疲劳评价公式计算得到的当夜疲劳度可通过其除以大岛正光作业评点表最大负荷标准值 100 进行处理。晨间主观疲劳值则按照实际值－最小值进行标准化处理。

步骤 3：对标准化后的数据进行回归分析，当夜休息恢复值、当夜疲劳度和晨间主观疲劳值三者之间存在关系：

$$(W_{\mathrm{m}}-25)/100=a\times[1+S(x,y)-S(x)]+b\times(w/100)-c \tag{3-20}$$

式中 $(W_{\mathrm{m}}-25)/100$——晨间主观疲劳标准值，其中[25，100]为晨间主观疲劳评分区间；

W_{m}——晨间主观疲劳实际值；

$1+S(x,y)-S(x)$——当夜休息恢复标准值；

$w/100$——当夜疲劳标准值；

w——当夜疲劳实际值；

a,b,c——线性拟合系数。

步骤 4：构建昼夜轮班疲劳评价模型。根据单班次疲劳评价公式量纲，将归一化的晨间主观疲劳实际值转化为对应的当夜疲劳度，并以此作为轮班疲劳评价的基本公式。

综上，改进后的周期轮班疲劳评价模型见式(3-21)～式(3-24)。

$$\mathrm{Fatigue}_0=w_1 \tag{3-21}$$

$$\mathrm{Fatigue}_i=\mathrm{Fatigue}_{i-1}+f_i \tag{3-22}$$

$$f_i=\begin{cases}w'_{ij} & t_i<8\\ w_i-r_i & t_i\geqslant 8\end{cases} \tag{3-23}$$

$$w'_{ij}=\{\sigma[1+S(x_{ij},y_{ij})-S(x_{ij})]+\zeta(w_i/100)-\tau\}\times 100 \tag{3-24}$$

式中 $\mathrm{Fatigue}_i$——第 i 天的累积疲劳度；

f_i——第 i 天的疲劳度；

w'_{ij}——第 i 天 j 司机的当日疲劳值；

w_i——第 i 天的单班次疲劳值；

r_i——第 i 天的休息恢复值；

t_i——第 i 天的睡眠时间；

σ——回归方程昼夜节律振荡疲劳系数；

x_{ij}——司机 j 第 i 天的当日入睡时间；

y_{ij}——司机 j 第 $i+1$ 天的起床时间；

ζ——回归方程单班次疲劳系数；

τ——回归方程固定值系数。

课题组对 36 名列车司机的夜间轮班和周期轮班进行了计算，并与疲劳自觉症状调查表的结果进行了对比分析，计算得到的轮班疲劳度与司机的主观疲劳度呈现高度正相关线性关系，说明了改进后的周期轮班疲劳计算结果可用于评估列车司机的轮班疲劳。

3.4　列车司机在途驾驶疲劳状态的监测

对于任务时间长、作业内容单调、工作负荷强度高的高铁司机来说，驾驶疲劳是其目前主要的行车安全风险之一。2015 年英国铁路安全和标准委员会（RSSB）对 246 起英国铁路交通事故案例分析发现，21%的事故是由疲劳分心驾驶引起的。You 等人通过列车模拟驾驶实验研究发现司机处于疲劳状态时的操作准确性比正常状态降低了 126%，反应时间和完成时间分别比正常状态延长了 28.13%和 17.7%。可见，疲劳驾驶容易导致列车司机的不安全行为，进而引发安全事故，因此列车司机的在途驾驶疲劳状态监测是疲劳风险管理的最后一道防线。

3.4.1　驾驶疲劳状态检测方法

驾驶疲劳在途检测的研究工作始于 20 世纪 80 年代，主要集中于航空领域和道路驾驶领域。目前从疲劳检测输入特征的角度可以将驾驶疲劳检测分为主观测量、基于运载工具特征的疲劳检测、基于驾驶者行为特征的疲劳检测、基于生理学特征的疲劳检测和基于混合特征的疲劳检测。

1. 主观测量

卡罗琳斯卡嗜睡量表（KSS）和斯坦福嗜睡量表（SSS）是广泛用于测量个体主观睡意感知度的问卷，见表 3-26，它们分别为九级和七级量表，代表了不同警觉程度。Hu 等人每 5 min 测量一次的主观评级在驾驶研究中被用作眼电信号的参考值。Ingre 等人研究表明，眨眼持续时间、车道偏离、生理信号与每 5 min 的 KSS 值之间存在相关性。然而，由于主观量表需要频繁测量，且容易受到个体主观意识和行为的影响，因此难以与生理与行为数据相对应。同时，填写量表可能提醒驾驶者，降低睡意，使得在真实驾驶情景下难以获取准确的司机睡意反馈。

表 3-26 卡罗琳斯卡嗜睡量表和斯坦福嗜睡量表

评级	SSS	KSS
1	感觉精力充沛，头脑清醒	极度警觉
2	精力较充沛，但不是最佳状态，	非常警觉
3	清醒但有些松散	警觉
4	有一定程度的昏昏沉沉	相当警觉
5	昏昏沉沉，迟钝	既不警觉也不困倦
6	瞌睡，很想躺下，头昏	一些困倦的迹象
7	不想再努力保持清醒，有做梦的感觉	困倦，但没有努力保持警觉
8	—	困倦，一些努力保持警觉
9	—	非常困，努力保持警觉，与睡眠作斗争

2. 基于运载工具特征的疲劳检测

疲劳会降低驾驶者的能力，主要表现在方向盘偏移、踏板压力、车速变化和车道偏离等方面。方向传感器测量方向盘运动是常用的疲劳检测方法，日产汽车 Maxima 车型通过实时检测异常偏差提醒司机，此外，也可以记录方向盘转向角度时间序列，进而提取近似熵，通过自适应分段线性拟合并基于支持向量机来辨识疲劳水平。

为了进一步提高检测准确性，不少学者试图综合多个车辆特征进行疲劳检测。Peng 等人基于驾驶速率、加速度、横向位置和油门踏板功率构建了驾驶疲劳模型；Wakita 等人采用高斯混合模型，基于车速、制动踏板、行车间距等进行疲劳识别。然而，这些方法依赖于外部环境，如气候、道路状况、道路标记等，受干扰影响较多。因此这些方法主要应用于汽车领域，对高速铁路等自动化等级较高的驾驶疲劳检测情景难以适用。

3. 基于驾驶者行为特征的疲劳检测

驾驶者疲劳时会表现出特有的行为，如频繁打哈欠、点头和眨眼等。基于这些行为的疲劳检测通常采用图像识别技术。Smart Eye AB 通过头部和眼部运动以及眨眼频率设计了实时疲劳检测系统；Sleep Diagnostics Pvt 公司的睡眠感应眼镜装置通过无线眼镜监控眼部瞳孔运动，评估驾驶者疲劳水平。除眼部特征外，一些研究发现打哈欠和嘴部张开程度也是有效指标。Alioua 等人通过梯度边缘检测器实时检测嘴部位置，并将其用于支持向量机的输入，实现驾驶疲劳检测。然而，基于图像的方法很容易受到光照变化与戴眼镜、戴口罩等遮挡的干扰，从而使得疲劳检测的准确性存在一定局限，因此使用去干扰技术是提升系统鲁棒性的关键。

4. 基于生理特征的疲劳检测

疲劳是一种由劳累引起的心理生理状态。基于运载工具和驾驶者行为特征的疲劳检测方法通常仅在驾驶者开始嗜睡时发生变化，因此存在一定的滞后性。相比之下，生理指标在疲劳早期即发生明显改变，有助于及时反映驾驶者疲劳状态。

常用的生理特征指标包括脑电信号(EEG)、肌电信号(EMG)、心电信号(ECG)和心率变异性(HRV)。EEG 被认为是检测疲劳的“黄金指标”,通常通过贴在头皮的扁平电极来实时提取。EEG 信号包含 δ(0.5～4 Hz)、θ(4～8 Hz)、α(8～13 Hz)、β(13～30 Hz)、γ(30～42 Hz)五个频段。研究表明:δ 波是大脑进入意识昏迷或深度睡眠状态的标志物,人在清醒状态下无法检测到 δ 波;θ 波在人脑力疲劳、情绪压抑或受药物抑制时出现;α 波属于快节律波,在人受到外界刺激时会瞬间消失;β 波是最快的基本节律波,人在兴奋状态时会出现 β 波,其可表征脑的清醒程度。Budi Thomas Jap 探究了列车司机单调驾驶环境过程中的四个 EEG 频带,以及四个频带方程评估疲劳的方法。EMG 通过肌肉电势特征预测肌肉疲劳,包括中位频率、均方根幅值和平均功率。V. Balasubramanian 等人通过将 EMG 电极放置在驾驶员颈部、背部、肩部和腕部提取肌电信号,证明了肌电信号 15～30 Hz 频道功率会随驾驶者疲劳程度的增加而增加。ECG 通过心率值和心率变异性判别疲劳状态,其中 LF/HF(低频范围内总功率/高频范围内总功率)比率被认为是有效指标。

尽管基于生理特征的检测方法能更直接、及时、客观地反映司机疲劳状态变化,但存在价格高和侵入性强的问题。在特殊情况下,接触式检测会面临局限性,如对烧伤患者、疫情传播期间的感染风险以及对皮肤易感过敏人群的限制。

5. 基于混合特征的疲劳检测

采用混合特征的疲劳检测方法相对于单一特征方法能更好地提升准确率,是解决驾驶者疲劳检测问题的有效途径之一。Cheng 等人选取了眼睑闭合度、眨眼率、眼睛闭合时间、非转向时间百分比、居中驾驶时间百分比、车道位置和方向盘偏差等多个典型特征,开发了多模态信息融合算法对驾驶员疲劳进行检测,融合后模型精准度为 90.7%,相较于单个特征输入,模型精准度提升约 8.8%,这表明多个特征融合能够更好地检测疲劳。

图 3-9 对基于运载工具特征、基于驾驶者行为特征、基于生理特征及主观测量法四种疲劳检测方法进行了归纳和分析,虽然单一特征可以检测驾驶者疲劳,但存在局限性。基于运载工具特征的方法受个体属性和环境影响大;基于机器视觉的驾驶者行为特征方法容易受到光线和遮挡的影响;基于生理特征的方法能更直接反映司机生理状态变化,但价格高且侵入性强。目前,多特征融合的疲劳检测方法能有效提升准确性,是未来值得探索的方向。

3.4.2　基于毫米波雷达的非接触式生理特征疲劳监测

目前随着传感器技术的不断发展,通过非接触式的方法实现生理体征监测已经受到了越来越多学者的关注。非接触式的生理监测可以有效地避免人体接触电极、传感器设备所带来的不适,不会影响到被检测者的日常生活和行为操作,同时由于其具备长时间持续监测的能力,为突发紧急性事件的及时预警提供了可能。目前非接触式生理特征检测方法主要包括成像式光电容积描记技术(IPPG)、Wi-Fi 和毫米波雷达。

成像式光电容积描记技术是 2000 年由 Wu 等人提出的,用波长为 870 nm 的近红外光

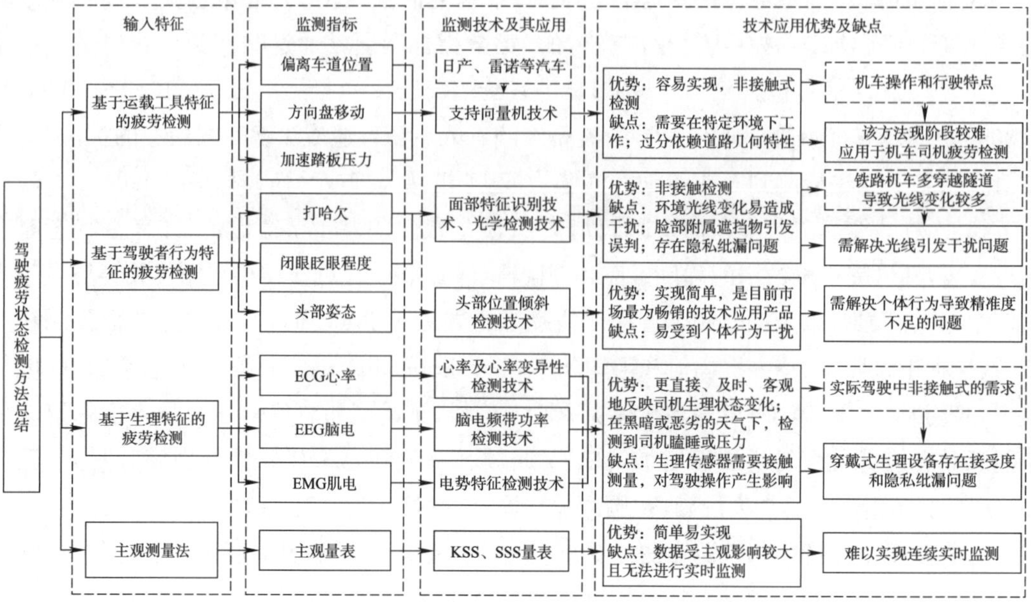

图 3-9　既有驾驶者疲劳状态检测方法对比分析

照射皮肤，反射光经过滤光片之后在黑白的电荷耦合芯片上成像，将图像逐帧进行保存，然后选取图像中相同的区域作为感兴趣区域，计算每帧图像中感兴趣区域的灰度均值，将得到的数值序列在时间轴上绘制出相应的波形，即可得到反映脉搏波动情况的信号。这种检测方法成本较低，但是它对环境光线变化敏感，会受到感应器工作范围的限制等，因此提高检测算法鲁棒性一直是该技术实用化的关键。2018 年，Jian Liu 提出了一种基于 Wi-Fi 跟踪睡眠期间呼吸频率和心率的方法，利用信道信息捕捉呼吸和心跳引起的微小运动。Wi-Fi 相较于雷达，具有全向传播的特点且本身带宽狭窄，使得其捕捉细节较少，抗干扰能力较低。

雷达对细微运动位移十分敏感，可以感知到由于呼吸和心跳引起的人体胸部振动细微运动位移，相较于 IPPG 和 Wi-Fi 两种方法，其检测生理体征准确性较高且抗干扰能力较强，不易受到外部环境因素的影响，而且不会涉及侵犯用户隐私的问题。基于雷达的生理体征监测方法最早出现在 20 世纪 70 年代，1971 年英国学者 Caro 首次尝试采用非接触方式，用雷达来监测人体呼吸活动，实现婴儿的呼吸暂停检测。2004 年第四军医大学王健琪教授团队在国内首次采用生物雷达技术实现了非接触式呼吸和心跳生理信号的检测，相继研发了基于连续波（continuous wave，CW）雷达和超宽带（ultra wide band，UWB）雷达的窗墙呼吸信号探测仪。

相较于呼吸判别，心率波形因其振动微弱更难以分离，2004 年 Olga Boric-Lubecke 团队采用多普勒雷达技术和距离相关效应实现了人体 0.5 m 距离处呼吸和心率波形的提取，但其仅有助于婴儿和成人的呼吸暂停检测，心率实际应用方面还需进一步探索。2010 年 Johannes Schumm 通过非接触式心电、特制安全带和皮肤温度传感器开发了一种用于测量乘客健康状态的智能飞机座椅，整个系统考虑运动伪影对非接触式生理信号质量的影响，研发了一种合适的伪影检测算法。

2015 年，美国麻省理工 Fadel Adib 发表了他们基于调频连续波(frequency modulated continuous wave，FMCW)雷达进行人体生理监测的研究成果，FMCW 雷达兼有 UWB(超宽带)雷达和 CW(连续波)雷达的优点，对细微运动位移十分敏感，它继承了 UWB 雷达强噪声下抗干扰较强的特点，适用于干扰环境下微弱生理信号检测，Fadel Adib 团队实现了非接触式呼吸和心率的精准感知，即使在信号穿墙或用户相距雷达 8 m 远时也可测得 90% 准确度以上的呼吸与心率值，该研究证明了未来非接触式感知生理体征信息的可行性。

目前，基于 FMCW 雷达提取的生理体征信号进行疲劳度评估研究仍处于起步阶段，存在着干扰环境下如何分离提纯呼吸心率以及如何对疲劳状态进行准确标定这两个亟须解决的问题，下面将着重针对这两个问题展开探讨。

1. 基于毫米波雷达的生理体征检测原理

利用德州仪器(TI)76～81 GHz 毫米波雷达传感器 AWR1642 和雷达数据采集板 DCA1000 捕获人体生理信号，AWR1642 和 DCA1000 实物如图 3-10 所示。通过对 FMCW 雷达中生理信号的理论模型机制分析可知，中频(IF)信号的频率、相位和胸部振动之间存在特定的相关性。然而，由于相位对多普勒效应的敏感性更强，呼吸和心跳信号通常来自相位信息，见式(3-25)。

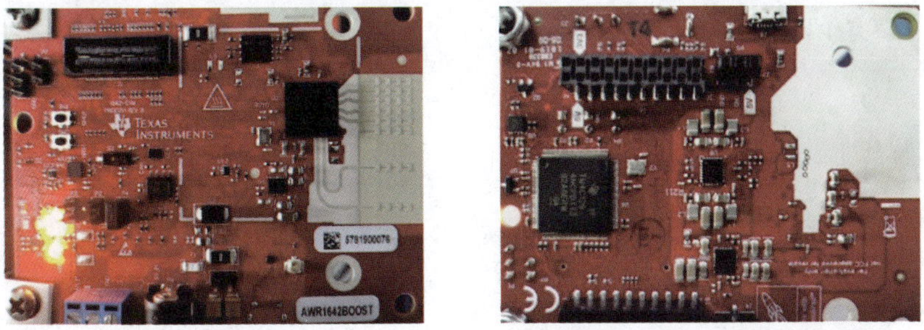

(a)TI-AWR1642 雷达板正面　　　(b)DCA1000 数据采集板正面

图 3-10　TI-AWR1642 雷达板和 DCA1000 数据采集板

$$\varphi(t)=\frac{4\pi[R+x(t)]}{\lambda} \tag{3-25}$$

式中　$\varphi(t)$——雷达相位信号；

R——人体与雷达的距离；

$x(t)$——人体胸部位移；

λ——波长。

一般来说，在正常成人呼吸中，胸壁位移变化范围为 1～12 mm，而心跳引起胸壁位移变化范围为 1～2 mm。呼吸和心跳信号都具有一定的周期性，心跳信号频率主要在 0.8～

2.0 Hz之间，呼吸信号频带在0.1～0.5 Hz之间。一种常见的方法是根据心跳和呼吸频率的特征设计两个带通滤波器，将呼吸和心跳信号分离，呼吸和心跳信号的IIR滤波器的参数见表3-27。

表3-27　呼吸信号与心跳信号IIR滤波器参数设置

参数名称	呼吸信号	心跳信号
通带截止频率	Fspss1＝0.1 Hz	Fspss1＝0.8 Hz
	Fspss2＝0.5 Hz	Fspss2＝1.9 Hz
阻带截止频率	Fstop1＝0.05 Hz	Fstop1＝0.7 Hz
	Fstop2＝0.6 Hz	Fstop2＝2.0 Hz
阻带最大衰减	Astop1＝60 dB	Astop1＝60 dB
	Astop2＝60 dB	Astop2＝60 dB

注：Fspss为通带截止频率，Fstop为阻带截止频率，Astop为阻带最大衰减。

经过IIR带通滤波器后呼吸信号和心跳信号分离结果如图3-11所示。从图3-11(a)呼吸波形中可以看出明显呈周期性变换的呼吸信号，没有杂波干扰导致其周期性紊乱，进一步从图3-11(b)频谱图也可以看出周围并无其他频率噪声峰值。从图3-11(c)、图3-11(d)中，虽然可以明显找到心率的峰值频率0.95 Hz，但分离后的心跳频段频谱中始终存在谐波和噪声频率，影响到心率峰值的提取和后续心率变异性特征的提取，需要进一步进行降噪优化。因此，信号分离重构的第二步重点针对心率波形，采用模态分解方式重建心跳信号，来抑制谐波和噪声的干扰。

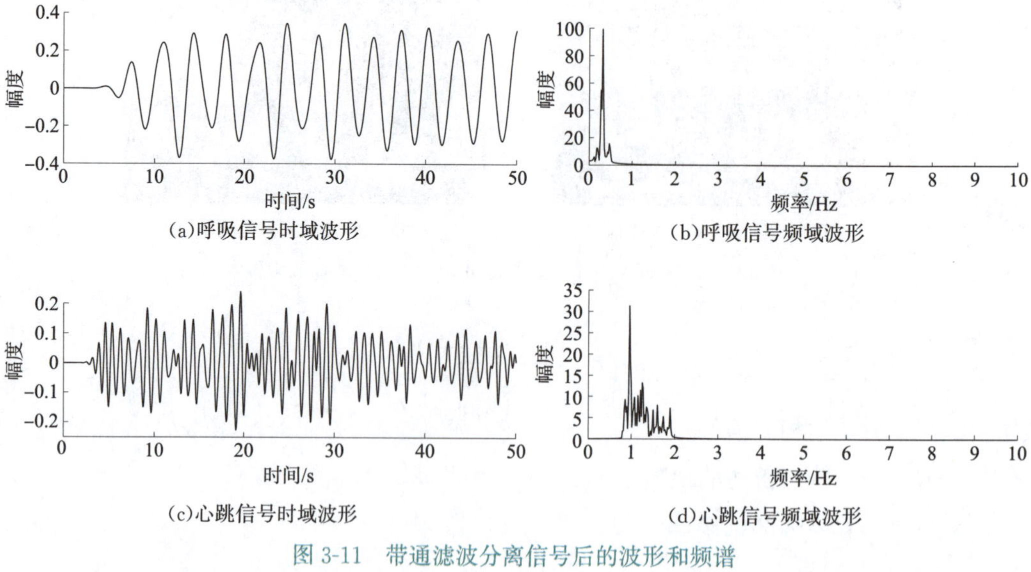

图3-11　带通滤波分离信号后的波形和频谱

由于心跳引起的微小振动，胸壁位移的幅度仅为呼吸引起的1/6左右，呼吸和心跳信号会相互干扰。变模态分解(VMD)是Dragomiretskiy于2014年提出的一种新的信号处理方法，通过控制带宽可以有效抑制模态混叠问题。与上述两种信号处理方法原理不同，VMD 算法通过迭代搜索变分模型的最优解，可以将任何信号分解成一系列频率带宽不同的本征模态函数(IMF)，从而能够有效分离所需信号和干扰噪声。然而 VMD 算法中存在两个超参数：分解层数 k 和惩罚因子 α，k 和 α 的参数设定均会影响信号分解质量。超参数 k 如果较小会发生模态混叠，使得有用信号中包含部分噪声，超参数 k 较大时会使得信号中重要成分分解为多个模态；超参数 α 用于平衡带宽约束，较大或较小时会造成带宽约束过紧或过松，会影响信号分解质量。因此，如何在不同应用场景下设定 k 和 α 两个超参数是信号变模态分解的难点。

这里采用了元启发式遗传算法和排列熵算法结合的方法寻找最优超参数，基于遗传算法和信号排列熵的变模态分解流程如图 3-12 所示，以信号最小排列熵为适应度函数，排列熵值代表了 VMD 所分解的 IMF 信号复杂度，即信号包含噪声程度，将其作为噪声分量的判别标准，在不断迭代改变分解层数 k 和惩罚因子 α 过程中寻找最优分解超参数。将遗传算法输出最优超参数 k 和 α 重新带入变模态分解算法流程，输出心跳信号模态分量，依据频谱图确定信号组成，选择心跳信号所属频段进行信号重构，获得降噪后心跳时域频域波形，如图 3-13 所示。通过与带通滤波后心跳时域频域结果对比可知，心跳所在 0.957 Hz 频率峰值被很好地分离提取，时域波形也不再出现明显的峰值跳变，间距存在明显的周期性，为后一步准确的疲劳状态识别提供了基础。

利用带通滤波算法和 VMD 模态分解重构算法，可以将原始雷达相位信号分解为呼吸信号和心跳信号。由于呼吸和心跳信号包含了大量与疲劳状态相关的信息，需要进一步从呼吸和心跳信号中提取相关特征，见表 3-28。

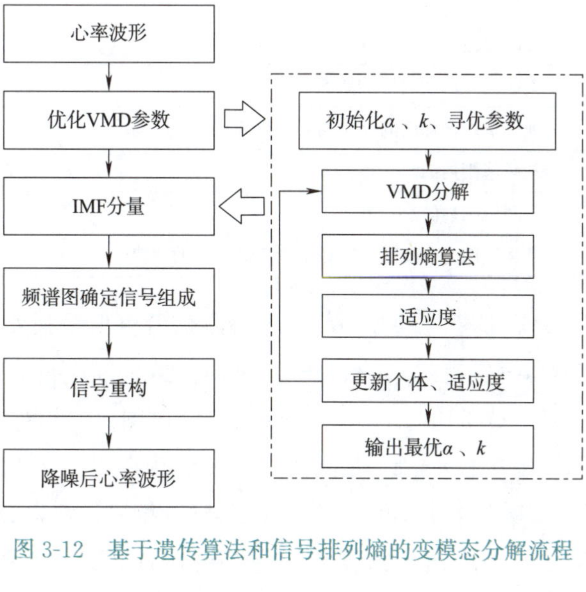

图 3-12　基于遗传算法和信号排列熵的变模态分解流程

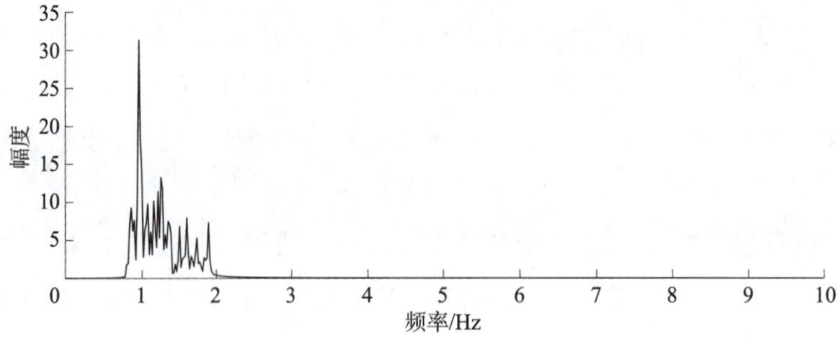

(a)心跳信号去噪前频域波形

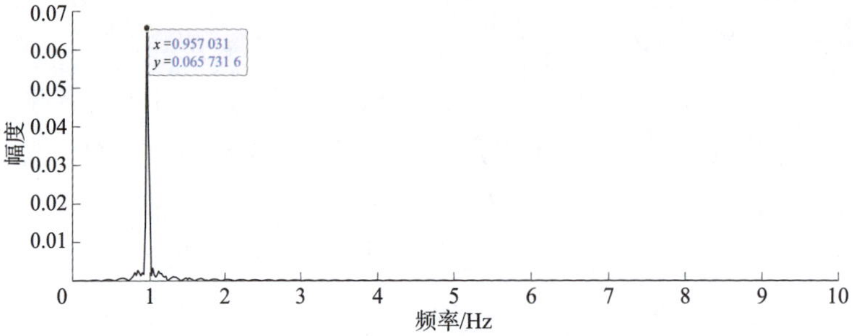

(b)心跳信号去噪后频域波形

图 3-13　原始与提取后的心跳信号时域频域对比

表 3-28　具体的生理特征汇总

特　征	描　述
呼吸率	每分钟呼吸数/(次·min^{-1})
心率	每分钟心跳数/(次·min^{-1})
IBI 间隔	心跳信号峰间间隔/ms
SDNN	资源循环区间的标准差
RMSSD	连续资源循环区间差的均方的平方根
LF	低频范围内的总功率
HF	高频范围内的总功率
LF/HF	低频范围内总功率与高频范围内总功率的比值

由于呼吸信号幅值是心跳信号的 5～6 倍，且心跳信号更易受到外界条件的干扰，因此拟将 FMCW 与医用 Holter(霍特尔)动态心电图仪的测量精度进行对比评估，分析被试在同一时间段下 FMCW 毫米波雷达与 Holter 医用动态心电图仪的相对误差，并以 Holter 为基准值对 FMCW 毫米波雷达心率估计精准度进行判断，为探讨基于 FMCW 毫米波雷达的疲劳检测的可行性提供依据。本次实验招募了 2 名被试，年龄分别为 24 岁和 25 岁，所有被试均为男性，身体状态正常，无生理行为障碍及心理疾病，且被试生活习性规律，前一天未发生熬夜、喝酒等行为，在实验 1 h 前没有发生剧烈运动、未食用含有咖啡因的相关食品药物。

本实验所需实验设备包括：记录被试基准生理数据的北京美高仪公司 MGY-H12 动态 Holter 医用级动态心电仪；IAWR1642 毫米波雷达和 DCA1000 数据采集板，配套 mmWave Studio 软件，用于雷达参数配置和雷达数据采集。

实验开始前需被试调整座椅和屏幕间距，保持舒适坐姿静坐，完成 Holter 电极片导线的安装和雷达设备的调试。实验开始时，被试需完成模拟道路监控任务，需保持警惕目视前方显示器运行界面，整个过程中不进行其他运动，完成时长 5 min 的监视任务。在此期间，在启动与停止 mmWave 雷达设备的同时在 Holter 设备进行打标签记录，实现采集数据时间的同步对标。实验结束后，提取同样时间刻度 Holter 和 mmWave 雷达数据，为保证数据的一致性，对 Holter 数据进行 20 Hz 重采样操作，两名被试采集的心率数据为 12 000 份，提取雷达相位数据并进行相位信号分离重构，分别对两种方法所得心率波形和心率值进行估计与对比分析。

Bland-Altman 是两种不同测量方法一致性对比的可视化分析方法，为了观察出 Holter 和 mmWave 测得心率的一致性水平，以 Holter 结果作为真实值，mmWave 结果作为估计值，采用模态分解重构后雷达测得心率和动态心电心率数据，Bland-Altman 结果如图 3-14 所示，横坐标为真实值和估计值平均和，纵坐标为两者之差，可以明显观察到散点基本上集中于 1.96 标准差内，认为两者方法具有较好的一致性，可以互相代替。通过毫米波雷达测得心率的方法整体精准度达到 95%以上，可以代替心电接触式方法作为检测司机疲劳状态的非接触式测量方法。

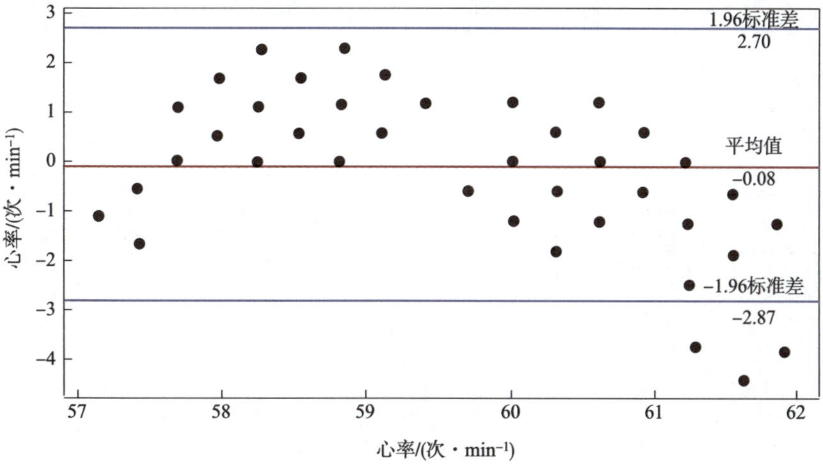

图 3-14　Bland-Altman 一致性对比结果

2. 受试者相关生理数据与疲劳状态采集

随着铁路运行控制系统和运输环境不断完善优化，自动化等级提升导致列车司机主动操作任务的减少和持续警惕的任务增加，使得他们从传统的体力工作负荷转变为主动疲劳和被动疲劳交叉循环的高脑力工作负荷。依据列车司机疲劳风险因素分析，发现诱发其产生的任务疲劳主要包含主动疲劳与被动疲劳两部分。铁路行业对司机认知需求的增加导致了司机主动疲劳的产生，铁路行业长时间单调驾驶任务和自动化等级提升导致的长时间持续性警惕任务导致司机被动疲劳的产生。脑力疲劳诱发范式可以有效诱发认知需求增加产生的主动疲劳，且被试实验任务通常简单且重复，与列车司机长时间单调驾驶任务需求相同；另外，列车司机驾驶过程需要进行长时间持续性警惕任务，因此拟采用与驾驶监控任务相似的脑力疲劳诱发范式（AX-CPT）来进行疲劳诱发。

实验以长时认知任务作为脑力疲劳诱发的主要方法，但传统长时认知任务疲劳诱发研究中存在以下问题：①直接以实验第 90 min 作为疲劳诱发程度最高分界点，但存在部分被试在实验第 60～80 min 提前达到疲劳状态，需根据实验数据找到具体疲劳诱发分界点；②仅依据单个指标差异性判别疲劳诱发是否成功，没有考虑融合多数据的变化趋势，疲劳分界点准确性较差。针对上述两个问题，将长时认知任务进一步分解为 1～10 个模块，通过探究长时认知任务过程中操作者疲劳程度和生理指标、AX-CPT 操作绩效之间的关系来验证疲劳诱发实验是否成功。为此提出如下假设：

假设 1：随着被试疲劳程度等级的提升，被试操作性能和绩效水平变差，操作反应时间随疲劳等级提升而不断上升；假设 2：随着被试疲劳程度等级的提升，被试操作性能和绩效水平变差，操作任务准确率随疲劳等级提升而不断下降；假设 3：随着被试疲劳程度等级的提升，被试操作性能和绩效水平变差，警惕按钮操作频率随疲劳等级提升而不断下降。根据上述三个假设拟从多维数据角度探寻操作者在整个实验过程中的疲劳分界点，作为后续生理数据疲劳状态标定的依据与支撑，实验目的与设计思路如图 3-15 所示。

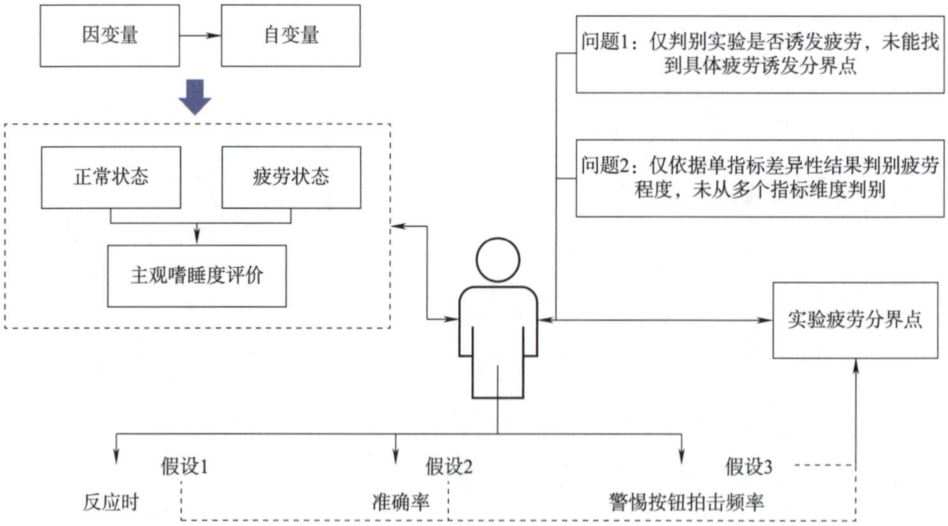

图 3-15　实验目的与设计思路

实验招募了 39 名年龄在 20 至 25 岁的被试（平均值＝22.15；标准差＝1.71）。男性 31 人，女性 8 人。所有被试的视力、色觉和听力均正常或矫正至正常，没有生理或心理障碍。所有被试均为北京交通大学本科生或研究生，身体状况正常，有规律的日常生活，并且在前一天没有熬夜或饮酒等。在数据收集之前，被试没有剧烈运动，也没有食用含咖啡因的食物或药物，确保每个被试达到实验所需的身体要求，所有被试均被告知实验目的并签署了书面知情同意书。

被试对疲劳水平的自我评估采用了卡罗林斯卡嗜睡量表，以此作为主观疲劳数据。此外，还测量了 AX-CPT 范式中的反应时间和准确性作为客观性能数据，以捕捉疲劳诱导过程中绩效水平的变化。为了进一步评估被试在疲劳过程中的客观表现，这里使用了一个手部按压式警惕按钮装置来模拟实际列车驾驶要求，被试被要求在 60 s 内按下按钮，按下按钮的频率被记录下来，作为他们客观绩效表现数据的一部分。整个实验的因变量主要包括来自 KSS 量表的主观评价数据，来自 AX-CPT 的反应时间（RT）和准确度（ACC）绩效数据、警戒按钮按压频率（PF）和来自 FMCW 雷达的心电数据。

数据收集在一个封闭而安静的房间里进行，整个过程分为三个阶段。第一阶段是准备和培训，被试在此阶段熟悉 AX-CPT 范例的基本操作。第二阶段是基线收集，被试在此阶段完成 10 min 的 AX-CPT 任务，以收集基线数据。第三阶段是疲劳诱导，该阶段持续 90 min，由 9 个模块组成，每个模块大约 10 min。在每个模块之间插入 KSS 主观量表供被试完成。疲劳诱发实验流程如图 3-16 所示。

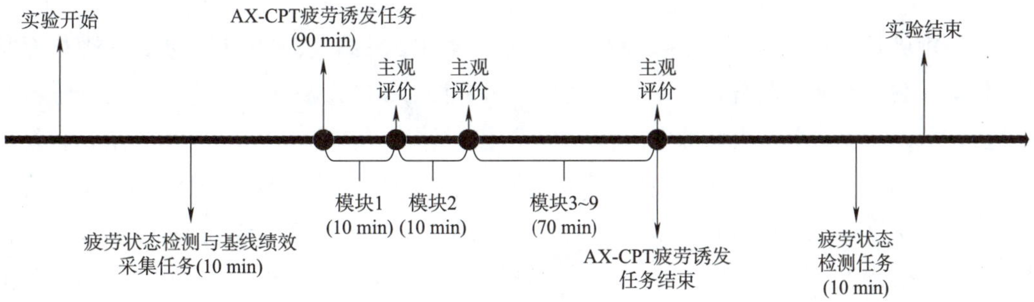

图 3-16　疲劳诱发实验流程

3. 基于毫米波雷达的生理体征的疲劳状态检测

一共获得分类学习总计样本 1 944 份，包含正常状态 1 296 份和疲劳状态样本 648 份，其中呼吸频域样本 243 份，心跳频域样本 243 份，心率变异性时域样本 729 份，心率变异性频域样本 729 份。基于上述数据，采用 10 折交叉验证法将数据集切分为训练集与验证集，其中训练集为 7 份，验证集为 3 份，迭代循环更新训练集和验证集进行模型训练和验证，分别对不同生理指标特征参数组合进行分类测试。

根据指标特点，从呼吸频率特征组合、心跳频率特征组合、心率变异性时域特征组合和心率变异性频域特征组合出发，计算单一维度特征在不同机器学习模型下的疲劳检测准确率。此外，由于注意机制已经成功地应用于各种特征提取和融合任务中，基于注意力机制提出了一种简单的多维特征融合网络，如图 3-17 所示。该网络以全连接网络为骨干，通过注意机制自动选择引人注目的特征，进一步提高疲劳状态的检测性能。多维特征信号通过注意模块的应用，加强了多个特征之间的依赖关系，使神经网络能够自适应地提取与疲劳状态相关的有意义的信息。

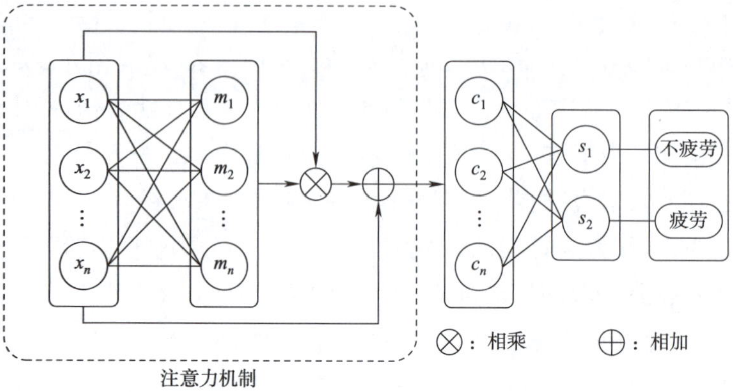

图 3-17　基于注意力机制的多维特征融合网络

注：x_i 表示多维特征，即输入数据或特征向量，这些特征向量被馈入注意力机制中进行处理。m_i 表示注意力机制的输出，也称为掩码或权重向量，它决定了哪些信息在当前上下文中是最重要的。c_i 表示特征映射或转换后的特征向量，通过注意力机制处理后的特征向量，可能捕捉到了更关键的信息。s_i 表示注意力分数或相似度得分，这是注意力机制计算每个特征与查询之间的匹配程度的结果，用于加权原始特征。

单一维度特征在不同机器学习模型下的疲劳检测结果见表 3-29，其中 RF 为随机森林算法，SVM 为支持向量机算法，FC 为全连接网络算法，AFC 为基于注意力机制的全连接网络算法。可以看出，在算法准确率比较方面，随机森林算法准确率最低，在第三组别特征的准确率分别为 54.44%、52.22%、53.95%，几乎接近于随机猜测；全连接网络和基于注意力机制的全连接网络则在一维特征识别中均具有较高的准确率且准确率相似，八项单一指标平均准确率分别为 72.29%和 72.00%。在特征准确率比较方面，第三组别特征具有较低的平均准确度，其中 LF，HF，LF/HF 在三个算法的平均准确率为 66.33%、65.78%、66.21%，这是由于被试出现疲劳恢复现象的影响，从而导致机器学习输入数据产生误判；相较于其他特征，心跳频率单一指标准确性最高，平均整体可达 72.46%，其中全连接网络预测准确率最高，可达到 75.83%。

表 3-29　单一维度特征在不同机器学习模型下的疲劳检测结果

算法	组别 1		组别 2			组别 3			特征平均
	呼吸	心跳	IBI 间隔	SDNN	RMSSD	LF	HF	LF/HF	
RF	64.69%	69.63%	68.15%	59.26%	54.32%	54.44%	52.22%	53.95%	59.58%
SVM	67.65%	70.62%	68.15%	65.80%	64.32%	66.67%	66.67%	66.67%	67.07%
FC	72.53%	75.83%	71.77%	70.53%	71.34%	72.11%	72.11%	72.11%	72.29%
AFC	70.82%	73.77%	72.33%	72.55%	70.20%	72.11%	72.11%	72.11%	72.00%
平均	68.93%	72.46%	70.10%	67.04%	65.05%	66.33%	65.78%	66.21%	67.74%

为了能进一步提高机器学习疲劳识别的准确性，将多维数据进行组合，来验证不同特征组合下的模型准确率，把单一特征进行叠加组合，在不同机器学习模型下的疲劳检测结果见表3-30。在特征的准确率比较中，基于多维特征的检测精度明显高于一维特征的检测精度。其中基于多维特征的识别算法比单维特征识别算法平均高出8.71%(RF)、4.33%(SVM)、2.76%(FC)、3.16%(AFC)。随着特征维数的增加，识别准确率整体呈上升趋势，融合后的平均识别准确率最高，其中基于注意力机制的全连接网络融合所有特征之后达到最高准确度80.21%。以上结果表明，多维数据的融合可以有效提高疲劳检测的精度，提高识别的稳定性。在算法的准确率比较中，融合所有特征后，基于注意力机制的全连接网络算法疲劳分类方法中准确率最高，分别比RF算法高6.26%，比SVM算法高7%，比FC算法高1.22%，这表明基于注意力机制的全连接网络算法可以有效地融合多维特征，并在多维特征的疲劳检测精度方面达到较好的性能。

表3-30 多维度特征在不同机器学习模型下的疲劳检测结果

算法	组别1	组别2	组别3	组别1+2	组别1+3	组别2+3	组别1+2+3
RF	66.91%	68.64%	53.70%	73.83%	70.49%	70.49%	73.95%
SVM	73.83%	70.25%	66.67%	74.44%	70.62%	70.74%	73.21%
FC	72.11%	74.54%	71.26%	77.23%	75.98%	75.26%	78.99%
AFC	75.52%	70.37%	71.66%	78.41%	75.77%	74.15%	80.21%
平均	72.09%	70.95%	65.82%	75.98%	73.21%	72.66%	76.59%

目前虽然可穿戴个体生理监测设备由于低负荷、可移动操作、使用简便、支持长时连续工作和无线数据传输等特点在许多行业获得了广泛的应用，但是在铁路领域，由于涉及隐私，数据采集和管理存在着一定的困难，大规模佩戴导致设备的采购和维护成本较高，因此，基于毫米波等非接触式生理特征监测技术进行列车驾驶在途疲劳监测是一个值得探索的方向。

我国既有动车组为了保证行车安全均安装有司机操控信息分析系统(EOAS)，在采集列控车载设备信息、车辆信息、列车无线调度通信信息和线路视频信息的同时，还能采集司机的音视频信息，这就为高铁司机在途疲劳的非接触式检测创造了条件。本章在实验室环境下结合毫米波雷达和司机视频信息进行了二者融合的疲劳检测，疲劳识别精度较单一维度有了显著的提高，未来可以结合高铁司机值乘时指差呼唤制度，进一步将司机的音频信息整合进来，实现音、视频和毫米波的多模态融合，达到列车司机在途疲劳状态实时准确监测的目的。

参考文献

[1] FILTNESS A J,NAWEED A. Causes,consequences and countermeasures to driver fatigue in the rail industry:the train driver perspective[J]. Applied ergonomics,2017,60:12-21.

[2] KIM D S,YOON W C. An accident causation model for the railway industry:application of the model to 80 rail accident investigation reports from the UK[J]. Safety science,2013,60:57-68.

[3] AULIANI S, IRIDIASTADI H. Factors causing train driver fatigue: a systematic review[C]// Proceedings of the Second Asia Pacific International Conference on Industrial Engineering and Operations Management,Surakarta,Indonesia. [S. l. :s. n.], 2021:2880-2886.

[4] FAN C J,HUANG S F,LIN S X,et al. Types,risk factors,consequences,and detection methods of train driver fatigue and distraction[J]. Computational intelligence and neuroscience,2022,10.

[5] BROWN I D. Driver fatigue and road safety[J]. Alcohol,drugs & driving,1993,9(3/4):239-252.

[6] BRIDGER R. Introduction to ergonomics[M]. London:Routledge,2008.

[7] GRANDJEAN E. Fatigue in industry[J]. Occupational and environmental medicine, 1979, 36(3): 175-186.

[8] WILLIAMSON A,LOMBARDI D A,FOLKARD S,et al. The link between fatigue and safety[J]. Accident analysis & prevention,2011,43(2):498-515.

[9] BARR L, YANG C, HANOWSKI R J, et al. An assessment of driver drowsiness, distraction, and performance in a naturalistic setting: FMCSA-RRR-11-010[R]. Arlington: U. S. Department of Transportation Federal Motor Carrier Safety Administration,2011.

[10] WILLIAMSON A,FRISWELL R. Fatigue in the workplace:causes and countermeasures[J]. Fatigue: biomedicine,health & behavior,2013,1(1/2):81-98.

[11] Office of Rail Regulation. Managing rail staff fatigue[R]. London:British Office of Rail Regulation, 2012.

[12] LANDOLT H P,DIJK D J,ACHERMANN P,et al. Effect of age on the sleep EEG:slow-wave activity and spindle frequency activity in young and middle-aged men[J]. Brain research,1996,738(2): 205-212.

[13] THOMAS P,MUHLRAD N,HILL J,et al. Fatigue,deliverable 4. 8 h of the EC FP7 project DaCoTA [R]. Athens:European Commission Transport Safety Research Centre,2012.

[14] MOORE-EDE M. Evolution of fatigue risk management systems: the "tipping point" of employee fatigue mitigation[R]. Stoneham:CIRCADIAN,2010.

[15] DAWSON D,MCCULLOCH K. Managing fatigue:it's about sleep[J]. Sleep medicine reviews,2005,9 (5):365-380.

[16] IATA,ICAO,IFALPA. Fatigue risk management systems:implementation guide for operators[R]. Montreal:International Air Transport Association,2011.

[17] DINGES D F,MALLIS M. Managing fatigue by drowsiness detection:can technological promises be realized? [C]// 3rd International Conference on Fatigue and Transportation, Perth, Australia. Murdoch:Murdoch University,1998:161-176.

[18] RSSB. Fatigue and shift work for freight locomotive drivers and contract trackworkers: T699[R]. London: Rail Safety Standards Board, 2011.

[19] DEMBE A E, ERICKSON J B, DELBOS R G, et al. The impact of overtime and long work hours on occupational injuries and illnesses: new evidence from the United States[J]. Occupational and environmental medicine, 2005, 62(9): 588-597.

[20] RSSB. Human factors study of fatigue and shift work: main report: guidelines for the management and reduction of fatigue in train drivers: T059[R]. London: Rail Safety Standards Board, 2006.

[21] VAN DONGEN H P, MAISLIN G, MULLINGTON J M, et al. The cumulative cost of additional wakefulness: dose-response effects on neurobehavioral functions and sleep physiology from chronic sleep restriction and total sleep deprivation[J]. Sleep, 2003, 26(2): 117-126.

[22] 童建,李清壁. 生物节律与轮班工作制[J]. 劳动保护,1990(2):42-44.

[23] HEDGES J N, SEKSCENSKI E. Workers on late shifts in a changing economy[R]. Washington, D. C.: US Department of Labor, Bureau of Labor Statistics, 1980.

[24] COSTA G. Shift work and occupational medicine: an overview[J]. Occupational medicine, 2003, 53(2): 83-88.

[25] AKERSTEDT T, FREDLUND P, GILLBERG M, et al. Work load and work hours in relation to disturbed sleep and fatigue in a large representative sample[J]. Journal of psychosomatic research, 2002, 53(1): 585-588.

[26] 张中央,李瑞荣. 动车组操纵与安全[M]. 成都:西南交通大学出版社,2008.

[27] 方卫宁,张嫞,鄂明成,等. 轮班制度对于地铁司机疲劳的影响[J]. 中国安全科学学报,2010,20(2):17-22,177.

[28] HÄRMÄ M, SALLINEN M, RANTA R, et al. The effect of an irregular shift system on sleepiness at work in train drivers and railway traffic controllers[J]. Journal of sleep research, 2002, 11(2): 141-151.

[29] SPENCER M, ROBERTSON K, FOLKARD S. The development of a fatigue/risk index for shiftworkers: RR446[R]. Suffolk: Health and Safety Executive, 2006.

[30] ROGERS A, SPENCER M, STONE B. Validation and development of a method for assessing the risks arising from mental fatigue: RR254[R]. Suffolk: Health and Safety Executive, 1999.

[31] CRUZ C, BOQUET A, DETWILER C, et al. Clockwise and counterclockwise rotating shifts: effects on vigilance and performance[J]. Aviation, space, and environmental medicine, 2003, 74(6): 606-614.

[32] NESTHUS T, CRUZ C, BOQUET A, et al. Circadian temperature rhythms in clockwise and counter-clockwise rapidly rotating shift schedules[J]. Journal of human ergology, 2001, 30(1/2): 245-249.

[33] MCGUFFOG A, SPENCER M, TURNER C, et al. Working patterns of train drivers: implications for fatigue and safety: T059[R]. London: Rail Safety Standards Board, 2004.

[34] NERI D F, OYUNG R L, COLLETTI L M, et al. Controlled breaks as a fatigue countermeasure on the flight deck[J]. Aviation, space, and environmental medicine, 2002, 73(7): 654-664.

[35] COSTA G. The impact of shift and night work on health[J]. Applied ergonomics, 1996, 27(1): 9-16.

[36] MONK T H,FOLKARD S. Making shiftwork tolerable[M]. London:CRC Press,1992.

[37] BOWLER N,GIBSON H. Fatigue and its contributions to railway incidents[R]. London:Rail Safety and Standards Board,2015.

[38] 张嫵,方卫宁,鄂明成,等. 地铁列车司机轮班疲劳风险分析[J]. 铁道运输与经济,2010,32(4):90-94.

[39] 大岛正光. 疲劳的研究[M]. 东京:同文书院,1979.

[40] 李思,方卫宁,吴捷,等. 2种地铁司机轮班疲劳评价方法的比较[J]. 中国安全科学学报,2019,29(2):7-12.

[41] 酒井一博. 日本职业卫生学会工业疲劳研究会编制的"疲劳主观症状调查"的修订[J]. 劳动科学,2002,57(5):295-298.

[42] 张振祥,张璟. 关于日本《疲劳症状自评量表》(2002)[J]. 人类工效学,2003,9(3):60-62.

[43] ASCHOFF J. A survey on biological rhythms[M]// ASCHOFF J. Biological rhythms. New York:Springer,1981.

[44] DAAN S,BEERSMA D G M S,BORBÉLY A A. Timing of human sleep:recovery process gated by a circadian pacemaker[J]. American Journal of physiology-regulatory, integrative and comparative physiology,1984,246(2):161-183.

[45] YOU X D,ZHU L,LIU Z G,et al. Experimental study on the relationship between fatigue and unsafe behavior of urban rail transit drivers[J]. Transportation research record,2021,2675(10):1151-1160.

[46] KAIDA K,TAKAHASHI M,AKERSTEDT T,et al. Validation of the Karolinska sleepiness scale against performance and EEG variables[J]. Clinical neurophysiology,2006,117(7):1574-1581.

[47] HODDES E,ZARCONE V,SMYTHE H,et al. Quantification of sleepiness:a new approach[J]. Psychophysiology,1973,10(4):431-436.

[48] INGRE M,AKERSTEDT T,PETERS B,et al. Subjective sleepiness,simulated driving performance and blink duration:examining individual differences[J]. Journal of sleep research,2006,15(1):47-53.

[49] OTMANI S,PEBAYLE T,ROGE J,et al. Effect of driving duration and partial sleep deprivation on subsequent alertness and performance of car drivers[J]. Physiology & behavior,2005,84(5):715-724.

[50] THIFFAULT P,BERGERON J. Monotony of road environment and driver fatigue:a simulator study[J]. Accident analysis & prevention,2003,35(3):381-391.

[51] LI Z J,LI S B E,LI R J,et al. Online detection of driver fatigue using steering wheel angles for real driving conditions[J]. Sensors,2017,17(3):495-506.

[52] HU S Y,ZHENG G T. Driver drowsiness detection with eyelid related parameters by support vector machine[J]. Expert systems with applications,2009,36(4):7651-7658.

[53] PENG Z,RONG J,WU Y,et al. Exploring the different patterns for generation process of driving fatigue based on individual driving behavior parameters[J]. Transportation research record,2021,2675(8):408-421.

[54] WAKITA T,OZAWA K,MIYAJIMA C,et al. Driver identification using driving behavior signals[J]. IEICE transactions on information and systems,2006,89(3):1188-1194.

[55] SAHAYADHAS A, SUNDARAJ K, MURUGAPPAN M. Detecting driver drowsiness based on sensors: a review[J]. Sensors, 2012, 12(12): 16937-16953.

[56] SAINI V, SAINI R. Driver drowsiness detection system and techniques: a review[J]. International journal of computer science and information technologies, 2014, 5(3): 4245-4249.

[57] BRETZNER L, KRANTZ M. Towards low-cost systems for measuring visual cues of driver fatigue and inattention in automotive applications[C]// IEEE. IEEE International Conference on Vehicular Electronics and Safety, Xi'an. [S. l. : s. n.], 2005: 161-164.

[58] AIDMAN E, CHADUNOW C, JOHNSON K, et al. Real-time driver drowsiness feedback improves driver alertness and self-reported driving performance[J]. Accident analysis & prevention, 2015, 81: 8-13.

[59] ALIOUA N, AMINE A, RZIZA M. Driver's fatigue detection based on yawning extraction[J]. International journal of vehicular technology, 2014: 1-7.

[60] LI G, CHUNG W Y. Detection of driver drowsiness using wavelet analysis of heart rate variability and a support vector machine classifier[J]. Sensors, 2013, 13(12): 16494-16511.

[61] JAGANNATH M, BALASUBRAMANIAN V. Assessment of early onset of driver fatigue using multimodal fatigue measures in a static simulator[J]. Applied ergonomics, 2014, 45(4): 1140-1147.

[62] JUNG S J, SHIN H S, CHUNG W Y. Driver fatigue and drowsiness monitoring system with embedded electrocardiogram sensor on steering wheel[J]. IET intelligent transport systems, 2014, 8(1): 43-50.

[63] 李莉,朱经武,曹银祥,等. 迷走神经和交感神经系统不同活动状态对心率变异性的影响[J]. 生理学报,1998,50(5):519-524.

[64] WANG J S, CHUNG P C, WANG W H, et al. Driving conditions recognition using heart rate variability indexes[C]// IEEE. 6th International Conference on Intelligent Information Hiding and Multimedia Signal Processing, Darmstadt, Germany. [S. l. : s. n.], 2010: 389-392.

[65] KRAJEWSKI J, SOMMER D, TRUTSCHEL U, et al. Steering wheel behavior based estimation of fatigue[C]// 5th International Driving Symposium on Human Factors in Driver Assessment, Training, and Vehicle Design: Driving Assessment, Iowa City. Iowa: University of Iowa, 2009: 118-124.

[66] LEE B G, CHUNG W Y. Driver alertness monitoring using fusion of facial features and bio-signals [J]. IEEE sensors journal, 2012, 12(7): 2416-2422.

[67] 方震,简璞,张浩,等. 基于FMCW雷达的非接触式医疗健康监测技术综述[J]. 雷达学报,2022,11(3):499-516.

[68] WU T, BLAZEK V, SCHMITT H J. Photoplethysmography imaging: a new noninvasive and noncontact method for mapping of the dermal perfusion changes[C]// SPIE. Optical techniques and instrumentation for the measurement of blood composition, structure, and dynamics, Amsterdam, Netherlands. [S. l. : s. n.], 2000, 4163: 62-70.

[69] LIU J, CHEN Y, WANG Y, et al. Monitoring vital signs and postures during sleep using WiFi signals [J]. IEEE internet of things journal, 2018, 5(3): 2071-2084.

[70] ADIB F, MAO H, KABELAC Z, et al. Smart homes that monitor breathing and heart rate[C]// ACM. 33rd annual ACM conference on human factors in computing systems, Seoul, Korea. [S. l. : s. n.], 2015:837-846.

[71] CARO C G, BLOICE J A. Contactless apnoea detector based on radar[J]. The lancet, 1971, 298 (7731):959-961.

[72] 杨冬. 基于非接触生命参数检测系统的信号处理技术研究[D]. 西安:第四军医大学, 2005.

[73] DROITCOUR A D, BORIC-LUBECKE O, LUBECKE V M, et al. Range correlation and I/Q performance benefits in single-chip silicon Doppler radars for noncontact cardiopulmonary monitoring[J]. IEEE transactions on microwave theory and techniques, 2004, 52(3):838-848.

[74] SCHUMM J, SETZ C, BÄCHLIN M, et al. Unobtrusive physiological monitoring in an airplane seat [J]. Personal and ubiquitous computing, 2010, 14(6):541-550.

[75] 侯宛伶. 基于毫米波雷达的驾驶员疲劳检测方法研究[D]. 大连:大连理工大学, 2020.

[76] DONG Z, ZHANG M, SUN J, et al. A fatigue driving detection method based on frequency modulated continuous wave radar[C]// IEEE. 2021 IEEE International Conference on Consumer Electronics and Computer Engineering(ICCECE), Guangzhou. [S. l. : s. n.], 2021:670-675.

[77] DRAGOMIRETSKIY K, ZOSSO D. Variational mode decomposition[J]. IEEE transactions on signal processing, 2013, 62(3):531-544.

[78] JAP B T, LAL S, FISCHER P. Comparing combinations of EEG activity in train drivers during monotonous driving[J]. Expert systems with applications, 2011, 38(1): 996-1003.

[79] BALASUBRAMANIAN V, ADALARASU K. EMG-based analysis of change in muscle activity during simulated driving[J]. Journal of bodywork and movement therapies, 2007, 11(2): 151-158.

[80] CHENG B, ZHANG W, LIN Y, et al. Driver drowsiness detection based on multisource information [J]. Human factors and ergonomics in manufacturing & service industries, 2012, 22(5): 450-467.

[81] 张天龙. 基于非接触式的列车司机在途疲劳状态检测方法研究[D]. 北京:北京交通大学, 2023.

第4章 高速列车驾驶界面布局与设计

高速列车驾驶界面对保障列车行车安全、降低维护成本和换乘风险起到了至关重要的作用，人机交互系统是人与列车进行信息交流的主要渠道，其显控器件的布局设计需要考虑司机安全、高效、便捷的操作，因此在其布局设计中需要引入人因学基本原则。由于显控器件布局的人因学基本原则具有较大的主观性，难以量化，这增加了器件布局设计模型的建立难度。本章通过分析布局设计的人因学基本原则，明确其对于器件布局设计的实质需求，采用模糊规划将这些人因学基本原则融入目标函数中，构建列车驾驶人机交互系统显控器件布局设计模型。

4.1 列车驾驶界面的布局设计原则与流程

4.1.1 驾驶界面布局的人因学基本原则

理想情况下，为实现显控器件的目标功能，需要将显控器件放置在最佳位置。这种最佳位置取决于人的能力，以及人体测量学和生物力学特征。然而，通常不可能将每个器件都放置在其最佳位置，将控制器件放置在最佳位置以获得快速响应，可能会使其与相关的显示器件分离。为了使这种潜在的混乱秩序化，需要设定优先级并进行权衡，而在进行权衡之前，应确定基本的人因学原则。

人机交互界面布局涉及的人因学基本原则主要有重要性原则、使用频率原则、相关性原则和功能分组原则等。重要性原则指出重要的器件应放置在便于操作或观察的位置。重要性是指器件对实现系统目标的重要程度，通常由系统运行专家确定。使用频率原则规定使用频繁的器件应放置在便于操作或观察的位置。例如，在列车驾驶中规定每间隔一定时间需要进行无人警惕操作，因此，无人警惕按钮的使用频率非常高，其位置应靠近最便捷的操作位置。相关性原则要求在存在操作或观察顺序的人机交互系统上，器件应根据这些操作或观察顺序进行放置或组织。功能分组原则要求涉及同一功能的器件放置在同一区域内。在操作系统中，功能相关的显示器和控制器件应分为一组，如温度指示器和温度控制器应放置在邻近区域内。

根据以上定义,可以将四项人因学基本原则分为两组,分别为器件特性组和器件关系组。

器件特性组包括重要性原则和使用频率原则,两个原则均是根据单个器件的特性对器件的布置位置进行设置。特性佳的器件布置在便于操作的位置,然而,这两种特性通常会出现矛盾。鉴于便于作业者操作的区域是有限的,重要性原则和使用频率原则之间存在一定的冲突,这是人机交互系统布局需要解决的一个问题。

器件关系组包括相关性原则和功能分组原则,两个原则均是依据器件之间的特性匹配来对器件的位置排列进行设置。然而,在一般情况下,作业任务通常会涉及多个功能组的器件,这使得人机交互系统布局难以满足两个原则的要求。因此,如何协调两个原则之间的关系是人机交互系统布局需要解决的另一个问题。

4.1.2 驾驶界面布局设计流程

《控制中心的人类工效学设计　第 4 部分:工作站布局和尺寸》(ISO 11064-4)阐述了工作站的系统性设计方法,可以作为驾驶界面布局设计的总体流程。该方法的流程如图 4-1 所示。

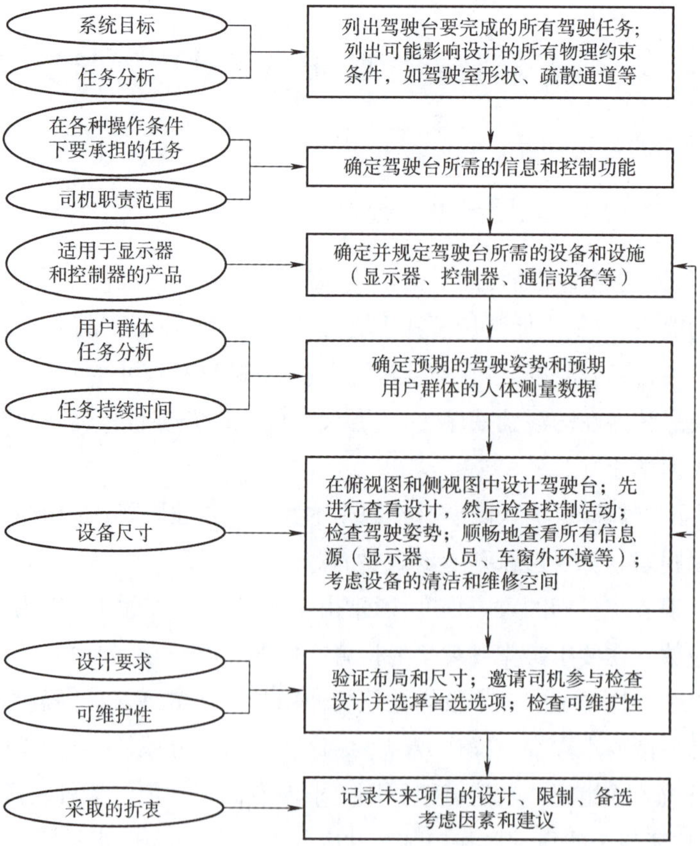

图 4-1　驾驶界面布局总体流程

从图 4-1 可以看出，该流程主要对设计总体过程进行了规范，即需求分析—设备选型—驾驶界面布局—驾驶界面评价四步骤，而对每一步如何进行没有明确说明。因此，本章将详细介绍驾驶界面布局和驾驶界面评价方法，为工程项目的实施提供技术支持。

4.2　列车驾驶界面布局生成算法

4.2.1　驾驶界面的工效学分区

从 4.1.1 节可以看出，器件特性组原则均需要将重要度高、操作频率高的器件布置在便于操作或观察的位置。器件特性可以通过专家打分法和任务分析法获得。本节依据 *Humanscale* 和《中国成年人人体尺寸》(GB/T 10000)中的人体尺寸，从观察和操作两个角度出发，对人机交互系统的交互界面进行分区，为显控界面的空间布局提供依据。

1. 视野区域的划分

视野区域的划分如图 4-2 所示。可以将单侧视野区域划分为 5 个区域，分别为最佳视野区[0°,15°)、较佳视野区[15°,35°)、一般视野区[35°,45°)、较差视野区[45°,79°)和最差视野区[79°,90°]。

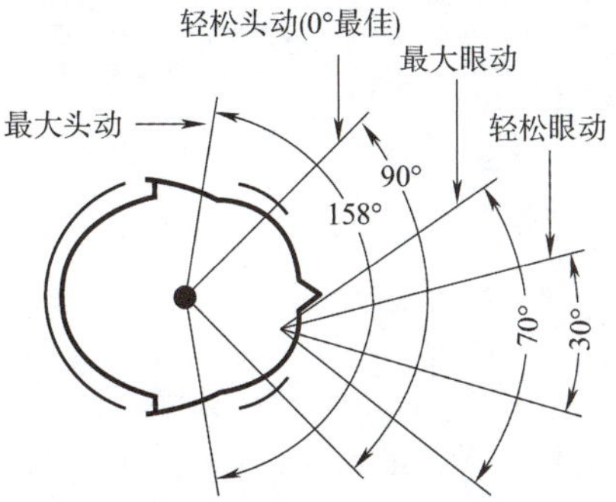

图 4-2　视野区域的划分

2. 操作区域的划分

对人机交互系统的作业者不应有体型限制，因而在进行人机交互系统的显控器件布局时，应充分考虑不同身材的作业者。这里以典型体型的人体尺寸，即第 5 百分位女性、第 5 百分位男性、第 50 百分位男性和第 95 百分位男性为依据，综合考虑 90%的人的操作便捷，对操作区域进行划分。第 50 百分位男性人体的尺寸如图 4-3 所示。

综合典型人体尺寸的操作分区，将重叠区域作为过渡区域，得到 15 个分区，见图 4-4 和表 4-1。

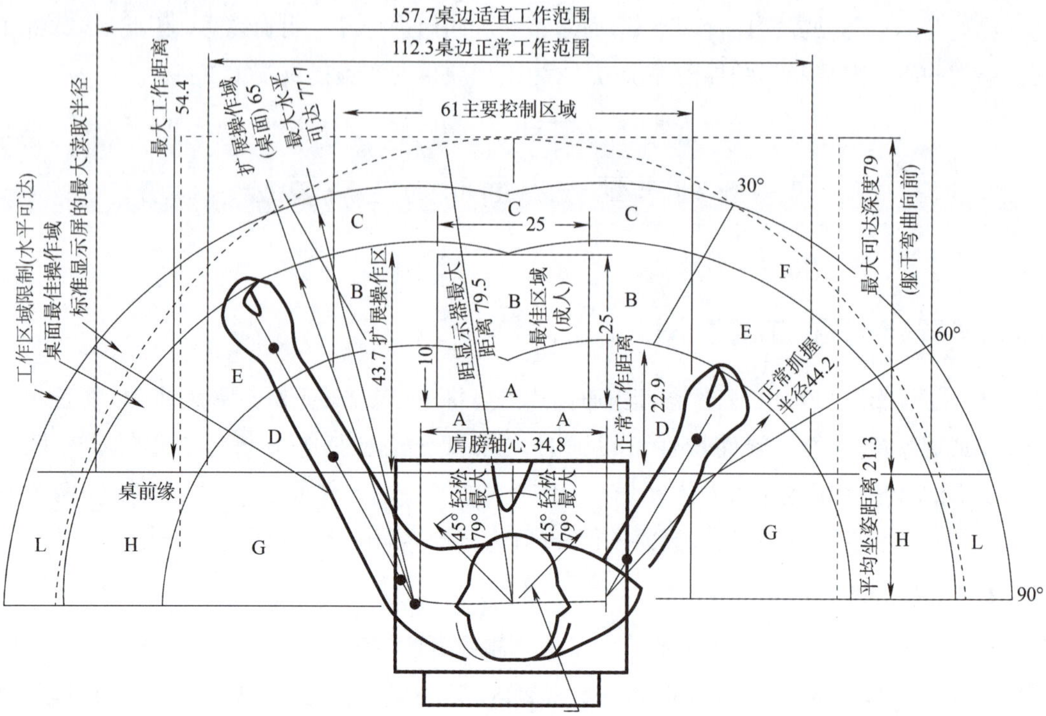

图 4-3　第 50 百分位男性人体的尺寸(单位:cm)

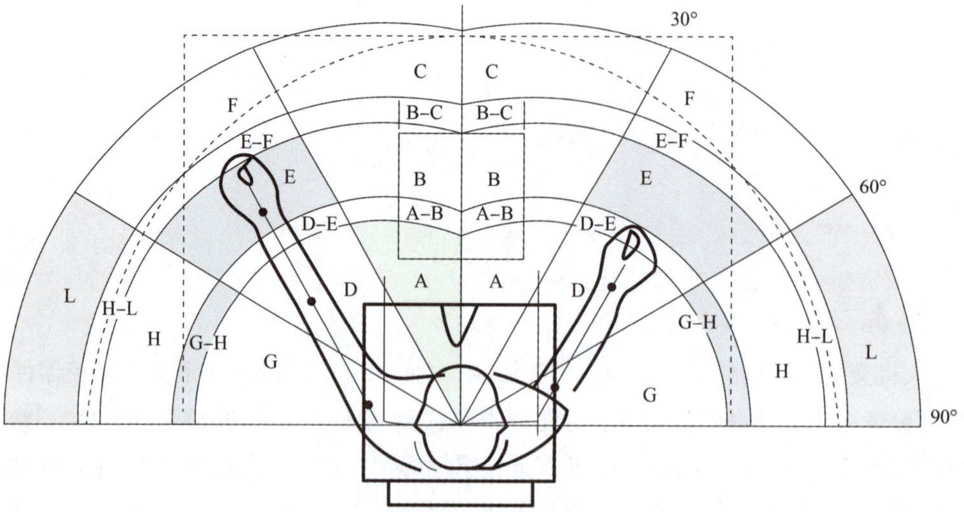

图 4-4　操作区域的划分

表 4-1　综合典型人体尺寸的操作分区

与肩点的距离 x/cm	与正前方的角度 α/(°)		
	$0° \leqslant \alpha < 30°$	$30° \leqslant \alpha < 60°$	$60° \leqslant \alpha < 90°$
$0 \leqslant x < 40.45$	A	D	G
$40.45 \leqslant x < 45.55$	AB 过渡	DE 过渡	GH 过渡
$45.55 \leqslant x < 59.85$	B	E	H
$59.85 \leqslant x < 66.15$	BC 过渡	EF 过渡	HL 过渡
$66.15 \leqslant x < 81.35$	C	F	L

当进行不同的任务操作时，由于作业者使用的手部部位不同，其可控制的范围及精细程度存在一定的差异，基于 *Humanscale*，各个操作区域的使用条件及视觉类型划分见表 4-2。

表 4-2　各个操作区域的使用条件及视觉类型

控制区域	对应操作区域	使用条件	对应操作区域	视觉类型	对应操作区域
舒适操作范围	A、AB 过渡、B、D、DE 过渡、E	使用频繁	A、AB 过渡、B、D、DE 过渡、E、G、GH 过渡、H	精确作业	A、AB 过渡、B、BC 过渡、C、D、DE 过渡、E、EF 过渡、F
手可及范围(按钮、开关)	任何区域	较少使用	C、F、L	非精确作业	G、GH 过渡、H、HL 过渡、L
手抓捏可及范围(旋钮)	A、AB 过渡、B、D、DE 过渡、E、G、GH 过渡、H	连续或紧急使用	A、AB 过渡、B、D	盲视作业	B、E
手握轴可及范围(手柄)	B、E、H	双手操纵	A、AB 过渡、B、BC 过渡、C	—	—

4.2.2　驾驶界面布局的数学建模

依据 4.2.1 节的人机交互系统布局原则和分区，针对人因学基本原则的模糊特性，为将其融入人机交互界面布局设计中，采用模糊数学的隶属度将人因学基本原则进行量化。根据显控器件大小不一的几何特性，建立 0-1 整数规划布局模型。

1. 变量设置

为方便人机交互系统布局建模，列出相关符号及其含义，见表 4-3。

表 4-3　布局模型符号及其含义

指　　标	含　　义
$G=\{(x,y) \mid 0 \leqslant x \leqslant L, 0 \leqslant y \leqslant W, x,y \in \mathbf{Z}\}$	格点集及其坐标，其中 x,y 是整数
d	显控器件集($d=1,2,\cdots,D$)
参数	
L	人机交互 2 系统显控界面长度
W	人机交互系统显控界面宽度

续上表

指　标	含　义
SDP_l	左肩点(图 4-4)
SDP_r	右肩点(图 4-4)
L_d	器件 d 的长度
W_d	器件 d 的宽度
im_d	器件 d 的重要性
f_d	器件 d 的使用频率
$r_{d_1}^{d_2}$	器件d_1与d_2之间的相关性
$cl_{d_1}^{d_2}$	$\begin{cases}1,器件d_1与d_2属于同一功能分组\\0,器件d_1与d_2不属于同一功能分组\end{cases}$
α	器件-头部中轴连线与人正前方的夹角
Dis_{dxy}	器件 d 在格点(x,y)上时与两个肩点距离的最小值
$Fit_{d_1x_1y_1}^{d_2x_2y_2}$	器件d_1在格点(x_1,y_1)和器件d_2在格点(x_2,y_2)时两者之间的菲茨时间
I_{dxy}	器件 d 在格点(x,y)上时的重要性评价
F_{dxy}	器件 d 在格点(x,y)上时的使用频率评价
$R_{d_1x_1y_1}^{d_2x_2y_2}$	器件d_1在格点(x_1,y_1)和器件d_2在格点(x_2,y_2)时的相关性评价
$CL_{d_1x_1y_1}^{d_2x_2y_2}$	器件d_1在格点(x_1,y_1)和器件d_2在格点(x_2,y_2)时的功能分组评价
决策变量	
P_{dxy}	$\begin{cases}1,器件d放置在格点(x,y)上\\0,器件d未放置在格点(x,y)上\end{cases}$
决策目标	
I	依据重要性原则对显控界面的评价值
F	依据使用频率原则对显控界面的评价值
R	依据相关性原则对显控界面的评价值
CL	依据功能分组原则对显控界面的评价值

设定一个 $L\times W$ 的矩形人机交互系统显控界面，人机交互系统显控器件布局问题即是要将显控器件集 d 中的所有显控器件放置在显控界面上，并满足空间和人因约束。

由于人机交互系统显控界面是一个平面，在该平面上建立一个二维笛卡尔坐标系，坐标系原点位于显控界面的左下角，整数坐标点被认为是格点，而显控器件的参考点是器件的中心点，显控器件只能放置在格点上。作业者坐于显控界面中轴线上，结合图 4-4 可得作业者中心坐标为$(L/2,-20.45)$。

2. 目标函数的建立

由于人因学基本原则具有较强的主观性，因此依据这些人因学基本原则，建立四个模糊目标函数，作为人机交互系统显控器件布局问题的优化方向。依据 4.1.1 节所述，四项人因学基本原则可以分为器件特性组和器件关系组两类，根据两类的特点，其评价方法亦不相同。

(1)器件特性组的评价

器件特性组的评价是器件本身特性与器件所在位置之间匹配程度的评价，器件本身的特性，即重要性 im_d 和使用频率 f_d，分别由专家打分和任务分析获得，器件位置根据 4.2.1 节中的分区划分，因此，可将器件所在位置转化为角度和距离作为器件评价的依据。由于人对角度和距离的感知是模糊而连续的，因而采用模糊综合评价法对器件特性组进行评价。

①显示器件的评价

对于显示器件，其评价指标为角度 α，角度的论域为[0°，90°)，评语集为 u={匹配，较匹配，一般匹配，一般不匹配，较不匹配，不匹配}={6,5,4,3,2,1}。

显控器件依据其重要性和使用频率的特性，由高到低分成一级、二级、三级、四级和五级共五个等级。根据视野区域的划分，以分区界限值为节点，均匀设置隶属度，则可得到界限角度处的隶属度值。使用三角形(梯形)隶属度函数作为模型构建角度与匹配程度之间的隶属度函数，则可建立各个等级器件的隶属度函数。

采用加权平均原则计算综合评价值E_1，即器件 d 在格点(x，y)时的重要性评价I_{dxy}或使用频率评价F_{dxy}，公式为

$$E_1=\frac{u_1\times 6+u_2\times 5+u_3\times 4+u_4\times 3+u_5\times 2+u_6\times 1}{u_1+u_2+u_3+u_4+u_5+u_6} \tag{4-1}$$

式中　u_i——评语等级，i=1，2，…，6。

②控制器件的评价

对于控制器件，其评价指标为角度 α 和距离 Dis_{dxy}。角度的论域为[0°，90°)，距离的论域为(0，81.35)。评语集同显控器件评语集。

根据操作区域的划分，操作者手自然放置在 A、D 区域之间时，对各区域的操作便捷程度比较原则如下：

a. 横向比较时，器件位置角度越小越便捷；

b. 纵向比较时，器件位置距离越短越便捷；

c. A、D 区域等同，即 A、D 横向比较两者便捷程度相同。

根据操作区域的划分和以上原则，以分区界限值为节点，均匀设置隶属度，则可构建界限角度处的隶属度值。使用三角形隶属度函数作为模型构建距离、角度与匹配程度之间的隶属度函数，则可建立各个等级器件的隶属度函数。

采用加权平均原则计算综合评价值E_1，即I_{dxy}或F_{dxy}，公式为

$$E_1=\frac{u_1\times 6+u_2\times 5+u_3\times 4+u_4\times 3+u_5\times 2+u_6\times 1}{u_1+u_2+u_3+u_4+u_5+u_6} \tag{4-2}$$

(2)器件关系组的评价

器件关系组的评价是器件之间关系与器件之间距离匹配程度的评价，器件之间的关系，即相关性$r_{d_1}^{d_2}$和功能分组$\mathrm{cl}_{d_1}^{d_2}$，分别由专家打分和资料分析获得。由于器件大小存在较大的

差异，因此在评估器件之间的距离时需要考虑器件尺寸。依据菲茨(Fitts)定律使用时间来评估器件之间的物理接近程度，即连续使用器件所需的时间为

$$t=\alpha+\beta\log_2(D/A+1) \tag{4-3}$$

式中 D——两个器件中心点之间的距离；

A——目标器件的面积；

α,β——确定的常量，这里采用 MacKenzie 通过大量实验确定的参数值，即 $\alpha=0,\beta=10/49$。

基于 Fitts 定律，依次将两个器件作为目标器件进行计算，将两者的平均值作为评价两个器件之间物理距离的依据，即

$$\mathrm{Fit}_{d_1x_1y_1}^{d_2x_2y_2}=\frac{5}{49}\log_2\left(\frac{D}{L_{d_1}\times W_{d_1}}+1\right)\left(\frac{D}{L_{d_2}\times W_{d_2}}+1\right) \tag{4-4}$$

使用线性函数归一化的 Fitts 时间 $\mathrm{Fit}N_{d_1x_1y_1}^{d_2x_2y_2}$ 作为评价值，即

$$\mathrm{Fit}N_{d_1x_1y_1}^{d_2x_2y_2}=\frac{\mathrm{Fit}_{d_1x_1y_1}^{d_2x_2y_2}-\min\{\mathrm{Fit}\}}{\max\{\mathrm{Fit}\}-\min\{\mathrm{Fit}\}} \tag{4-5}$$

将 $\mathrm{Fit}N_{d_1x_1y_1}^{d_2x_2y_2}$ 作为评价指标，其论域为[0,1]，评语集同上。将论域等分为 5 份，并均匀设置隶属度，则可得到界限处的隶属度值。使用三角形隶属度函数作为模型构建 $\mathrm{Fit}N_{d_1x_1y_1}^{d_2x_2y_2}$ 与匹配程度之间的隶属度函数，则可建立各个等级器件间相关性的隶属度函数。

对于功能分组原则，使用三角形隶属度函数作为模型构建 $\mathrm{Fit}N_{d_1x_1y_1}^{d_2x_2y_2}$ 与匹配程度之间的隶属度函数。功能分组的评价值计算如下：

$$\mathrm{CL}_{d_1x_1y_1}^{d_2x_2y_2}=\begin{cases}E_2 & d_1\text{ 和 }d_2\text{ 属于同一功能分组}\\0 & d_1\text{ 和 }d_2\text{ 不属于同一功能分组}\end{cases} \tag{4-6}$$

(3)目标函数确定

基于以上的器件人因评价，确定多目标模糊 0-1 整数规划模型的目标函数如下：

$$\max I=\sum_{d=1}^{D}\sum_{x=0}^{L}\sum_{y=0}^{W}I_{dxy}P_{dxy} \tag{4-7}$$

$$\max F=\sum_{d=1}^{D}\sum_{x=0}^{L}\sum_{y=0}^{W}F_{dxy}P_{dxy} \tag{4-8}$$

$$\max R=\sum_{d_1=1}^{D-1}\sum_{x_1=0}^{L}\sum_{y_1=0}^{W}\sum_{d_2=2}^{D}\sum_{x_2=0}^{L}\sum_{y_2=0}^{W}R_{d_1x_1y_1}^{d_2x_2y_2}P_{d_1x_1y_1}P_{d_2x_2y_2} \tag{4-9}$$

$$\max CL=\sum_{d_1=1}^{D-1}\sum_{x_1=0}^{L}\sum_{y_1=0}^{W}\sum_{d_2=2}^{D}\sum_{x_2=0}^{L}\sum_{y_2=0}^{W}\mathrm{CL}_{d_1x_1y_1}^{d_2x_2y_2}P_{d_1x_1y_1}P_{d_2x_2y_2} \tag{4-10}$$

四个模糊目标函数分别对应四项人因学基本原则，式(4-7)为所有器件重要性评价值之和，式(4-8)为所有器件使用频率评价值之和，式(4-9)为所有器件对相关性评价值之和，式(4-10)为所有器件对功能分组评价值之和。整体目标为最大化这些函数值以尽可能满足人因学基本原则。

3. 约束条件的确定

(1)唯一性约束

证明一个器件有且仅有一个布置位置。

$$\sum_{x=0}^{L}\sum_{y=0}^{W}P_{dxy}=1,d=1,2,\cdots,D \tag{4-11}$$

(2)边界约束

边界约束要求所有器件完全放置在显控界面内部,不能超出显控界面的边界。

$$0\leqslant\sum_{x=0}^{L}\sum_{y=0}^{W}xP_{dxy},d=1,2,\cdots,D \tag{4-12}$$

$$0\leqslant\sum_{x=0}^{L}\sum_{y=0}^{W}yP_{dxy},d=1,2,\cdots,D \tag{4-13}$$

$$\sum_{x=0}^{L}\sum_{y=0}^{W}xP_{dxy}+L_d\leqslant L,d=1,2,\cdots,D \tag{4-14}$$

$$\sum_{x=0}^{L}\sum_{y=0}^{W}yP_{dxy}+W_d\leqslant W,d=1,2,\cdots,D \tag{4-15}$$

约束式(4-12)和式(4-14)分别约束器件不能超过显控界面的左右边界,约束式(4-13)和式(4-15)分别约束器件不能超过显控界面的下上边界。

(3)重叠约束

重叠约束要求器件之间不能存在空间上的干涉,因此可以建立如下重叠约束。

$$\sum_{d=1}^{D}\sum_{x=\max\{0,r-L_d\}}^{\min\{r,L-L_d\}}\sum_{y=\max\{0,s-W_d\}}^{\min\{s,W-W_d\}}P_{dxy}\leqslant 1\quad(r=0,1,\cdots,L;s=0,1,\cdots,W) \tag{4-16}$$

(4)间距约束

根据《操纵器一般人类工效学要求》(GB/T 14775),取相同器件类型推荐间距的最小值作为最小间距要求,而不同器件类型则取两者要求的最小值作为最小间距要求,则最小间距要求d_r见表 4-4。

表 4-4　显控界面常用手控器件布置间距要求　　mm

控制器件类型	扳钮开关	按钮	旋钮	操纵杆
最小间距要求	20	12	50	100

(5)特殊约束

一些器件d_{re}有规定的位置(x_r,y_r)要求,则有如下约束:

$$P_{dxy}=1,d=d_{re},x=x_r,y=y_r \tag{4-17}$$

4. 模型目标一致性算例测试

为了对布局设计模型的有效性进行验证,同时对目标函数的一致性进行测试,使用小规模算例进行验证。在模型中,将四个目标函数等权加权和作为单一目标函数。使用

CPLEX12.7.1求解10次后，对求解结果进行分析比较。

对求解结果进行归一化处理，其结果如图4-5所示。可以直观地看出，四个目标值之间不存在一致性。皮尔逊相关性检验结果见表4-5，目标指标两两之间的显著性均大于0.05，可以认为目标值之间没有相关性。因此，不应对模型进行单一目标求解，而应使用多目标求解。

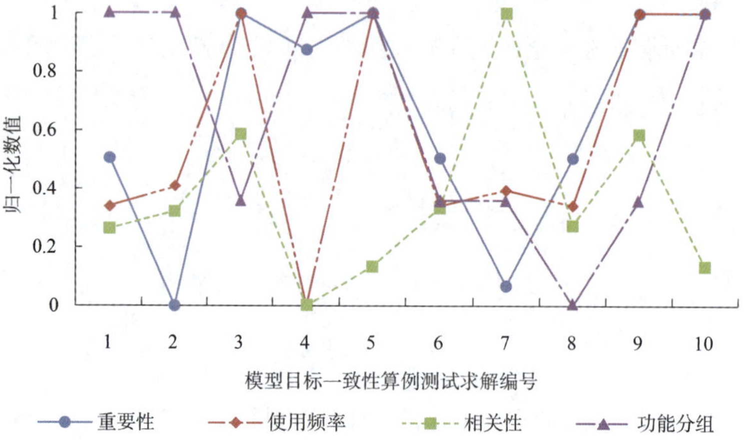

图4-5　目标值归一化结果

表4-5　目标值相关性检验结果

目标项	检验指标项	重要性	使用频率	相关性	功能分组
重要性	相关系数	1	0.593	−0.391	0.107
	显著性	—	0.071	0.264	0.768
使用频率	相关系数	0.593	1	0.148	−0.015
	显著性	0.071	—	0.683	0.967
相关性	相关系数	−0.391	0.148	1	−0.572
	显著性	0.264	0.683	—	0.084
功能分组	相关系数	0.107	−0.015	−0.572	1
	显著性	0.768	0.967	0.084	—

4.2.3　驾驶界面布局生成算法的设计

上述测试结果表明将四个模糊目标函数转化为一个目标函数进行求解是不合适的，这种过度的简化难以准确刻画实际问题。针对这一问题，本章从多目标优化的角度出发，探讨基于多目标的生成算法对布局模型进行求解。

1. 多目标粒子群算法

2002年，Coello和Lechuga为解决多目标问题，设计了多目标粒子群算法，使用帕累托排序方案是将粒子群算法拓展处理多目标问题的直接方法，将粒子发现的最优解存储于非支配解中，结合全局吸引机制和非支配解中的记录，可以促使种群收敛到全局非支配解。多目标粒子群算法的数学描述如下：

粒子群的种群规模为 M，搜索空间 n 维，种群中的粒子 i 由以下特征表征：x_i^t，粒子 i 在时刻 t 的坐标位置；v_i^t，粒子 i 在时刻 t 的速度；p_i^t，粒子 i 在时刻 t 的个体极值；REP^t，时刻 t 的非支配解存储库。粒子 i 的个体极值点依据式(4-18)迭代更新。

$$p_{ij}^{t+1}=\begin{cases} p_{ij}^t & f(x_i^{t+1})>f(p_i^t) \\ x_{ij}^{t+1} & \text{其他} \end{cases} \quad \forall j\in[1,n] \tag{4-18}$$

在每一次迭代中，粒子 i 速度和位置更新方法为

$$v_i^t=\omega v_i^{t-1}+c_1r_1(p_i^{t-1}-x_i^{t-1})+c_2r_2(R_h^{t-1}-x_i^{t-1}) \tag{4-19}$$

$$v_i^t=\begin{cases} v_{\max} & v_i^t>v_{\max} \\ -v_{\max} & v_i^t<-v_{\max} \end{cases} \tag{4-20}$$

$$x_i^t=x_i^{t-1}+v_i^t \tag{4-21}$$

式中　ω——惯性权重；

c_1,c_2——学习因子；

r_1,r_2——在[0,1]范围内的两个随机数；

R_h^{t-1}——从非支配解存储库中取出的一个值；

$v_{\max}$——最大速度，用来限制粒子速度以改善搜索结果。

多目标粒子群算法的计算步骤如下：

步骤 1：初始化所有粒子，在允许的范围内随机化粒子的初始位置和速度。

步骤 2：依据目标函数评价每个粒子的适应度。

步骤 3：依据式(4-18)更新个体极值 p_{best}。

步骤 4：将个体极值 p_{best} 中的非支配解存储于存储库 R，将存储库 R 中的支配解剔除。如果存储库 R 容量达到上限，则优先剔除密集区域内的粒子。

步骤 5：检查终止条件是否满足，如果满足则终止迭代，否则执行下一步。

步骤 6：根据种群目标值生成自适应超立方体，粒子依据目标值在超立方体中定位。

步骤 7：依据式(4-19)和式(4-20)更新粒子速度。

步骤 8：依据式(4-21)更新粒子位置，返回步骤 2。

2. 整合邻域搜索的多目标粒子群优化算法

多目标粒子群优化算法(MOPSO)能够有效解决多目标优化问题，具有简洁、易实施和参数少等优点。然而，MOPSO 的局部搜索能力较弱，因此本部分将 MOPSO 与局部搜索能力较强的邻域搜索结合形成混合算法，求解 4.2.2 节建立的数学模型。

(1)算法描述

整合邻域搜索的多目标粒子群优化算法的流程如图 4-6 所示。

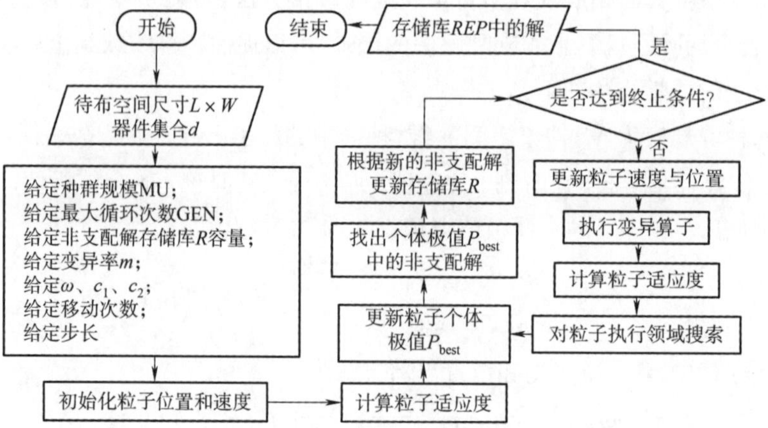

图 4-6 算法流程

(2)算法模块

①粒子编码和解码方式

在 MOPSO 中，一个粒子是解空间中的一个解，结合模型中的唯一性约束，将决策变量转化为二维矩阵粒子 g，如图 4-7 所示。其中 d 为器件序号，x、y 分别为对应器件的横纵坐标位置，由此可以唯一确定一个布局方案。

依据以上编码方式，可以将一个二维矩阵转化成一个布局方案。在该布局方案中，每个器件依据其对应的坐标放在对应的位置，得到布局方案如图 4-8 所示。

d	1	2	3	4
x	1	3	2	4
y	1	2	3	3

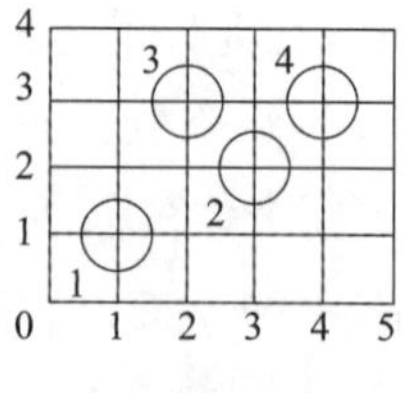

图 4-7 粒子编码示例　　图 4-8 示例解码后对应布局方案

②种群初始化

种群初始化分两步进行，首先在有效范围内依次随机放置显控器件到格点上，并判断其是否与现有显控器件存在干涉，如果存在，则重新随机放置，直至所有显控器件放置完成，而后在规定的范围内随机化粒子的速度，依次对种群中的所有粒子进行以上操作，完成种群初始化。

③粒子速度与位置的更新

粒子 i 在解空间中搜索，其信息由两个向量表示，分别为位置信息 $\overrightarrow{g_1}=(g_{i1},g_{i2},\cdots,g_{iD})^{\mathrm{T}}$ 和速度信息 $\overrightarrow{v_1}=(v_{i1},v_{i2},\cdots,v_{iD})^{\mathrm{T}}$。在每次迭代中，每个粒子根据以下信息更新其速度：粒子当前位置 $\overrightarrow{g_1}$，粒子当前速度 $\overrightarrow{v_1}$，粒子本身到过的历史最佳位置 $\overrightarrow{P_{\mathrm{best}_1}}$ 和从

非支配库 R 中选出的最佳位置 $R[h]$。

粒子的当前位置$\overrightarrow{g_1}$和当前速度$\overrightarrow{v_1}$是其现有状态的表征，历史最佳位置$\overrightarrow{P_{best_1}}$和最佳位置 $R[h]$是粒子对于目标的认知，历史最佳位置$\overrightarrow{P_{best_1}}$是每个粒子的个体认知，而最佳位置 $R[h]$则是整个粒子群的共享认知。使用轮盘赌选择法选出个体面对的最佳位置 $R[h]$，依据式(4-19)和式(4-20)更新粒子速度，使用式(4-21)更新粒子位置。

④非支配解存储库 R

设置非支配解存储库 R 的主要目的在于存储搜索过程中找到均匀分布的非支配解集。在粒子群的搜索过程中找到的非支配解的目标函数值被存储于 R 中，设定 R 容量是有限的，在由目标函数值构建的空间中，根据 R 中各值在各个维度上的极值，将该空间划分为若干个均匀的超立方体，超立方体的大小根据目标值进行自适应变换，R 主要包含两个部分，即存储控制和超立方体管理。

存储控制的功能在于决定一个解是否应该加入 R。每次迭代找到的可行解会与 R 中的非支配解进行一对一比较。当 R 为空时，则新解直接加入 R；如果新解被 R 中的一个非支配解支配时，则拒绝新解加入 R；如果新解不被 R 中的任何一个非支配解支配时，则将新解存储于 R；如果 R 中存在非支配解被新解支配，则剔除该非支配解；如果 R 中的非支配解数量达到上限，则调用超立方体进行管理。为了形成均匀分布的帕累托前沿，使用自适应超立方体对 R 进行管理。在 R 中，目标函数空间被均匀分为若干份。

当新解位置在现有超立方体之外，则重新调整超立方体，使其位于超立方体内部。当有新解加入，R 中的非支配解数量超过其容量时，使用轮盘赌策略选择超立方体。在选中超立方体之后，随机移除该超立方体内部的一个。

⑤粒子变异

为提高粒子群体的多样性，预防算法早熟，在计算过程中使用变异算子，每个粒子的变异概率为 m：

$$m=(1-\text{代数}/\text{总迭代次数})^{5/\text{变异率}} \tag{4-22}$$

⑥基于邻域搜索的局部搜索策略

粒子群算法具有较强的全局搜索能力，然而其局部搜索能力较弱。这里将 MOPSO 结合局部搜索能力较强的邻域搜索来提高算法整体的局部搜索能力。由于人机交互系统显控器件布局方案通常较为规整，因此可以采用移动显控器件位置的方法实现邻域搜索策略。

混合算法中邻域搜索流程如图 4-9 所示。如果布局方案中存在违反约束的器件，则对该器件进行移动，否则，随机选择一个器件进行移动。对于每个器件，均按左、右、下、上四个方向顺序移动，器件在每个方向上均可以移动多次，每次一个步长。器件在移动过程中，如果存在其他器件，则该器件与前方器件互换位置，当器件在某一方向上移动次数耗尽时，器件返回初始位置。在移动过程中，如果器件违反约束或增大约束的违反程度，那么器件在该方向上的移动立即终止，如果粒子的适应度得到增强，则该位置为器件的新位置，接着移动下一个器件，直到所有需要移动的器件都完成移动。

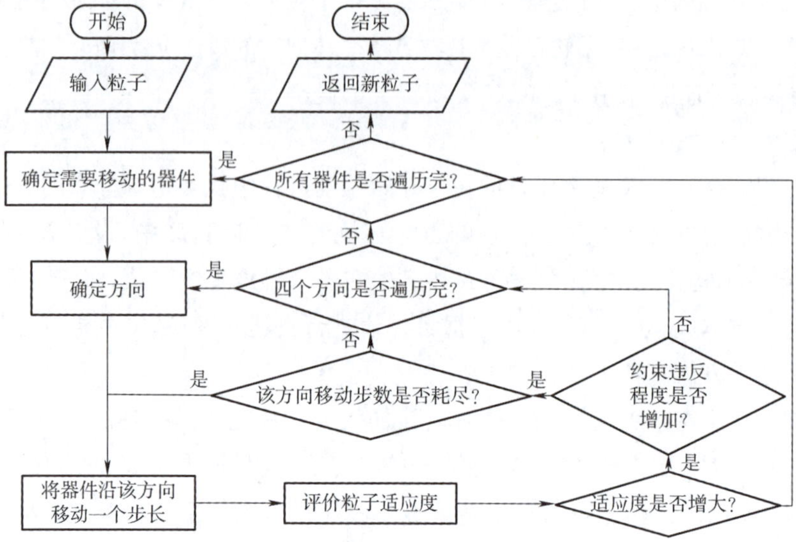

图 4-9　操纵台布局邻域搜索流程

3. 基于无线可穿戴运动传感器的列车驾驶台工效分析系统

(1)列车驾驶台工效分析系统总体设计

列车驾驶台工效分析系统是一个硬件在环平台，当被试在驾驶室执行驾驶任务时，该平台可以实时进行工效分析，系统包括三个模块：数据采集模块、姿态测量模块和工效评估模块。数据采集模块使用运动传感器采集人体姿态数据，并使用网络接口传输数据。姿态测量模块是整个系统的核心部分，它将从运动中捕捉的坐标转化为虚拟场景坐标数据。工效评估模块基于 Jack 软件构建，该软件由 Python 脚本编码，以实时执行快速上肢评价法(RULA)分析并导出最终报告。

(2)数据采集

运动捕捉系统采用 Biosyn 公司开发的 FAB 系统。系统传感器俯仰和滚转精度的均方根误差为 0.4°，航向精度的均方根偏差为 1.6°。由于高速列车司机主要通过上肢执行驾驶任务，因此在被试身上安装七个传感器，分别位于头部、躯干、骨盆、左上臂、左前臂、右上臂和右前臂。

(3)姿势测量

①运动捕捉坐标

附着在人体骨盆部分的传感器位置点是 FAB 系统中坐标系的原点。方便起见，在 Jack 软件中使用与人体模型坐标系中心相同的点。FAB 系统中的坐标系为右手坐标系，正 Y 轴和 X 轴指向前方和右侧，正 Z 轴指向上方。人体各节段的横摇-俯仰-偏航角由基于节段坐

标系的 Y-X-Z 序列中的欧拉角表示。分段坐标系是每个身体分段的局部坐标系，分段坐标系的原点位于每个身体分段中心。

②Jack 坐标

Jack 中的欧拉旋转解释与 FAB 系统中的不同。因此，必须根据 Jack 中不同关节的定义，将 FAB 关节角度数据转换为 Jack。以上臂为例，左上臂与左肩关节相连。Jack 按照 Z、Y、X 的顺序进行旋转，相应的齐次坐标如下：

$$\boldsymbol{H}_{\text{upperarm}}=\boldsymbol{H}_{XYZ}=Rot(\alpha,\beta,\gamma)=Rot(x,\alpha)\cdot Rot(y,\beta)\cdot Rot(z,\gamma)$$

$$=\begin{bmatrix}\cos\beta\cos\gamma & -\cos\beta\sin\gamma & \sin\beta \\ \cos\alpha\sin\gamma+\sin\alpha\sin\beta\cos\gamma & \cos\alpha\cos\gamma-\sin\alpha\sin\beta\sin\gamma & -\sin\alpha\cos\beta \\ \sin\alpha\sin\gamma-\cos\alpha\sin\beta\cos\gamma & \sin\alpha\cos\gamma+\cos\alpha\sin\beta\sin\gamma & \cos\alpha\cos\beta\end{bmatrix} \tag{4-23}$$

通过求解方程，可以得到 Jack 的输入参数 α、β、γ，当 $\cos\beta\neq 0$ 时：

$$\gamma=-\arctan 2(o_x,n_x);\alpha=-\arctan 2(a_y,a_z);\beta=\arctan 2\left(n_z,\sqrt{\frac{n_x^2+n_y^2}{2}}\right) \tag{4-24}$$

因此左肩角可以按式(4-25)进行修正。

$$\theta_1=-\gamma,\theta_2=\beta,\theta_3=\alpha \tag{4-25}$$

右上臂的计算方法与左上臂的计算方法相同。

(4)工效评估

为 Jack 重新开发了 RULA 模块，并使其与人体运动捕捉系统同步。当姿势数据从运动捕捉系统传输时，该模块调用 Jack 的内部函数来设置场景中虚拟人的关节角度。通过调用有实际意义的数据，模块执行 RULA 测试，并在驾驶任务进行时实时显示 RULA 分数。这些分数可以帮助发现高速列车司机室人机界面设计中潜在的人体工程学缺陷。

(5)测试实验

通过测试实验来验证系统的准确性。该系统用于基于人体姿势的人体工程学评估，姿势数据的准确性反映了系统的准确性。以一位 50 百分位男性为例，使用直尺和角度尺分别测量被试的身体各部位长度和关节角度。该系统收集运动数据并计算以实时驱动虚拟人的姿态。实验共收集了 20 种不同姿势的数据。在每个姿势中，使用角度尺测量被试的关节角度，并使用 Jack 的 Adjust joint 工具箱测量虚拟环境中相应虚拟人的关节。

用 t 检验比较 Jack 中测量的角度和现实中的角度。Jack(平均值=116，标准差=41.3)和现实(平均值=116，标准差=41.1)的角度没有显著差异；$t(19)=-0.0344$，$p=0.973$，$d=-0.00769$。测试实验表明，所开发的系统能够准确呈现人体姿态，关节角度计算正确，传感器误差在可接受的范围内。

(6)结果

开发的系统可以捕捉人体的运动并实时进行人体工程学分析。随着人体的运动，系统可以实时更新 RULA 评分，该系统在操作期间显示出高可靠性和可用性，RULA 评分可以很好地反映被试的姿势评估，该分数可以帮助发现设计中潜在的人体工程学缺陷。

4. 算例测试

(1)算例来源

为了验证本章提出算法的有效性，通过两组实验对算法结果进行评估，第一组实验比较了算法的性能指标，第二组实验对算法的布局结果与实际布局进行人因比较，算例数据来源于中车大连机车车辆有限公司的 HXD_{3D} 电力机车司机驾驶台，司机驾驶台如图 4-10 所示。

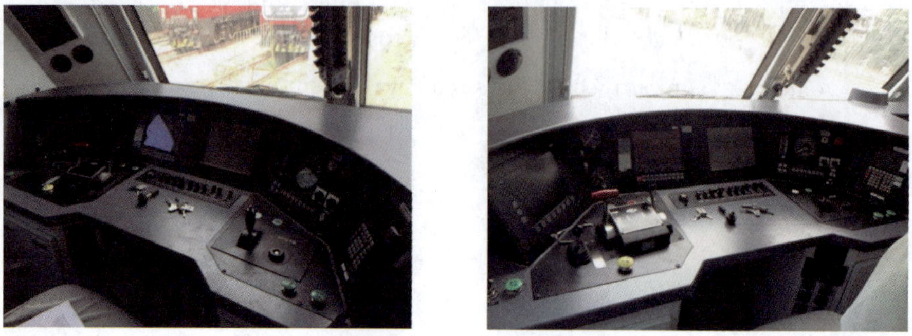

图 4-10 HXD_{3D} 机车司机驾驶台

2016 年 8 月，通过对兰州铁路局兰州西机务段和昆明铁路局昆明机务段实地测量和问卷调查，获得器件尺寸和属性，见表 4-6。

表 4-6 某型机车驾驶台器件属性

序号	显控器件	长/cm	宽/cm	重要性评价	使用频率评价	器件类型
1	时刻表	36	26	5	5	时刻表
2	司机控制器	29	19	5	5	操纵杆
3	制动机	26	22	5	5	操纵杆
4	后视镜	2	2	3	2	单按钮
5	备用制动闸	2	6	3	1	操纵杆
6	停车位置按钮	4	4	3	2	单按钮
7	停放制动按钮	4	4	3	2	单按钮
8	停放缓解按钮	4	4	4	3	单按钮
9	高音风笛	4	4	4	4	单按钮
10	无人警惕按钮	4	4	4	4	单按钮
11	机车钥匙	3	3	5	3	插槽
12	受电弓开关	2	4	5	3	单按钮
13	主断路器开关	2	4	5	4	单按钮
14	空压机开关	2	4	3	4	单按钮

续上表

序号	显控器件	长/cm	宽/cm	重要性评价	使用频率评价	器件类型
15	前照灯开关	2	4	4	4	单按钮
16	辅照灯开关	2	4	4	4	单按钮
17	本端标志灯开关	2	4	3	3	单按钮
18	它端标志灯开关	2	4	3	3	单按钮
19	机械室灯开关	2	4	3	3	单按钮
20	阅读灯开关	2	4	3	3	单按钮
21	司机室灯开关	2	4	3	4	单按钮
22	过分相	4	4	4	4	单按钮
23	定速控制	4	4	4	4	单按钮
24	电笛	4	4	4	4	单按钮
25	制动显示屏	25	35	5	4	显示屏
26	风表模块	15	25	1	1	显示屏
27	LKJ 显示屏	35	25	5	4	显示屏
28	车载状态显示屏	35	25	3	5	显示屏
29	多功能状态仪表模块	35	25	1	2	显示屏
30	机车通信装置	28	25	3	2	显示屏

(2)算法参数及性能指标

依据 Coello 的建议，设置测试算法的参数值如下。种群规模＝100，最大循环次数＝100，非支配解存储库容量＝100，变异率＝0.5，ω＝0.4，c_1＝1.0，c_2＝1.0，移动次数＝5，步长＝1，选用四个目标值和操作舒适性五个指标评估算法结果。

(3)布局方案对比

算法采用 Python 编写，算法计算结果与 HXD3D 实际驾驶台布局在四个目标函数上的分析见表 4-7，既有驾驶台显控器件布局满足实际运营人因要求，因此可以将其作为参考进行比较，以该驾驶台的四个目标函数值为目标值，对算法结果进行检验。

表 4-7　算法结果与实际驾驶台布局比较

目标函数	重要性原则	使用频率原则	相关性原则	功能分组原则
HXD3D 实际驾驶台得分	172.445	185.981	1 659.583	534.684
算法得分	192.727	204.400	1 688.488	518.157
单样本 t 检验	20.501	17.350	6.482	−9.568
显著性 p 值	0.000	0.000	0.000	0.000

单样本 t 检验的结果显示，在四个目标函数值上，算法结果与实际驾驶台布局具有显著

性差异。对比具体平均值可以发现，算法的结果在重要性原则、使用频率原则和相关性原则上显著优于实际驾驶台布局。然而，在功能分组原则上，算法的结果要显著差于实际驾驶台布局，究其原因在于算法更关注将器件放置在手部操作的便捷区域，如图 4-11 所示，图中序号与表 4-6 对应。

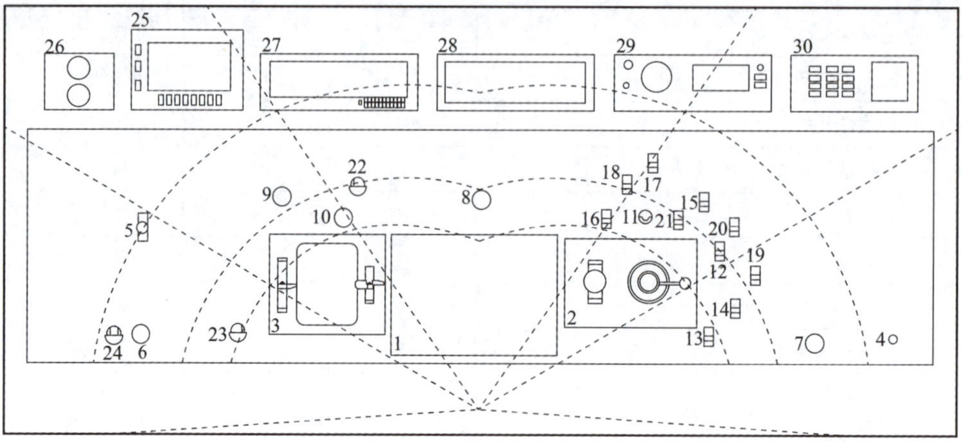

图 4-11　本章算法的布局结果

对布局的操作舒适性评价，采用 RULA，RULA 的评价值介于 1 至 7，分值越低表明操作舒适性越高。Jack 软件被用于对每个布局结果进行 RULA 评价。对算法的布局结果与实车驾驶台布局进行比较，其结果见表 4-8，从各项指标上可以看出，无论是算法的布局结果还是实车驾驶台布局都属于舒适的评价。采用单样本 t 检验对结果进行比较，从表 4-8 可以看出，在各项指标上，算法结果都显著优于实车驾驶台布局，因此，从操作舒适性角度可以认为算法的布局结果优于现有布局。

表 4-8　算法结果与实际驾驶台布局的 RULA 比较

目标函数	上臂	下臂	综合 A	躯干	综合 B	总分
HXD3D 实际驾驶台得分	3.261	2.870	3.957	3.348	3.652	3.652
算法得分	2.929	2.663	3.747	3.019	3.319	3.561
单样本 t 检验	−9.631	−11.756	−9.515	−13.337	−8.942	−3.025
显著性 p 值	0.000	0.000	0.000	0.000	0.000	0.005

注：综合 A 是上肢综合评分项，综合 B 是躯干与头部综合评分项。

(4)复兴号动车组驾驶台布局优化

为了评估复兴号动车组驾驶台布局，利用本算法对复兴号动车组驾驶台进行布局优化。将复兴号动车组驾驶台上的器件分为十个布局区域，其区域内部器件见表 4-9。对驾驶过复兴号动车组的司机进行器件区域属性调研，共回收 719 份问卷，统计得各区域属性，根据器件属性对复兴号驾驶台进行布局，其结果如图 4-12 所示，图中序号与表 4-9 对应。

表 4-9　复兴号动车组驾驶台分区

序号	区　域	器　件
1	机车综合无线通信设备	机车综合无线通信设备(CIR)
2	HMI 显示器	HMI 显示器
3	DMI 显示器	DMI 显示器
4	压力表区	双针压力表、BP 压力表、控制电压表、过分相故障、烟火报警、主控钥匙和方向选择
5	司控器区	司控器和操纵模式选择
6	前照灯区	司机室灯、前照灯、前窗玻璃加热
7	关左门区	手动过分相、遮阳帘、刮雨器、开左门、释放左门、关左门
8	制动区	停放施加、停放缓解、清洁制动、保持制动、比例制动和 DSD 手动按钮
9	紧急复位区	真空断路器(VCB)、受电弓、撒砂、风笛、复位和紧急复位
10	关右门区	ATO 启动、乘客报警旁路、关右门、释放右门和开右门

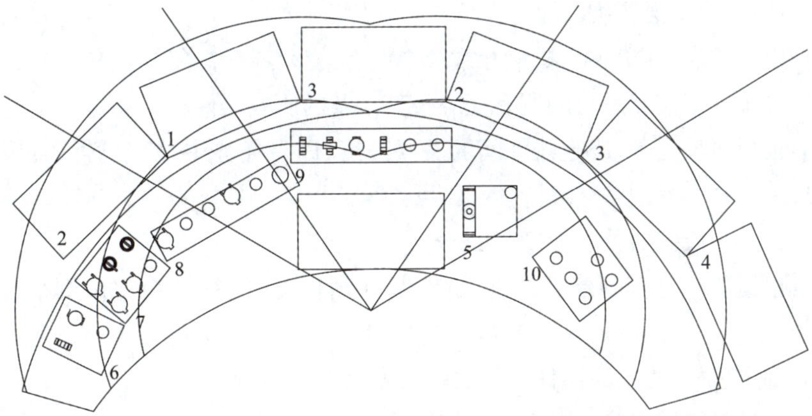

图 4-12　复兴号动车组驾驶台算法生成布局方案

总体看，算法生成方案与现有复兴号动车组驾驶台布局方案基本相同，说明现有布局方案较好。对比现有布局方案，算法生成方案将机车综合无线通信设备和左侧 HMI 显示器位置互换，这是由于机车综合无线通信设备无论在重要性和使用频率上均高于 HMI 显示器，因此应将机车综合无线通信设备放在更易被观察到的位置。算法生成方案将制动区和关右门区放置于更靠近司机的位置，这是由于两者内部仍存在放置空间，但器件区域的相对位置并没有变化，说明器件区域整体布局较好。

4.3 基于驾驶任务的列车驾驶界面综合评价

目前,显控界面的综合评价模型大多从器件的界面参数角度进行评价。然而,脱离系统整体功能的评价对于系统本身没有意义。显控界面作为系统的一部分,是为系统整体功能服务的,显控界面功能的实现应作为其布局综合评价的一部分。任务作为系统功能的基石,也是显控界面中人机交互的重要内容。因此,本节从系统任务出发,对显控器件布局的拓扑结构和作业者操作的便捷性进行分析。

4.3.1 驾驶界面布局拓扑结构分析

1. 人机交互任务复杂网络的构建

由于在任务中,两个器件并不是 0 与 1 的二元关系,而是存在大量的重复操作,因此需要在 L 空间模型中引入权重来更好地表达器件间关系。根据复杂网络的建模方法,人机交互任务复杂网络的构建步骤如下:

步骤 1:定义节点,即确定人机交互系统中所有的显控器件,将其定义为节点;

步骤 2:确定人机交互系统的所有任务及其涉及的所有器件;

步骤 3:根据每项任务,确定器件间的关联强度,即在任务中,两个器件直接相邻,则关联强度加 1;

步骤 4:记其中最大的关联强度为 max R;

步骤 5:根据 L 空间模型建立连边,如果两个器件在任务中直接相邻,则存在边,否则不存在边;

步骤 6:确定边权,边权为器件对的关联强度除以 max R;

步骤 7:根据网络模型确定对应的邻接矩阵;

步骤 8:由邻接矩阵计算网络的拓扑特征值,由此分析任务网络。

2. 显控器件布局拓扑网络模型的构建

根据显控器件的实际布局方案构建其物理拓扑模型,与任务网络相对应,显控器件布局拓扑网络同样采用 L 空间模型建模。根据复杂网络的建模方法,以显控器件的实际距离为权重,构建布局拓扑网络模型,其构建步骤如下:

步骤 1:定义节点,即将实际布局方案中的所有显控器件定义为节点;

步骤 2:确定人机交互系统的所有任务及其涉及的所有器件;

步骤 3:根据任务和布局方案中的物理距离,确定器件间的边及其强度,即在任务中,两个器件直接相邻,则对应节点之间存在边,边的强度定义为 Fitts 定律的距离,其计算见式(4-4);

步骤 4:计算在该布局空间中可行器件布置的最大边强度,记为 max R;

步骤 5：根据 L 空间模型建立连边，如果两个器件在任务中直接相邻，则存在边，否则不存在边；

步骤 6：确定边权，由于实际物理距离的大小与其关联程度呈反比例关系，因此使用式(4-26)确定其权重：

$$W_{ij}=1-\mathrm{Fit}_{ij}/\max R \tag{4-26}$$

步骤 7：根据网络模型确定对应的邻接矩阵。

3. 基于网络相似性的显控器件布局网络分析

显控器件布局拓扑网络与人机交互任务网络一致，则布局方案与任务需求相符，那么从任务需求的角度来讲，该布局方案最佳，因此，可以通过比较两个网络的相似性来从任务的角度分析布局方案的优劣，以下基于修正余弦相似度计算理论，提出布局网络的拓扑分析方法。

设 $\boldsymbol{A}_t$ 和 $\boldsymbol{A}_l$ 分别为人机交互任务网络和显控器件布局拓扑网络的邻接矩阵，评价分为两个步骤。

步骤 1：计算人机交互任务网络和显控器件布局拓扑网络的对应行向量的相似度，即

$$\mathrm{sim}(\boldsymbol{a}_{ti},\boldsymbol{a}_{li})=\frac{\sum_{j=1}^{N}(a_{tij}-\bar{\boldsymbol{a}}_{ti})(a_{lij}-\bar{\boldsymbol{a}}_{li})}{\sqrt{\sum_{j=1}^{N}(a_{tij}-\bar{\boldsymbol{a}}_{ti})^2}\sqrt{\sum_{j=1}^{N}(a_{lij}-\bar{\boldsymbol{a}}_{li})^2}} \tag{4-27}$$

式中　$\boldsymbol{a}_{ti},\boldsymbol{a}_{li}$——$\boldsymbol{A}_t$ 和 $\boldsymbol{A}_l$ 的第 i 行向量。

步骤 2：计算所有行向量相似度的平均值作为布局拓扑网络的评价值 S_T，即

$$S_T=\frac{\sum_{i=1}^{N}\mathrm{sim}(\boldsymbol{a}_{ti},\boldsymbol{a}_{li})}{N} \tag{4-28}$$

4. 布局网络分析算例测试

为验证上述显控器件布局拓扑网络分析方法的可行性，以一个简单的器件布局算例为例，说明采用显控器件布局拓扑网络分析方法优化布局方案的过程。

(1)待布器件与任务

设待布器件为三个 35 mm×35 mm 的正方形器件 A、B 和 C。根据列车驾驶任务，提炼出以器件 A 为中心的算例任务，见表 4-10。可以看出，任务以器件 A 为中心，器件 B 与器件 C 近乎等同，且仅在一个任务中有直接联系。

表 4-10　算例任务

任务 1	任务 2	任务 3	任务 4	任务 5	任务 6	任务 7	任务 8	任务 9	任务 10
A,B,A	A,C,A	A,B,A	A,C,A	A,B,A	A,C,A	A,B,A	A,C,A	A,B,A	A,B,C

(2)基于布局网络分析的优化过程

①布局方案 1

布局方案 1 如图 4-13 所示，对其进行优化，构建布局方案 1 的布局网络如图 4-14 所示。

对布局方案 1 进行显控器件布局拓扑网络分析，其分析结果见表 4-11。

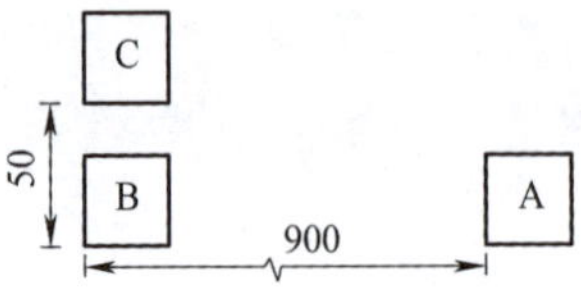

图 4-13　布局方案 1(单位:mm)

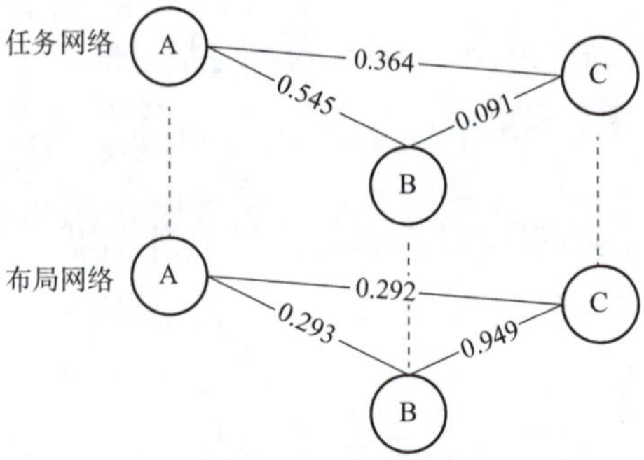

图 4-14　布局方案 1 任务及布局网络

表 4-11　布局方案 1 布局网络分析结果

指　　标	器件 A	器件 B	器件 C	布局网络分析
评　　价	0.965 231	−0.134 74	−0.103 27	0.242 41

在布局方案 1 中，由于存在两个负的评价值，整体的评价值较低。为改善布局方案，可以将器件 A 与器件 B 位置互换，得到布局方案 2；也可以将器件 A 移动到器件 B 旁，得到布局方案 3。

②布局方案 2

将布局方案 1 中器件 A 与器件 B 互换位置得到布局方案 2，如图 4-15 所示，构建布局方案 2 的布局网络如图 4-16 所示，对其进行显控器件布局拓扑网络分析，其结果见表 4-12。

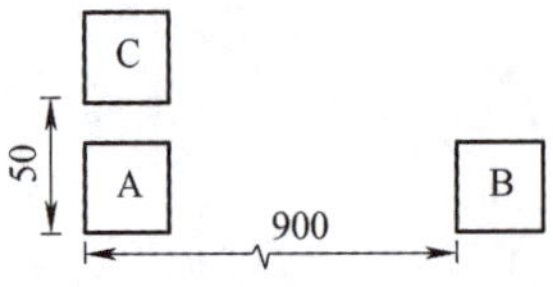

图 4-15　布局方案 2(单位:mm)

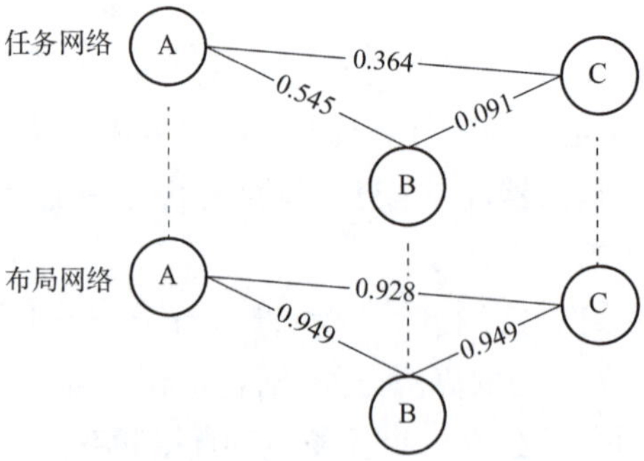

图 4-16　布局方案 2 任务及布局网络

表 4-12　布局方案 2 布局网络分析结果

指　　标	器件 A	器件 B	器件 C	布局网络分析
评　　价	0.533 557	0.571 534	0.981 962	0.695 68

相比于布局方案 1，布局方案 2 在整体评价上有了较大的提升，然而在布局方案 2

中，器件 B 与另外两者距离近乎相等，因而器件 B 得到较低的评价值。对于器件 C，其与器件 A 的距离应远小于其与器件 B 的距离，布局方案 2 正符合该要求，因而器件 C 得到高评价值。

③布局方案 3

将布局方案 1 中的器件 A 移动到器件 B 旁，得到布局方案 3，如图 4-17 所示，构建布局方案 3 的布局网络如图 4-18 所示，对其进行显控器件布局拓扑网络分析，其结果见表 4-13。

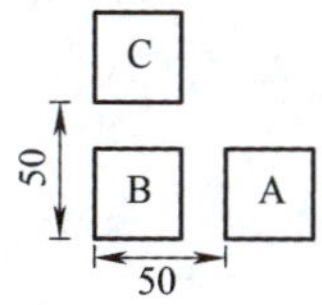

图 4-17　布局方案 3(单位：mm)

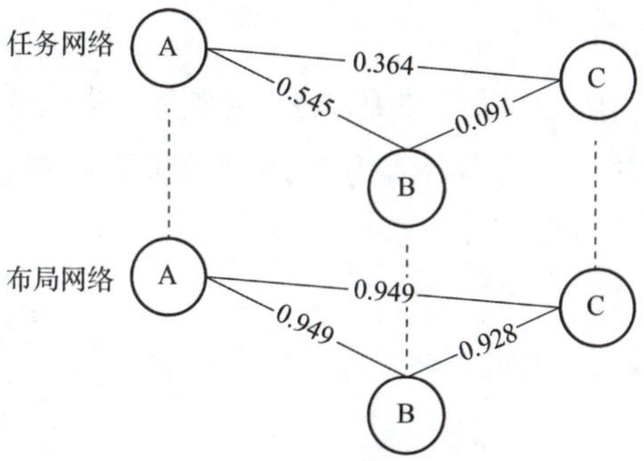

图 4-18　布局方案 3 任务及布局网络

表 4-13　布局方案 3 布局网络分析结果

指　　标	器件 A	器件 B	器件 C	布局网络分析
评　　价	0.969 439	0.569 495	0.580 602	0.706 51

在整体评价上，布局方案 3 较布局方案 2 略有提升。为进一步改善布局方案，在布局方案 3 的基础上，将器件 A 与器件 B 位置互换，得到布局方案 4，亦可以将器件 C 移动到器件 A 旁边，得到布局方案 5。

④布局方案 4

布局方案 4 如图 4-19 所示，构建布局方案 4 的布局网络如图 4-20 所示，对其进行显控器件布局拓扑网络分析，其结果见表 4-14。

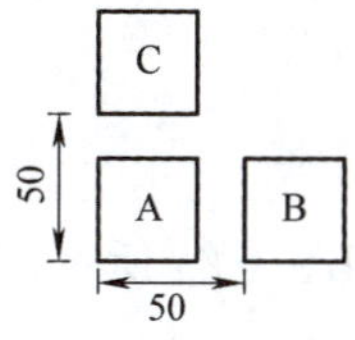

图 4-19　布局方案 4(单位：mm)

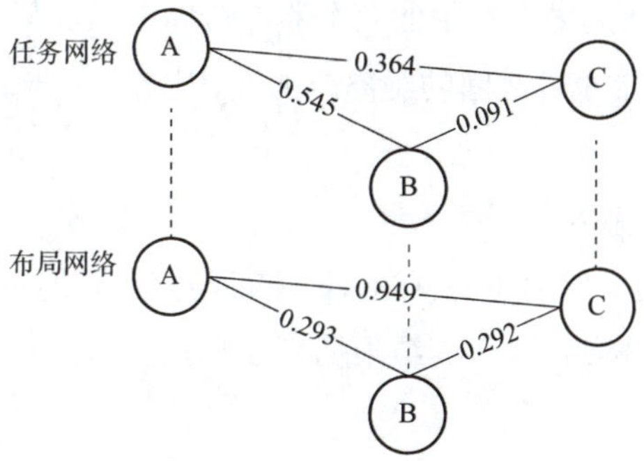

图 4-20　布局方案 4 任务及布局网络

表 4-14　布局方案 4 布局网络分析结果

指　标	器件 A	器件 B	器件 C	布局网络分析
评　价	0. 964 579	0. 585 083	0. 611 26	0. 720 31

相比于布局方案 3，布局方案 4 的整体评价略有上升，在单个器件评价上，器件 A 的评价值近乎未变，而器件 B、器件 C 的评价值略有提升，说明这两个器件的布局与任务更加匹配。

⑤布局方案 5

以器件 A 为中心，以器件 B、A、C 为顺序进行横向布置，得到布局方案 5，如图 4-21 所示，构建布局方案 5 的布局网络如图 4-22 所示，对其进行显控器件布局拓扑网络分析，其结果见表 4-15。

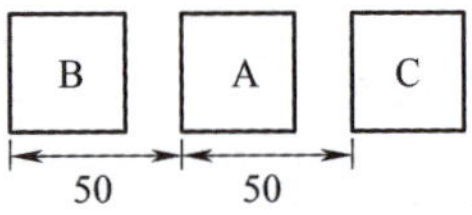

图 4-21　布局方案 5(单位：mm)

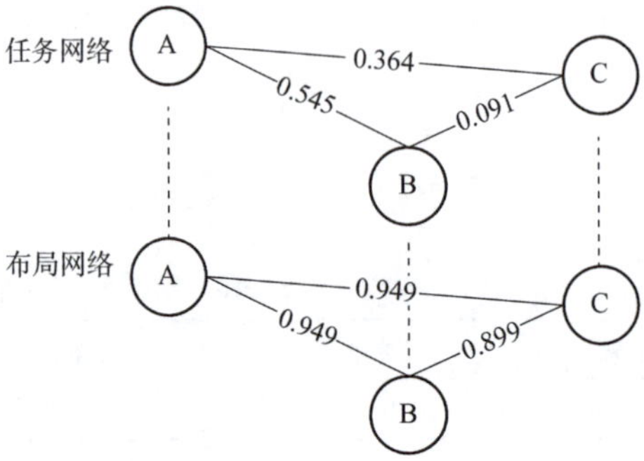

图 4-22　布局方案 5 任务及布局网络

表 4-15　布局方案 5 布局网络分析结果

指　标	器件 A	器件 B	器件 C	布局网络分析
评　价	0. 964 579	0. 606 895	0. 632 531	0. 734 67

布局方案 5 与布局方案 4 的提升效果相似，但布局方案 5 的器件 B、器件 C 得到了更大的提升，说明布局方案 5 中的两个器件布局更匹配任务。由布局方案 5 的提升效果可以看出，器件 B 与器件 C 之间的距离应加大，因此进一步加大器件 B 与器件 C 之间的距离，形成布局方案 6。

⑥布局方案 6

布局方案 6 如图 4-23 所示，构建布局方案 6 的布局网络如图 4-24 所示，对其进行显控器件布局拓扑网络分析，其结果见表 4-16。

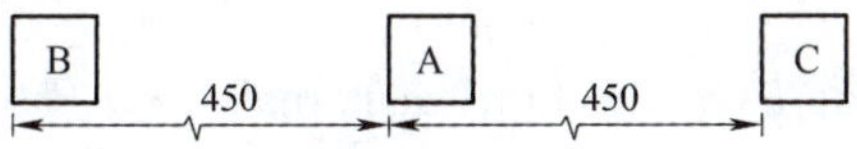

图 4-23　布局方案 6(单位:mm)

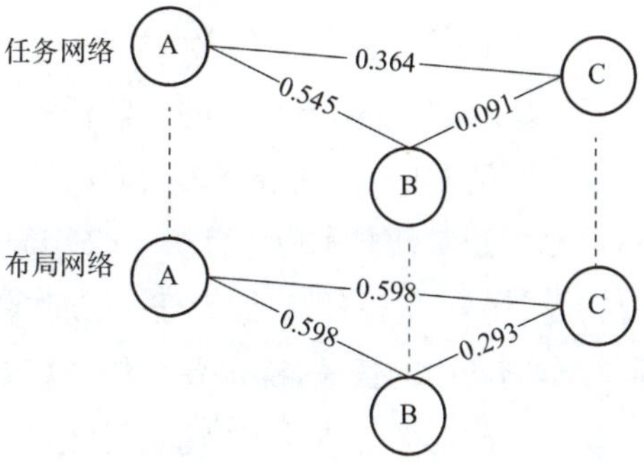

图 4-24　布局方案 6 任务及布局网络

表 4-16　布局方案 6 布局网络分析结果

指　标	器件 A	器件 B	器件 C	布局网络分析
评　价	0.964 579	0.909 359	0.922 462	0.932 13

相较于布局方案 5,布局方案 6 在整体评价上得到了较大的提升。在器件 B、器件 C 不动的情况下,为同时拉近器件 A 与器件 B、器件 C 之间的距离,将布局方案 6 中的器件 A 以其重心为中心扩大 3 倍,得到布局方案 7。

⑦布局方案 7

布局方案 7 如图 4-25 所示,构建布局方案 7 的布局网络如图 4-26 所示,对其进行显控器件布局拓扑网络分析,其结果见表 4-17。

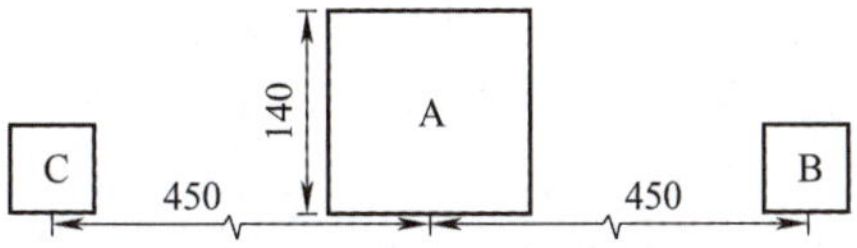

图 4-25　布局方案 7(单位:mm)

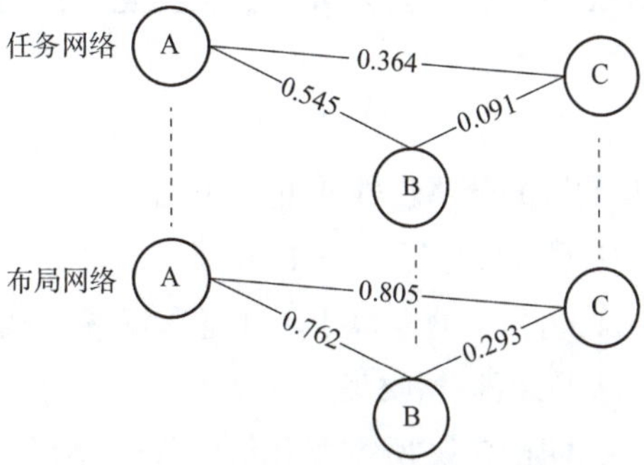

图 4-26　布局方案 7 任务及布局网络

表 4-17　布局方案 7 布局网络分析结果

指　标	器件 A	器件 B	器件 C	布局网络分析
评　价	0.950 887	0.952 803	0.968 302	0.957 33

相比于布局方案 6,布局方案 7 在整体评价上略有提升,具体到每个器件,器件 A 的评价值近乎未变,而器件 B、器件 C 的评价值有一定的提升,说明器件 B、器件 C 的布局更匹配任务要求。

5. 复兴号驾驶显控界面网络分析与对比

(1)基于层次任务分析法的驾驶任务分析方法

在实际运营中,复兴号列车面向的行车场景有正常行车场景和应急行车场景,驾驶任务也可以分为正常任务和应急任务。采用层次任务分析法(hierarchical task analysis,HTA),通过构建"场景-目标任务-行为任务-动作任务-显控器件"的分析框架,分析各个驾驶模式在不同行车场景中的任务,确定各个任务所对应的人机交互系统中的显控器件。

基于层次任务分析法的"场景-目标任务-行为任务-动作任务-显控器件"框架的分析流程如图 4-27 所示。

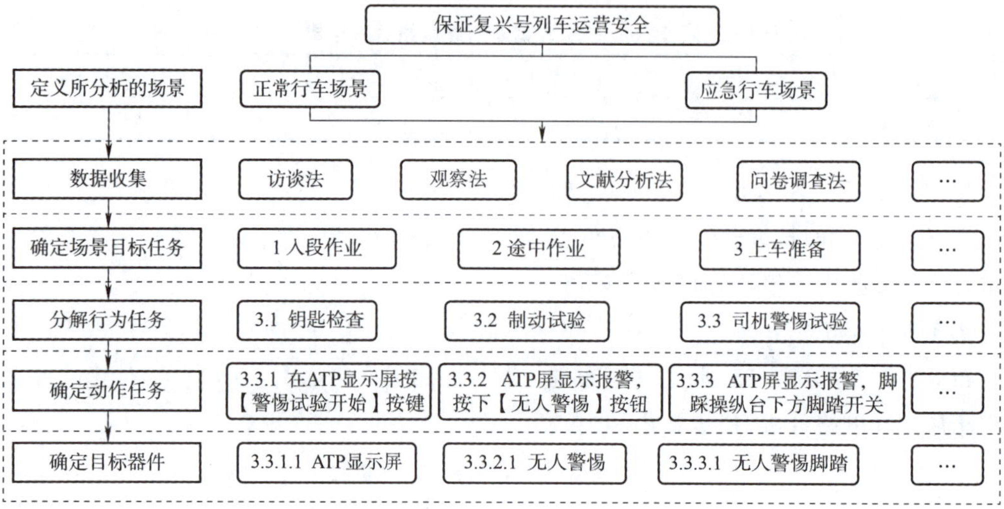

图 4-27 层次任务分析框架的分析流程

具体的分析步骤如下:

步骤 1:定义所分析的场景

高速列车通常包括两种行车场景,分别为正常行车场景和应急行车场景。

步骤 2:数据收集

在明确定义所需要分析的场景之后,需要收集这些行车场景下的任务数据来构建整个分析体系。数据收集方法包括文献分析、驾驶任务学习、现场观察、问卷调查和专家访谈等。

步骤 3:确定场景目标任务

在明确各个场景之后,需要确定各个场景下的目标任务。对于正常行车场景,可以依据各个阶段划分为阶段目标任务,而对于应急行车场景,需要整理出在行车过程中可能遇到的典型应急状况,以处理这些应急状况作为目标任务。

步骤 4:分解行为任务

为完成步骤 3 中的目标任务,需要将其进一步分解为更为具体的行为任务。行为任务需要达到具有较高操作性的程度。

步骤 5:确定动作任务

在确定行为任务后，需要将每个行为任务与动作任务对应。将行为任务简化为通用的动作，确定被试的具体行为动作。

步骤 6:确定目标器件

明确动作面向的显控器件，由此构建目标器件。

依据以上步骤，对两个场景下的驾驶任务进行分析。

(2)高速列车驾驶任务库

为确定高速列车驾驶任务，通过实际调研，结合《铁路技术管理规程》《CRH 系列动车组操作规程》《复兴号 CR400AF 型动车组人员操作手册》《CR400BF 型动车组司机手册》《CR400AF 动车组途中故障应急处理手册》《CR400BF 系列动车组途中故障应急处理指导手册》《动车组一次乘务作业及动车组检查实训培训手册》等文件对驾驶任务具体内容的描述，确定高速列车正常行车驾驶任务为上车准备、段(所)内检查作业、整备模式、发车准备与发车、途中作业和入段(所)作业。对以上目标任务进行分解，以正常行车场景恒速作业任务为例，其分析结果见表 4-18。

表 4-18　正常行车场景恒速作业任务的层次分析结果

场景	目标任务	行为任务	动作任务	人机交互界面上的显控器件
正常行车场景	恒速作业	根据列车目标速度调整列车速度	操纵模式为速度控制模式时，通过司控器手柄设定目标速度，通过 HMI 显示屏主界面确认目标速度及动车组列车当前速度	操纵模式选择
				司控器
				HMI 显示屏
		设定恒速运行	速度到达设定目标速度后司控器手柄置于“C”位，动车组列车即以当前速度恒速运行	HMI 显示屏
				司控器
			操纵模式为级位控制模式时，动车组列车牵引运行达到目标速度后，手柄回“0”位，操作“操纵模式选择”按钮，切换到速度控制模式后司控器手柄置于“C”位，动车组列车即以当前速度恒速运行；若操纵模式切换操作过程中动车组列车运行速度偏离目标速度，切换到速度模式后按照速度控制模式操作进入目标速度恒速运行	操纵模式选择
				司控器
				HMI 显示屏

(3)人机交互任务网络分析与对比

依据拓扑网络建立步骤，构建驾驶界面显控器件布局拓扑网络模型，分析对比现有驾驶界面分别与驾驶任务的匹配程度。根据式(4-27)和式(4-28)，布局拓扑网络分析结果见表 4-19。可以看出，整体评价的评价值较高，说明复兴号列车驾驶台适用于其操作任务。就单个器件而言，核心器件司控器、ATP 显示屏的评价值适中，而 TCMS 显示屏、CIR 等器件的评价值较高。

表 4-19 显控器件布局拓扑网络分析结果

显控器件	评　价	显控器件	评　价	显控器件	评　价
操纵模式选择	0.937	司控器	0.584	受电弓	0.858
ATP 显示屏	0.469	VCB	0.678	紧急复位	0.998
TCMS 显示屏	0.939	前照灯	0.980	CIR	0.921
停放缓解	0.960	风笛	0.937	DSD 手动按钮	0.937
手动过分相	0.999	压力表	0.963	刮雨器	0.901
停放施加	0.876	释放左门	0.963	开右门	0.960
开左门	0.958	关左门	0.871	布局网络分析	0.887
释放右门	0.949	关右门	0.880		

4.3.2 驾驶界面布局操作便捷性分析

由于布局拓扑结构分析仅考虑了器件间位置关系，而没有考虑器件与司机之间的关系，因而除了对布局的拓扑结构进行分析外，还需要对布局作业操作的便捷性进行分析。由于操作便捷性分析具有较大的主观性，存在着较大的模糊性，针对该问题，基于模糊理论探讨显控界面布局操作便捷性分析方法。

1. 操作便捷性分析指标体系的构建

由于操作便捷性无法直接进行量化分析，需要从整体的角度来建立布局操作便捷性分析指标体系。评价指标选取应遵循三个原则，即目的性原则、全面性原则和可操作性原则。根据以上三个原则，结合操作便捷性分析的特点，建立布局操作便捷性分析指标体系，如图 4-28 所示。布局操作便捷性分析指标体系为三层级指标体系：第一层为驾驶任务层，第二层为任务涉及的器件层，第三层为作业时人体关节角度便捷性。

人机交互系统显控界面布局分析必须结合具体需要执行的任务，因此第一层设置为任务层，根据分析指标选取原则，确定显控界面典型任务的筛选原则如下：①典型任务应覆盖所有场景；②在同一场景中优先选择操作频率高的任务；③典型任务应尽可能覆盖所有器件。

依据上述原则筛选了 8 个高速列车典型驾驶任务，这些任务分为正常行车驾驶任务和应急行车驾驶任务两大类。8 个典型驾驶任务分别为段内检查、发车准备与发车、恒速行驶、手动过分相、进站停车、受电弓控制故障、网压异常故障、牵引丢失。对于每一项任务，需要将其回归到显控界面上，因而将任务中执行操作对应的器件作为下一层的指标，即第二层为器件层，每个典型驾驶任务所涉及的器件见表 4-20。

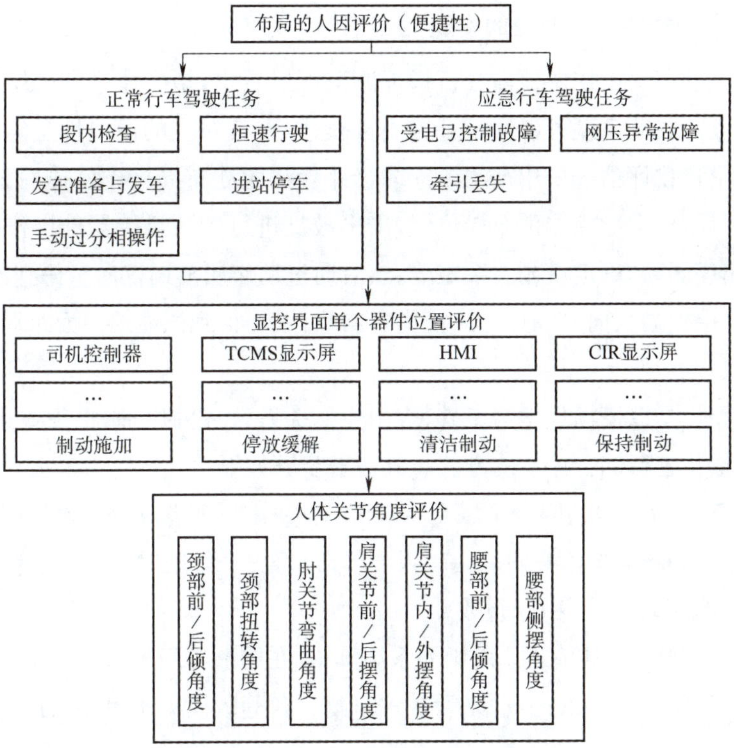

图 4-28　显控界面器件布局操作便捷性分析指标体系

表 4-20　典型驾驶任务涉及的器件

序号	典型驾驶任务	器　件
1	段内检查	HMI、DSD 手动按钮、司控器、紧急复位、释放左门、开左门、释放右门、开右门、关左门、关右门、停放施加、风笛、刮雨器、方向选择、总风压力表
2	发车准备与发车	操纵模式选择、司控器、HMI、VCB、紧急制动、前照灯、停放缓解、风笛
3	恒速行驶	CIR、司控器、HMI、操纵模式选择
4	手动过分相	司控器、HMI、手动过分相、GFX 过分相故障、VCB、TCMS、压力表
5	进站停车	司控器、停放施加、释放左门、开左门、关左门、释放右门、开右门、关右门
6	受电弓控制故障	HMI、司控器、CIR、受电弓
7	网压异常故障	HMI、VCB、CIR、司控器、受电弓、停放施加
8	牵引丢失	CIR、HMI、VCB、受电弓

对于每一个器件，被试在其操作时形成一定的作业姿势，其舒适关节角度即对应该器件操作的便捷性，因此第三层为作业时人体关节角度。结合显控界面的特点，选取除下肢外的 7 个活动角度，即颈部前/后倾角度、颈部扭转角度、肘关节弯曲角度、肩关节前/后摆角度、肩关节内/外摆角度、腰部前/后倾角度、腰部侧摆角度。通过设定这 7 个关节角度作为底层指标，使得上层器件层、顶层任务层具有统一的评价指标，从而使得分析模型具有可比性和实用价值。

2. 布局操作便捷性分析方法的构建

根据已建立的布局操作便捷性分析指标体系可以看出，指标体系的底层为操控显控器件时的关节角度。关节角度可以通过直接测量获得，但其对应的便捷性是定性的、模糊的，需要对其进行定量化评估。采用基于模糊综合评价法建立布局操作便捷性分析方法，其分析过程如下：首先，根据显控器件布局位置，采集被试进行各项显控器件操作时的人体关节角度，通过隶属度函数，确定模糊关系矩阵，然后通过动作层模糊权向量得到器件位置分析。同理，通过器件层模糊权向量和任务层模糊权向量，最终得到该显控界面布局的操作便捷性分析。

模糊综合评价是以模糊数学为基础，应用模糊关系合成的原理，将一些边界不清、不易定量的因素定量化进行综合评价的方法。其一般步骤如下：

步骤 1：确定评价对象的因素论域 $U=\{u_1, u_2, \cdots, u_n\}$，即有 n 个评价指标。

步骤 2：确定评语等级论域 $V=\{v_1, v_2, \cdots, v_m\}$，每一个等级对应一个模糊子集。一般情况下，评语等级数 m 取[1,5]中的整数。

步骤 3：进行单因素评价，建立模糊关系矩阵 $\boldsymbol{R}$，在构造等级模糊子集后，需要逐个对被评事物从每个因素 $u_i(i=1,2,\cdots,n)$ 来看被评事物对各等级模糊子集的隶属度 $(\boldsymbol{R}|u_i)$，进而得到模糊关系矩阵 $\boldsymbol{R}$。

步骤 4：确定评价因素的模糊权向量 $\boldsymbol{A}=(a_1, a_2, \cdots, a_n)$。在模糊综合评价中，权向量 $\boldsymbol{A}$ 中的元素 a_i 本质上是因素 u_i 对模糊子集的隶属度，因而一般用模糊方法来确定，并且在合成之前要归一化。

步骤 5：利用合适的合成算子将 $\boldsymbol{A}$ 与各被评事物的 $\boldsymbol{R}$ 合成得到各被评事物的模糊综合评价结果向量 $\boldsymbol{B}$，模糊综合评价的模型为

$$\boldsymbol{A}\circ\boldsymbol{R}=(a_1, a_2, \cdots, a_n)\begin{pmatrix} r_{11} & r_{12} & \cdots & r_{1m} \\ r_{21} & r_{22} & \cdots & r_{2m} \\ \vdots & \vdots & \ddots & \vdots \\ r_{n1} & r_{n2} & \cdots & r_{nm} \end{pmatrix}=(b_1, b_2, \cdots, b_m)=\boldsymbol{B} \tag{4-29}$$

其中，$b_j(j=1,2,\cdots,m)$ 是由 $\boldsymbol{A}$ 与 $\boldsymbol{R}$ 的第 j 列运算得到，它表示被评事物对 v_j 等级模糊子集的隶属程度。

3. 隶属度函数的确定

为建立关节角度与便捷性之间的模糊关系，需要建立隶属度函数。根据《袖珍工效学数据汇编》和 *Humanscale* 中规定的关于 7 个指标的角度范围，综合确定的范围见表 4-21。

表 4-21　七个指标的参考范围

关　节	方　　向	合理角度	舒适角度
颈关节	低头、仰头	[−45°,40°]	[12°,25°]
	左转、右转	[−79°,79°]	0°
肘关节	弯曲、伸展	[0°,130°]	[85°,110°]
肩关节	前摆、后摆	[−61°,135°]	[40°,90°]
	外摆、内摆	[−44°,110°]	0°
腰关节	前俯、后仰	[−30°,70°]	0°
	左转、右转	[−25°,25°]	0°

设 7 个指标为角度 α，角度的论域为表 4-21 中的合理范围，评语集定义为 $u=\{$非常便捷，较便捷，一般，较不便捷，非常不便捷$\}$，评语集等级标度及分值见表 4-22。

表 4-22　评语集等级标度及分值

u	评　　语	分　　值
u_1	非常便捷	5
u_2	较便捷	4
u_3	一般	3
u_4	较不便捷	2
u_5	非常不便捷	1

使用三角形(梯形)隶属度函数作为模型，构建角度与便捷性之间的隶属度函数。

4. 权重信息的采集

(1)信息采集平台及设备

为确定评价指标的权重，需要对模型的基本信息进行采集，信息采集利用郑州铁路职业技术学院的 6 台司机驾驶模拟器，如图 4-29 所示。这些司机驾驶模拟器整体结构和范围满足《机车、动车、动车组和驾驶拖车的司机室设计》(UIC 651)和《机车司机室布置规则》(GB/T 6769)中关于驾驶台的要求。

采集设备采用 Perception Neuron 软件(图 4-30)，Perception Neuron 软件能够在各种环境中较为精确地测量人体运动中的身体位置。由于在本次采集中仅需要上半身的数据，因此在头部、上臂、下臂、手、躯干和骨盆佩戴 9 个传感器，由接收器接收数据，并实时记录关节角度、运动速度等信息。

(2)信息采集对象

本次采集共选取年龄在 18～26 岁之间的成年男性 25 名，其身高覆盖第 5 百分位至第 95 百分位中国成年男性人体尺寸。

(3)采集流程

整体采集过程可以分为校准培训、练习阶段和正式采集阶段。正式采集阶段 6 种车型

图 4-29　动车组驾驶模拟器

图 4-30　Perception Neuron 软件界面

随机进行。

①校准培训中，介绍实验流程、驾驶要求及问卷填写方法。

②练习阶段中，采集人员讲解采集过程要求。采集人员播放任务指令，被采集者听到指令后，做出相应的反应，如果被测者操作出错，则需重新进行该任务。

③正式采集阶段中，共有 6 种车型，6 种车型的测试采集顺序完全随机，每位被测者需完成所有车型相同的 8 个操作任务，但任务顺序随机，采集主要过程与练习阶段相同。

5. 操作便捷性分析模型中权重的计算

采用基于群决策的层次分析法，对被采集者评价意见进行聚合，计算得到关节角度权重为 $\boldsymbol{\omega}_{ja}=[0.121,0.135,0.164,0.160,0.170,0.122,0.128]^{\mathrm{T}}$。

由关节角度信息、隶属度函数、关节角度权重、操作便捷性评价值计算组合得到模糊决策表，进而确定器件权重，见表 4-23。

表 4-23　器件权重

任务编号	器件权重向量
任务 1	$\boldsymbol{\omega}_{da1}=(0.128,0.133,0.127,0.123,0.112,0.109,0.069,0.099,0.113)$
任务 2	$\boldsymbol{\omega}_{da2}=(0.299,0.236,0.246,0.220)$
任务 3	$\boldsymbol{\omega}_{da3}=(0.138,0.141,0.138,0.163,0.134,0.132,0.154)$
任务 4	$\boldsymbol{\omega}_{da4}=(0.142,0.114,0.117,0.134,0.144,0.108,0.146,0.096)$
任务 5	$\boldsymbol{\omega}_{da5}=(0.276,0.213,0.245,0.266)$
任务 6	$\boldsymbol{\omega}_{da6}=(0.188,0.144,0.191,0.146,0.173,0.158)$
任务 7	$\boldsymbol{\omega}_{da7}=(0.286,0.219,0.226,0.269)$
任务 8	$\boldsymbol{\omega}_{da8}=(0.058,0.057,0.058,0.052,0.053,0.066,0.068,0.051,0.066,0.059,0.059,0.061,0.058,0.064,0.065,0.063,0.043)$

任务权重的计算方法采用基于群决策的序关系赋权法，计算得任务权重为 $\boldsymbol{\omega}_{ta}=[0.105,0.111,0.115,0.122,0.125,0.129,0.140,0.153]^{\mathrm{T}}$。

6. 驾驶界面位置操作便捷性分析

根据以上布局操作便捷性分析方法，对高速列车驾驶台界面位置操作便捷性进行分析。从被试驾驶位置的角度出发，以驾驶台左下角点作为坐标原点建立坐标系，使用 55 mm×70 mm 的矩形将驾驶台分割成网格。以最常用的控制器件按钮和旋钮为例，采用第 50 百分位男性人体尺寸对网格处的器件操作便捷性进行分析，其结果如图 4-31 和图 4-32 所示，其中 450 mm 及以下为左手操作范围，1 130 mm 及以上为右手操作范围，70、140、210、280 为距原点的垂直距离，单位为毫米(mm)。

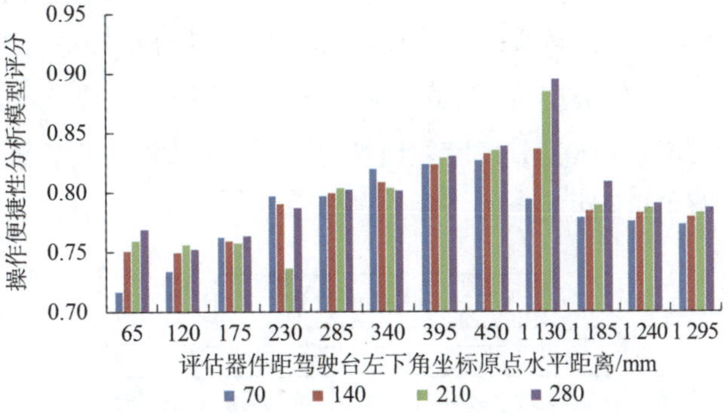

图 4-31　按钮在驾驶台各处的操作便捷性

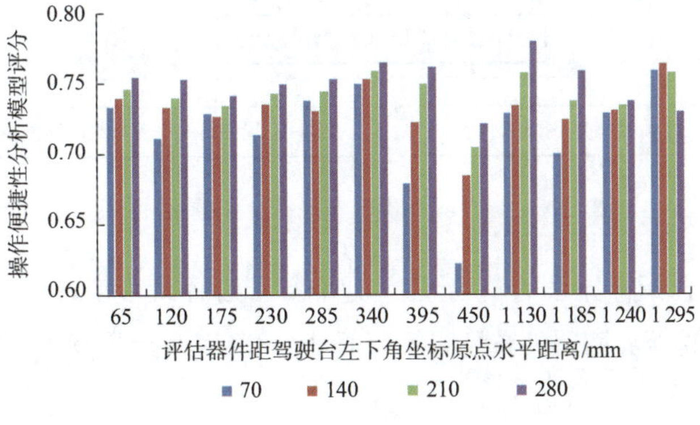

图 4-32　旋钮在驾驶台各处的操作便捷性

从图 4-31 可以看出，按钮在高速列车驾驶台各处的操作便捷性均大于 0.7，说明整体上高速列车驾驶台均处于操作较便捷的范围内，这是由于按钮能够放置的位置均在双手便捷操作范围内。具体而言，最佳位置位于(1 130，210)和(1 130，280)附近，该位置位于司控器右边，是距离右手放置位置最近的区域，因而该位置的按钮操作便捷性较好；较差位置为靠近坐标原点的位置，即驾驶台左下角位置。

将图 4-31 和图 4-32 对比可以发现：整体上旋钮在各个位置的操作便捷性趋势与按钮相似，但均比按钮评价低，这是由于相较于按钮，旋钮需要更精细的操作，对关节角度的弯曲更为敏感，因而整体趋势相似而评价值较低。在最靠近被试的位置，其评价值大幅下降，对比旋钮在(450，70)和(450，280)位置处的评价值可以发现，在(450，70)位置处，即靠近被试胸口的位置处，颈部前/后倾角度和肘关节弯曲角度明显劣于稍远处的(450，280)位置，这是由于前者离被试太近，导致身体关节需要较大的弯曲角度才能触及，因而影响该位置的评价值。

4.3.3 驾驶界面布局综合评价建模

1. 布局综合评价模型的建立

在布局的拓扑结构分析和操作便捷性分析的基础上，建立显控界面器件布局综合评价指标体系，如图 4-33 所示。布局综合评价包括操作便捷性分析和拓扑结构分析两方面，每个方面的评价下层都对应任务层，任务层指标下对应单个器件位置评价，最终布局操作便捷性分析将器件位置对应到人体关节角度便捷性上，而拓扑结构分析将器件位置对应到器件布局网络与任务网络的匹配性上。

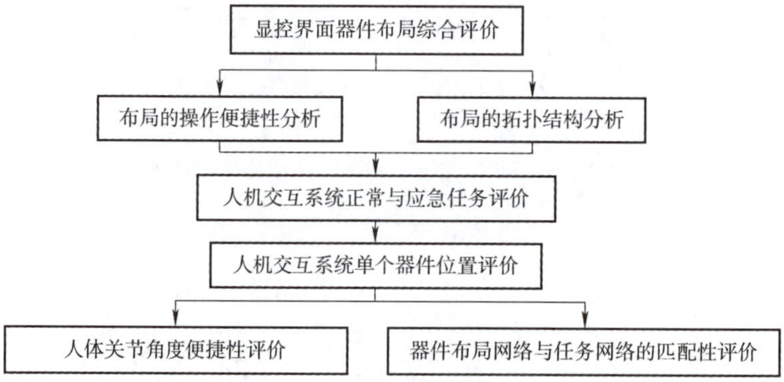

图 4-33　显控界面器件布局综合评价指标体系

在以上布局综合指标体系的基础上，构建布局综合评价模型，由于操作便捷性分析E_e和拓扑分析E_t对于显控界面器件布局同等重要，因此采用两者的算术平均值计算综合评价E_c，即

$$E_c=\omega_e E_e+\omega_t E_t \tag{4-30}$$

其中，$\omega_e=\omega_t=0.5$。

2. 布局综合评价模型的验证

(1)实验布局方案的设置

验证实验平台与设备和权重信息采集过程相同。

(2)参试者

本实验选取 25 名年龄在 18～26 岁之间的在校男生作为参试者，其身高覆盖第 5 百分位至第 95 百分位中国成年男性人体尺寸。

(3)实验设计

本实验的自变量为布局方案和参试者，由布局生成算法通过调整参数生成布局方案 15 套。因变量为评价方式，共有两种方式，分别为主观评价和模型评价。

(4)实验流程

实验流程见表 4-24。

表 4-24　实验流程

实验阶段	任　　务	时　长
准备阶段	主试协助参试者佩戴实验设备，主试介绍实验目的，参试者填写知情同意书	约 10 min
培训阶段	主试介绍驾驶操作要求，参试者熟悉驾驶台器件待布位置编码及操作方式	约 10 min
休息阶段	参试者休息	约 5 min
练习阶段	随机两套布局方案的练习操作：①3 min 熟悉布局方案；②参试者按要求调整至实验初始状态；③主试播放任务指令，参试者依据指令做出反应，主试适当暂停指令指导参试者操作；④完成所有任务后，参试者休息，主试调整布局方案	约 45 min
休息阶段	参试者休息，主试调整布局方案	约 5 min
设备校准阶段	参试者保持上身正直，主试校准动作捕捉设备	约 5 min
正式阶段	随机 15 套布局方案的正式操作：①3 min 熟悉布局方案；②参试者按要求调整至实验初始状态；③主试播放任务指令，参试者依据指令进行操作；④完成所有任务后，参试者填写布局方案评价表并休息，主试保存动作捕捉系统采集的数据并调整布局方案	约 300 min
结束阶段	参试者填写个人信息	约 5 min

3. 实验结果与分析

通过实验采集被试操作过程中的关节角度，由此计算各个布局方案的拓扑结构分析、操作便捷性分析、综合评价和主观评价，其结果见表 4-25。

表 4-25　15 个方案的评价值

方案	拓扑结构分析	操作便捷性分析	综合评价	归一化主观评价
1	0.807	0.795	0.801	0.741
2	0.823	0.805	0.814	0.871
3	0.828	0.799	0.814	0.839
4	0.798	0.803	0.800	0.754
5	0.821	0.801	0.811	0.765
6	0.819	0.797	0.808	0.785
7	0.798	0.792	0.795	0.809
8	0.839	0.797	0.818	0.815
9	0.823	0.796	0.809	0.799
10	0.800	0.799	0.799	0.817
11	0.840	0.792	0.816	0.778

续上表

方案	拓扑结构分析	操作便捷性分析	综合评价	归一化主观评价
12	0.810	0.800	0.805	0.762
13	0.767	0.796	0.782	0.730
14	0.776	0.794	0.785	0.741
15	0.782	0.806	0.794	0.704

采用一致性分析对比两种方法结果的一致性。使用 Bland-Altman 分析法将归一化主观评价与综合评价进行一致性分析，其结果见表 4-26 和图 4-34。可以看出，所有样本点均在 95%一致性限度范围内，综合评价值与归一化主观评价值相比，差值的绝对值最大为 0.239，差值平均值为 0.005。

表 4-26　Bland-Altman 一致性分析结果

一致性分析	差值平均值	差值标准差	一致性限度范围
归一化主观评价和综合评价	0.005	0.126	[−0.242,0.253]

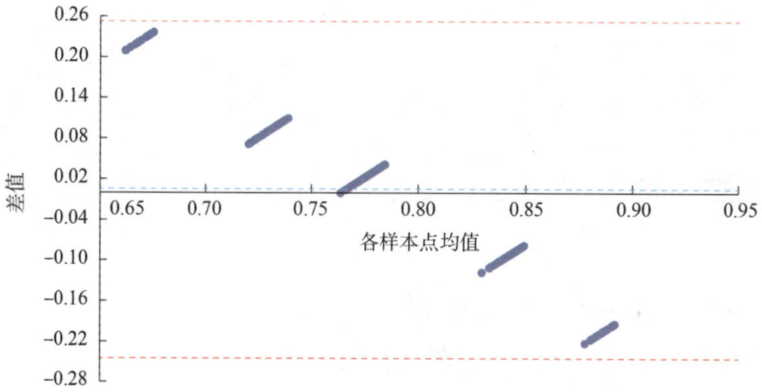

图 4-34　归一化主观评价和综合评价一致性分析

综上所述，综合评价均与归一化主观评价具有较好的一致性。说明显控界面器件布局综合评价方法是有效的，而综合评价的两个指标，拓扑结构分析和操作便捷性分析都是对布局进行了某一方面的评价，并没有从总体上对布局进行评价，因此单独使用这些指标难免会有所偏颇。

参 考 文 献

[1] BONNEY M C，WILLIAMS R W. CAPABLE. A computer program to layout controls and panels[J]. Ergonomics，1977，20(3)：297-316.

[2] ALPPAY C，BAYAZIT N. An ergonomics based design research method for the arrangement of

helicopter flight instrument panels[J]. Applied ergonomics,2015,51:85-101.
[3] SANDERS M S,MCCORMICK E J. Human factors in engineering and design[M]. Singapore: McGraw-Hill,Inc.,1993.
[4] DIFFRIENT N,TILLEY A R,HARMAN D. Humanscale 1/2/3/4/5/6/7/8/9[M]. Massachusetts: Henry Dreyfuss Associates,1974.
[5] 国家市场监督管理总局,国家标准化管理委员会. 中国成年人人体尺寸:GB/T 10000—2023[S]. 北京:中国标准出版社,2023.
[6] FITTS P M. The information capacity of the human motor system in controlling the amplitude of movement[J]. Journal of experimental psychology,1954,47(6):381-391.
[7] MACKENZIE I S,SELLEN A,BUXTON W A. A comparison of input devices in element pointing and dragging tasks[C]// ACM. Proceedings of the SIGCHI conference on human factors in computing systems. [S. l.:s. n.],1991:161-166.
[8] 国家技术监督局. 操纵器一般人类工效学要求:GB/T 14775—1993[S]. 北京:中国标准出版社,1993.
[9] NAVIDI H,BASHIRI M,BIDGOLI M M. A heuristic approach on the facility layout problem based on game theory[J]. International journal of production research,2012,50(6/8):1512-1527.
[10] COELLO C C,LECHUGA M S. MOPSO:a proposal for multiple objective particle swarm optimization[C]// IEEE. Proceedings of the 2002 Congress on Evolutionary Computation. [S. l.: s. n.], 2002, 2: 1051-1056.
[11] KENNEDY J. Swarm intelligence[M]. Boston:Morgan Kaufmann Publishers Inc.,2001.
[12] GOLDBERG D E. Genetic algorithms in search,optimization & machine learning[M]. Boston: Addison-Wesley Publishing Company,Inc.,1989.
[13] LIN Q Z,LI J Q,DU Z H,et al. A novel multi-objective particle swarm optimization with multiple search strategies[J]. European journal of operational research,2015,247(3):732-744.
[14] MCATAMNEY L,CORLETT E N. RULA :a survey method for the investigation of work-related upper limb disorders[J]. Applied ergonomics,1993,24(2):91-99.
[15] HORVATH S. Weighted network analysis-applications in genomics and systems biology[M]. New York:Springer,2011.
[16] 胡永宏,贺思辉. 综合评价方法[M]. 北京:科学出版社,2000.
[17] 牛可. FAO行车调度团队任务复杂性研究[D]. 北京:北京交通大学,2019.
[18] 郎佳宁. 一种面向全自动运行地铁驾驶界面布局设计方法的研究[D]. 北京:北京交通大学,2019.
[19] 朗格. 袖珍工效学数据汇编[M]. 黄金凤,译. 北京:中国标准出版社,1985.
[20] RAILWAYS I U O. Layout of driver's cabs in locomotives,railcars,multiple-unit trains and driving trailers:UIC 651[S]. Paris:International Union of Railways,2002.
[21] 中华人民共和国国家质量监督检验检疫总局,中国国家标准化管理委员会. 机车司机室布置规则:GB/T 6769—2016[S]. 北京:中国标准出版社,2016.
[22] 裘瀚照. 基于任务的人机交互系统显控器件布局设计方法[D]. 北京:北京交通大学,2021.

第5章 工作负荷建模及在列车驾驶任务分析中的应用

动车组列车驾驶任务是一类在时间和空间上具有操作不确定性，且信息量大、行为复杂的活动集合，是一种典型的复杂动态监控任务。如何保证列车驾驶任务的执行绩效，构建人在环的安全评价体系，成为列车驾驶交互设计中亟待解决的问题。工作负荷作为重要的工效学指标之一，目前普遍被作为人机交互任务设计水平的一个有效度量，而形式化方法中的Petri网则被广泛应用于复杂动态系统的建模分析当中。本章从复杂动态监控任务工作负荷的角度出发，引入形式化的方法，采用Petri网对列车驾驶任务工作负荷测量的可行性和有效性进行论证，并探索其工程应用的可行性，为列车驾驶任务的优化设计提供理论方法和技术支撑。

5.1 复杂动态监控任务与形式化建模

5.1.1 复杂动态监控任务的特征

1. 复杂动态监控任务的定义及适用环境

动车组列车驾驶任务是一类典型的复杂动态监控任务。复杂动态监控任务的概念起源于20世纪80年代对认知系统工程的研究，它是一种在复杂、动态、实时、具有自动化组件的人机系统中有人介入的监视与控制任务。复杂动态监控任务广泛存在于如核电站主控室、空间站、武器系统和列车系统等安全苛求系统中，这类系统在设计中通常以任务的达成为主要目标，具有较高的数字化程度，其绝大部分任务信息通过计算机传递给操作者，任务失败或系统故障会引起灾难性后果。Reason于1990年研究了六个由于复杂动态监控任务执行失败带来严重后果的例子，指出为了防止事故应该提高系统设计的容错性，同时重视与复杂任务和系统相关的人机界面设计。

系统中复杂动态任务的“复杂”是由不同的认知技能所导致的、基于“宏观认知”的复杂，它和Holyoak等人提出的在象棋、医学诊断、解决代数问题等专业技术中基于“微观认知”的复杂是不同的。这种“复杂”不仅与人对系统的理解有关，而且与环境的动态性、互联性、不确定性和风险有关。复杂动态监控任务一般是指含有多个目标、没有清晰定义的最佳操作行为组合，不存在适用于不同作业者的最优任务执行策略。

2. 复杂动态监控任务的分类和特点

复杂动态监控任务在安全性方面要求严苛，在执行任务时通常存在两种情况，一种是常态情况，操作者可以依据操作规程和预案有序完成任务；另一种是应急情况，操作者需要根据自身的经验进行反应。基于此，从任务的状态出发，将复杂动态监控任务分为常态下的连续监控任务和应急或繁忙情况下的短时并发多任务两种。

(1)常态下的连续监控任务：这种类型的任务一般具有严格的操作规程，在任务执行过程中操作者的行为具有时间和空间上的确定性，且其认知行为一般均基于技能和规则。这类任务的复杂性主要体现在其实施流程和任务当中人需要交互的对象的数量和类型上，但操作的规范性和任务的重复性会抵消一部分复杂性；动态性则主要体现在外部环境的变化上，如执行时间和外界环境的变化。连续监控任务在复杂动态监控任务中占绝大部分时间比例，但由于其严格受规则指导，且绝大部分操作实际上由计算机代替人执行，因此安全风险较小，存在的主要绩效风险为由于长时间低负荷状态引起的操作者能力钝化问题。例如列车驾驶过程中站间阶段监控任务属于典型的常态连续监控任务，在此期间列车在轨道上严格遵循时刻表运行，具备空间和时间上的确定性，驾驶任务具有严格的操作规程，司机根据规程实施相应的行为以完成列车驾驶。区间驾驶任务类型固定，驾驶过程中外界光环境对司机识别轨道异物和信号会产生一定的影响。此外，由于驾驶舱具备较高的自动化等级，驾驶任务高度重复，因此容易出现因长时间依赖自动化设备而出现的能力钝化问题，主要表现在出现应急处置时的反应力下降和误操作。

(2)应急或繁忙情况下的短时并发多任务：这种类型的任务多发生在紧急或自动化失效的情况下。短时并发多任务具备高度的不确定性，且大多数任务只有很短的有效处理时间，因此很少能够全面概括这类任务的操作规程。该任务执行过程中操作者的行为具有时间和空间上的不确定性，且其认知行为有部分是基于平时操作经验的总结，因此极大地考验操作者自身的能力。短时并发多任务在复杂动态监控任务中占很小部分时间比例，但绝大部分操作为自动化设备失效时由操作者代替计算机执行，具有较大的执行风险，其主要绩效风险为短时间内资源冲突导致的人为失误。以列车驾驶任务为例，如在停车对标时出现过标事件，司机则需要按操作规程上报列车调度员、切除车载控制器、缓解紧急制动、改变牵引方向、退行对标、打开站台门、切换至强制开门使能后再开车门，这些操作需要在短时间内完成，一旦出现次序混乱或误操作，将会给后续运营带来风险。

3. 复杂动态监控任务的构成要素分析

复杂动态监控任务在传统任务基础上突出了复杂、动态和监控三个特点，其由以下要素构成：

(1)流程：即从时间角度观察到的任务走向。一个确定的任务流程至少包括起始行为和结束行为。

(2)结构:即任务的构成,包含任务的空间和时间结构。任务的空间结构指出该任务的对象/执行器等是单一的还是多个组合的;任务的时间结构指出该任务在时间上是串行的还是并行的。

(3)目标:即任务执行完毕后系统本身的状态或系统的产出。目标在任务中并不总是单一存在的,如含有多个子任务的多任务很可能包含多个目标,此外目标与是否完成任务不一定相关。

(4)行为:即任务当中人的活动的主要体现。行为序列是任务空间结构的基本组成部分,在任务执行过程中,大部分行为都是为了完成任务目标而去实施的,也有少部分行为是为了使操作者保持舒适状态而自发进行的。

(5)对象:即任务的主体。对象是泛指,可以是人或机器,也可以是外部任何物体。任务的展开是系统和人的行为围绕任务对象进行空间或时间上的运动而导致的。

4. 复杂动态监控任务的工作负荷特征

作为复杂动态监控任务的两种构成类型,连续监控任务和短时并发多任务具有不同的工作负荷特征。连续监控任务一般根据标准操作规程开展,行为数量和类型相对固定,因此其工作负荷易于评估。由于操作者长期在固定规则下重复执行任务,因此可以忽略学习效应对工作负荷的影响。此外,不同操作者对系统的熟悉程度不同,会导致操作行为的差异,直接影响其工作负荷。短时并发多任务的工作负荷主要受两个因素影响:一是操作者的经验,熟练的操作者要比新手感受到的负荷更低;二是其中子任务的执行顺序,不合适的子任务执行顺序可能增加操作者的认知行为数量,并可能造成更多资源冲突,增加其工作负荷。

5.1.2 复杂动态监控任务形式化建模

工作负荷的评估是人机界面设计中的一个关键因素,并对工作场所的舒适性、满意度、有效性和安全性具有重要影响。从行为层面和任务过程的角度构建基于 Petri 网的常态下连续监控任务工作负荷模型,通过分析任务中行为的数量和类型,利用着色 Petri 网对任务进行建模,以实现工作负荷的测量。

1. 建模理论体系与方法

既有研究指出,工作负荷和事故频率及工作绩效密切相关,目前工作负荷的定义更多解释为执行任务时所消耗的时间和认知资源,其中用于直升机驾驶员工作负荷评估的 VACP 方法应用较为广泛。它从行为层面对负荷进行评估,通过任务分析完成负荷测量。但其局限性在于如何具体应用 VACP 方法并不统一,一些学者在任务分析后直接结合行为时间来考虑负荷值,而另一些学者则考虑了不同界面通道的冲突对负荷的影响。此外,该方法并未对连续和离散的重复行为对负荷的影响进行区分,造成了预测精确度的下降。

着色 Petri 网(colored Petri net,CPN)是在传统 Petri 网的基础上拓展出的高级 Petri 网,其库所、变迁、有向弧等构成元素能够适应不同任务分析的需要,具备良好的人因分析接口,结合 VACP 方法对相应的库所或变迁增加属性,能够将相关负荷概念和要素整合到一个框架内,以进一步提高 Petri 网的描述能力,这为利用其进行工作负荷的评估提供了可能。考虑到连续监控任务中容易出现大量重复行为,例如《司机室设备　警惕装置》(TB/T 3333)中要求列车司机每隔 30 s 对警惕装置进行一次操作,本章尝试利用 CPN 对基于行为的工作负荷进行建模,通过对 CPN 组成元素和任务之间映射关系的分析,将经典的多资源理论融入 CPN 中,建立 CPN 中工作负荷相关参数的计算方法,在 CPN 中实现对工作负荷的描述。

(1)任务要素的 CPN 映射分析

一个着色 Petri 网是一个六元素集合(P,T,F,C_t,M_0,W),其中库所、变迁和有向弧的三元素组合(P,T,F)是基础 Petri 网,$C_t=\{c_{t1},c_{t2},\cdots,c_{tn}\}$是变迁的颜色集,$M_0$是库所初始托肯数集合,$W$ 是有向弧权重的集合。为了构建基于 CPN 的工作负荷评估模型,本节建立了 Petri 网的基本构成元素库所、变迁、有向弧、托肯与任务构成单元的映射关系。

对于复杂任务流程,任务过程的流动是由事件发生而导致,通常事件可以分为系统事件和人的行为两类,系统事件是工作负荷产生的致因,而人的行为是工作负荷的载体。因此,变迁被用来表示一种具体的行为;库所代表具体行为指向的系统对象;有向弧代表任务执行方向,即以行为为任务单元,指出下一个待执行的行为及其对应的系统对象;托肯代表行为的客观资源需求量,具体行为类型及资源需求量值根据表 5-1 的 VACP 评分对应查取。在 Petri 网中,工作负荷是由人行为的施加(变迁的发生)导致的资源消耗和回收(库所托肯的消耗和增加)。

表 5-1　VACP 评分

评分	描　述	评分	描　述
视　觉		听　觉	
0	无视觉活动(V_0)	0	无听觉活动(A_0)
1.0	检测到物体(V_1)	1.0	听觉检测(A_1)
3.7	视觉辨别(V_2)	2.0	听觉指向(A_2)
4.0	视觉查找、检查(V_3)	4.2	听觉定位(A_3)
5.0	视觉定位(V_4)	4.3	确定声音反馈(A_4)
5.4	视觉跟踪(V_5)	4.9	解释语义(A_5)
5.9	视觉读取符号(V_6)	6.6	区别声音特征(A_6)
7.0	视觉浏览、查找、监控(V_7)	7.0	解释声音模式(A_7)
认　知		动　作	
0	无认知活动(C_0)	0	无活动(P_0)

续上表

评分	描述	评分	描述
1.0	自动(C_1)	1.0	讲话(P_1)
1.2	二选一(C_2)	2.2	离散行为(P_2)
3.7	信号识别(C_3)	2.6	连续调节(P_3)
4.6	考虑单方面的评估(C_4)	4.6	操纵(P_4)
5.3	编码/解码(C_5)	5.8	离散调节(P_5)
6.8	考虑多方面的评估判断(C_6)	6.5	写(P_6)
7.0	评估,计算,考虑(C_7)	7.0	键盘输入(P_7)

(2)任务结构建模

任务结构建模分为两个部分,即基于 Petri 网的交互过程的构建和"V/A-C-P"单元的形式和数量的确定。

①基于 Petri 网的交互过程的构建

三维多资源结构模型如图 5-1 所示,人机交互过程可分为三个阶段:察觉—认知—动作。根据 VACP 评分,一个完整的简单交互过程可以以一个"V/A-C-P"单元表示,其中 V/A 代表察觉,C 代表认知,P 代表动作,"V/A-C-P" 单元的数量构成了计算工作负荷的基础。

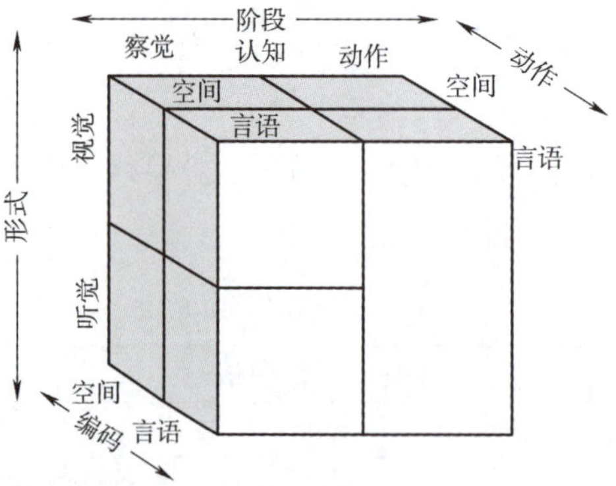

图 5-1 三维多资源结构模型

从图 5-1 还可以看出,一个完整交互过程中察觉、认知、动作三个阶段均是双通道的,每个阶段都可以占用空间、言语两类资源,即交互过程是一个并行过程。Petri 网具有描述并行过程的能力,四类 Petri 网基本结构可以作为并行交互行为的一种抽象解释,如图 5-2 所示。

利用 Petri 网对多资源理论中信息处理过程进行描述,如图 5-3 所示,其中信息输入分为视觉组成部分和听觉组成部分。经过察觉(视觉/听觉获取)后,信息的状态变成"待编码",由于待编码状态的视觉/听觉信息既可以进行空间编码,也可以进行言语编码,因此这个过程可以通过与分支结构描述;经过编码之后,信息的状态变成"待回应",此过程仍然可

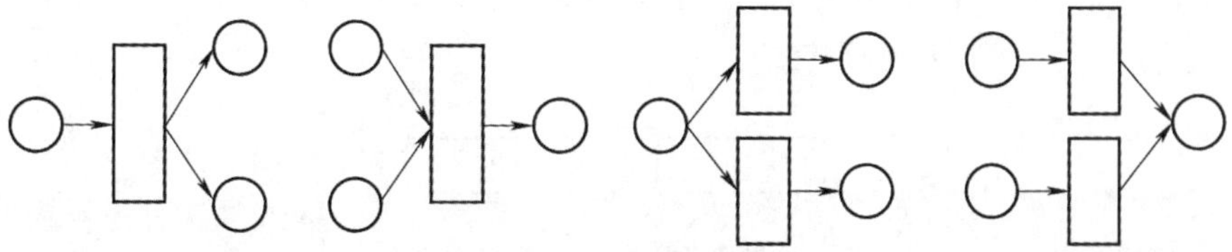

图 5-2　四类与并行描述有关的 Petri 网基本结构

以采用与分支结构来描述；最后，经过空间或言语回应的包含言语/空间（操作）内容的信息被输出。

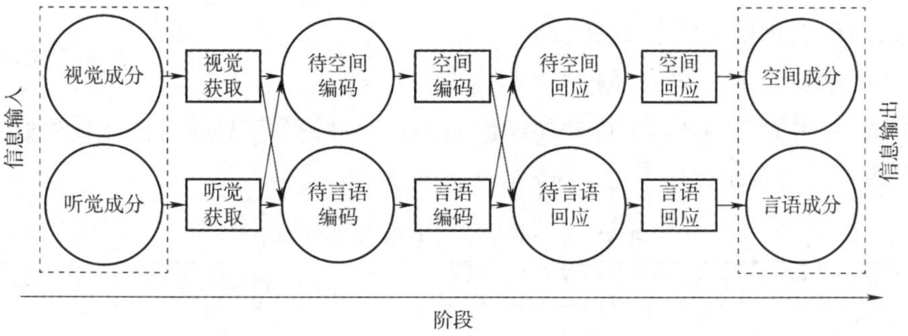

图 5-3　基于 Petri 网的多资源信息处理流程

一个常见的报警反馈交互示例如图 5-4 所示，操作者观察到报警图标时按下按钮作为响应，当报警再次出现时，操作者需要继续按按钮作为回应。从任务过程的角度来看，托肯应从库所“报警图标”（系统对象）不断移动至库所“按压按钮”（人的行为），但这一过程的资源流动违背了 Petri 网的基本原则，即“报警图标”库所的托肯数量是有限的。而在实际情况中，操作者的双眼在操作过程中需要保持对报警图标的持续注视，这表明报警图标库所实际上一直存在资源。

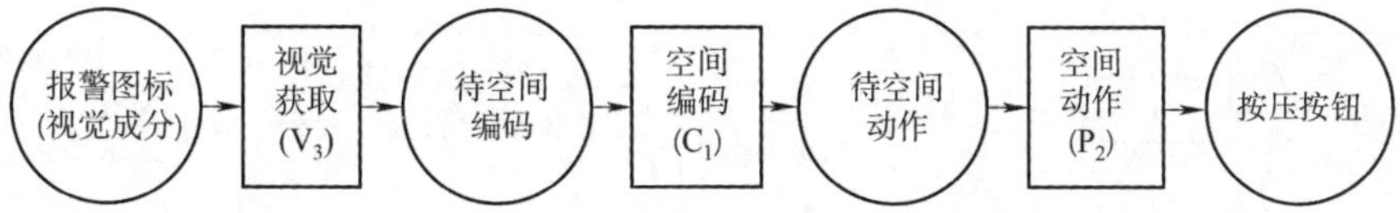

图 5-4　报警反馈交互示例

这里采用一种自环结构对上述报警反馈交互过程进行改进，如图 5-5 所示。其中，视觉获取（V_3）、空间编码（C_1），以及两个表述中间信息状态的库所被简化为一个变迁，与库所“报警图标”通过有向弧相连，将托肯变成消耗-再生的过程。同样，重复按下按钮的过程也可以通过一个连接“按钮”库所的变迁来完成。因此，在针对固定交互对象的任务中，工作负荷的产生可以由一个托肯消耗-再生的过程来描述，而对于多目标的交互，可以将其描述为变迁发生后托肯在不同库所中的移动。

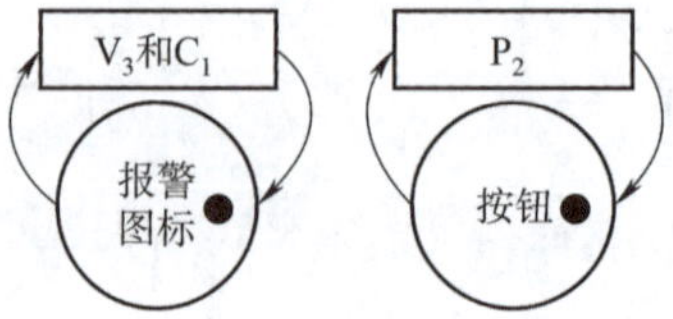

图 5-5　报警反馈交互过程的资源流动结构

可以看出，在通过 Petri 网构建基于行为的任务过程模型中，任务的行为集是由不同类型和数量的变迁所构成的，不同的人在同一个任务中表现出的不同行为造成了负荷差异，而且能够通过直观的图形化方法来表示。

②“V/A-C-P”单元的形式和数量的确定

根据图 5-2 中的四种 Petri 网结构类型可以对任务的交互单元进行建模，常见的任务单元类型见表 5-2，每种单元形式均以报警反馈过程为例。

表 5-2　七种“V/A-C-P”单元及其解释

“V/A-C-P”单元	描　　述	任务示例
 （a）	交互对象是固定的“A”	看到报警图标，点击报警图标
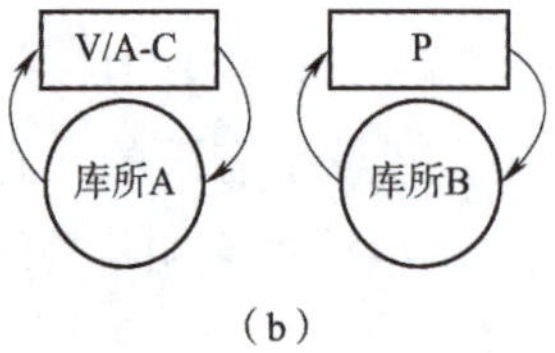 （b）	信息获取和认知过程固定于对象“A”，输出到对象“B”	看到报警图标，点击按钮
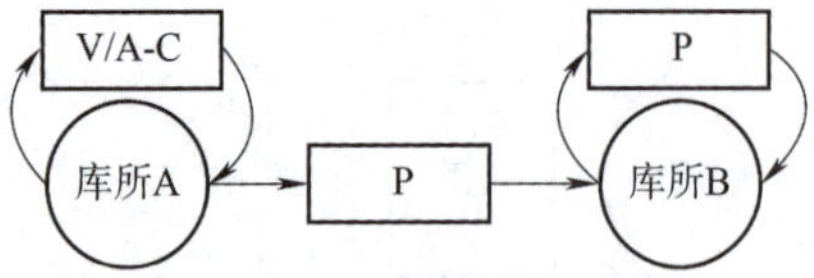 （c）	信息获取和认知过程固定于“A”，经过 P 行为后，再动作于对象“B”，中间的 P 行为一般指过渡行为	看到报警图标，移动身体/转动头部后点击按钮
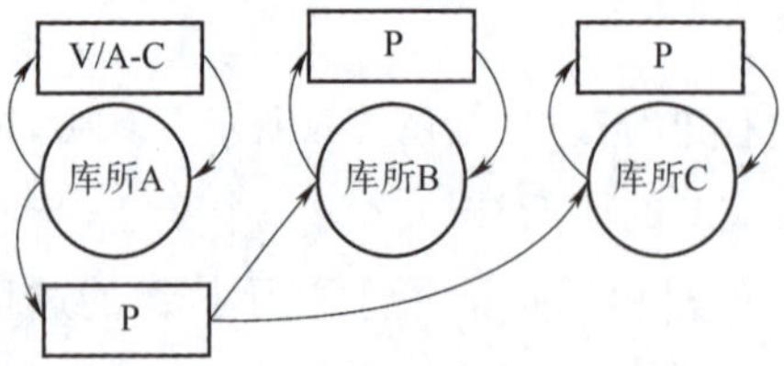 （d）	和（c）类似，其区别是经过 P 行为后，并行动作于“B”“C”两个对象，实际上，可能存在与多个对象进行并行交互，这里表示两个对象的情况	看到报警图标，移动身体/转动头部后同时点击两个按钮

续上表

"V/A-C-P"单元	描　述	任务示例
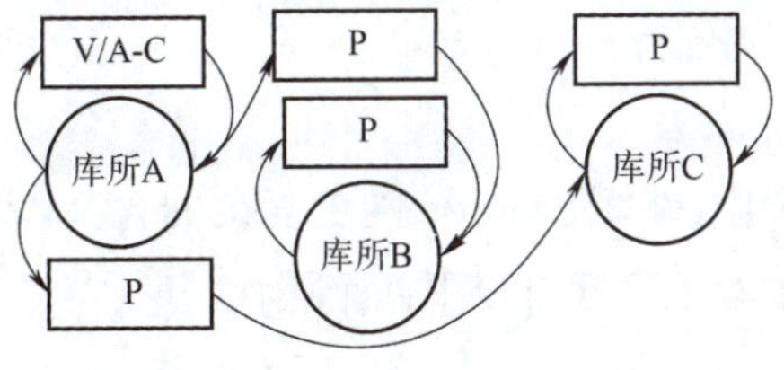 (e)	信息获取和认知的对象为"A",经过两个并行 P 行为后,再并行动作于对象"B"和"C"	看到报警图标,移动身体、转动头部后,分别点击两个按钮
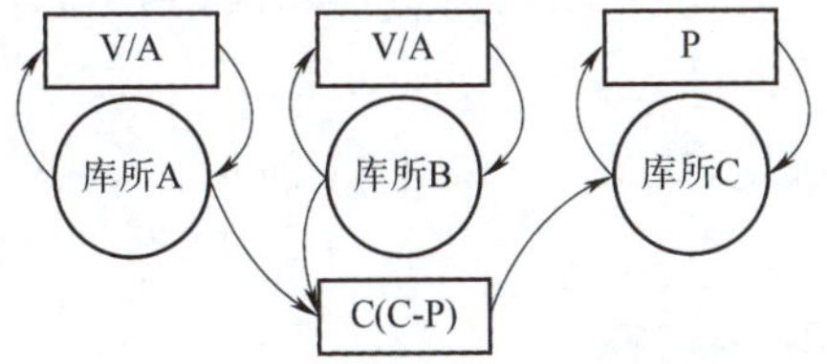 (f)	经由两个并行的获取过程,如同时进行 V 和 A,再经过 C 之后,动作输出到一个对象"C"	看到两个报警图标,思考后(移动身体/转动头部后)点击按钮
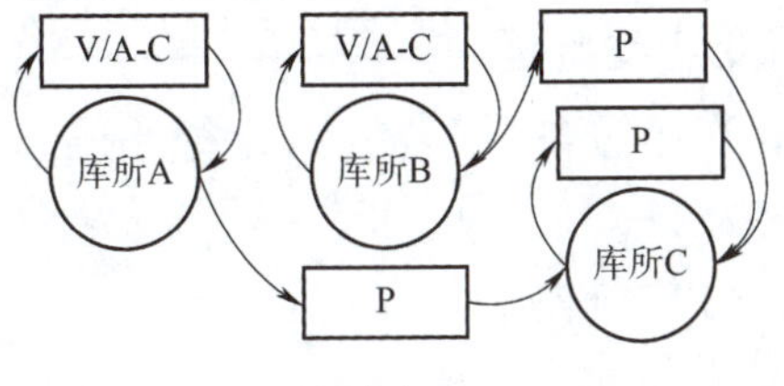 (g)	与(f)类似,区别在于有两个 C 位于并行过程当中,再经过 P 动作后输出到一个固定的库所"C"中	看到报警 1 和报警 2,分别思考其含义,分别经过相应动作后进行处理

由于 P 行为具有易记录、易精确估计的特点,且每一个产生负荷的 P 行为必然包括于"V/A-C-P"单元之中,因此"V/A-C-P"单元的数量可以通过 P 行为的数量来确定。若变迁不包含 P 行为,如 V/A、V/A-C 或 C 行为,则可以通过其所对应的包含 P 行为的变迁来确定,P 行为的数量具体可以根据以下四条规则计算:

规则 1:若交互对象的状态是二值的,其值每变化一次,则记录一个 P 行为。

规则 2:若交互对象的状态是连续的,基于相关学者提出的方法,对于交互对象的 n 个记录值 $X=\{x_1,x_2,\cdots,x_n\}$,通过式(5-1)和式(5-2)确定平均值 $\overline{m}$ 和标准差 s。

$$\overline{m}=\frac{\sum_{i=1}^{n}x_i}{n} \tag{5-1}$$

$$s=\sqrt{\frac{1}{n-1}\sum_{i=1}^{n}(x_i-\overline{m})^2} \tag{5-2}$$

令 $D_{\max}$ 为 n 个采集值中的最大差值,通过计算超出 $[\overline{m}-\max\{s,D_{\max}/10\},\overline{m}+\max\{s,D_{\max}/10\}]$ 值的区间个数,将其视为 P 行为的数量。

规则 3:如果任务过程中不包含任何 P 行为,例如操作者看到正确的报警信息后按下按钮,而错误的报警信息则无须按下,在这种情况下,任务的 Petri 网结构中只有 V-C 变迁,此时，可以通过记录错误报警出现的次数确定 V-C 变迁的个数。

规则 4：对于一些没有完整流程的交互任务，在设计实际任务时，可以通过增加能够验证记忆结果的动作，如口述或肢体操作等来实现行为记录。

(3)CPN 元素属性的构建

着色变迁和着色托肯一样，可以将网络结构简化，并赋予 Petri 网更复杂的含义，着色变迁在 CPN 模型中用于表示交互行为的属性，每个着色变迁有以下四个属性：

①资源的变化形式：即资源循环（resource recycling，RR）和资源转移（resource transferring，RT）。当 RR 发生时，托肯在一个库所中流动，表现为自环结构；当 RT 发生时，托肯从一个库所移动至另外一个库所。

②子变迁数量：通过具体的交互行为和规则来确定，如图 5-4 和图 5-5 所示。

③行为类型：具体参照表 5-1 中相应的行为类型。

④执行次序：表示变迁在任务流程的所有行为中的执行次序。

表 5-1 中所有行为所消耗的客观资源量乘 10 以便于工作负荷计算，着色变迁的一个例子如图 5-6 所示，它的变迁类型是 RT，包含三个子变迁，第一个子变迁是行为 C_1，执行次序为 39；第二个是 P_2，执行次序为 40；第三个是 P_1，执行次序为 41。

RT; 3(C_1: 39; P_2: 40; P_1: 41)

图 5-6　着色变迁示例

为了在 CPN 中对工作负荷进行有效描述，确立了以下原则。

①确定托肯的值和初始位置

托肯的位置根据任务流程，即第一个系统对象来确定，其值可以根据第一个发生的变迁消耗的资源值确定。示例如图 5-7 所示，当这个过程开始时，第一个交互行为是对应按钮的按下 P_2，因此，初始托肯位置为库所“按钮”，由于 P_2 行为消耗的资源量为 22，因此“按钮”库所的初始值设定为 22。

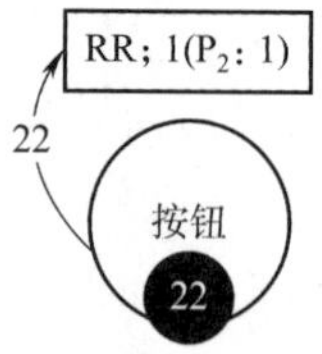

图 5-7　托肯初始值和位置示例

②有向弧权重的计算

为了在变迁发生后将托肯分配给不同的库所，建立有向弧权重的计算规则，以使 CPN 的运行能够符合实际的交互流程，以下为确定有向弧权重的规则。

规则 1：有向弧的权重与任务的执行过程和行为的次序有关，即从托肯的初始位置开始，按照交互对象的次序依次确定。

规则 2：由于交互行为产生的基础是存在足够的资源，因此，在 CPN 中，指向变迁的有向弧的权重应等于其第一个子变迁所消耗的资源量。

规则 3：有向弧的权重与资源是否完全从库所中转出有关，在图 5-8 所示的例子中，当变迁 RR；1(P_2：19，20，21，22)执行后，托肯完全从库所 A 中转出。然而，对于图 5-9 所示的例子，资源并未完全从库所 A 中转出，这是因为部分资源在库所 A 处于“保持”状态。在图 5-9 中，在变迁 RT；1(P_2：15)执行过后，操作者开始与库所 B 进行交互，此时有 10 个托肯位于“保持”状态，直到变迁 RT；2(C_1：17；P_2：18)被执行。

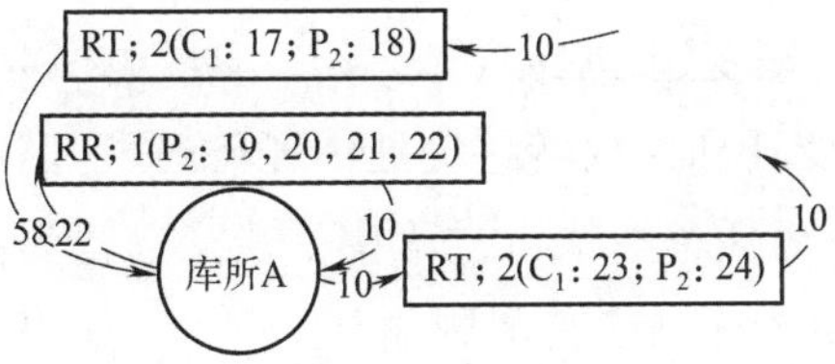

图 5-8　托肯完全从库所 A 中转出的示例

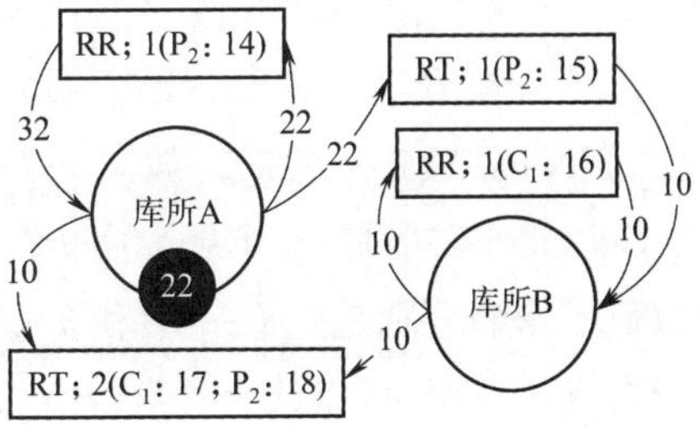

图 5-9　托肯不完全从库所 A 中转出的示例

规则 4：对于重复的交互行为，通过以下两个特殊规则来确定其相应库所前置有向弧的权重：

对于由一个库所和一个变迁组成的自环结构被连续执行多次的情况，需根据每次执行时的资源变化情况对有向弧权重进行修正。例如图 5-8 中，根据变迁 RR；1(P_2：19，20，21，22)的四次激发和变迁 RT；2(C_1：23；P_2：24)的一次激发，连接变迁 RT；2(C_1：17；P_2：18)和库所 A 之间的有向弧权重即为 12×4＋10＝58。

对于包含一个变迁和一个库所的自环被重复执行过多次，但变迁执行次序不连续的情况，需重新设置其前置变迁输出有向弧的权重。如果图 5-8 中的变迁 RR；1(P_2：19，20，21，22)变为图 5-10 所示 RR；1(P_2：19，20，21，22，56，57)，则可以通过设置前置变迁输出有向弧的权重来满足所需资源，即对于执行顺序为 55 的变迁，其输出有向弧的权重为 12×2＋10＝34。

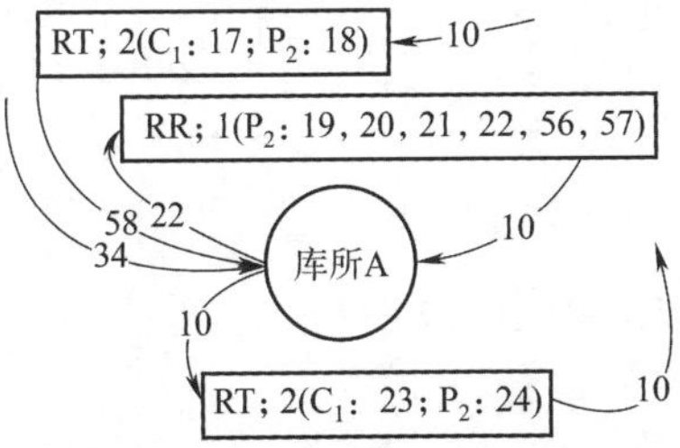

图 5-10　包含一个被分组执行多次的变迁和一个库所的自环示例

规则 5：由于变迁内部的子变迁均按顺序执行，因此确定子变迁和子库所之间有向弧权重的方法同前述。

③有向弧权重对工作负荷值的影响

交互行为导致工作负荷，且其在 CPN 模型中以变迁的形式存在。有向弧权重对工作负荷的影响因子计算见式(5-3)。

$$\text{factor} = \frac{\sum_{j=1}^{m} A_{ij}}{\sum_{k=1}^{n} A_{ik}} \sum_{p=1}^{q} T_{ip} \tag{5-3}$$

式中 A_{ij}——变迁的 m 个输出有向弧中第 j 个的权重；

A_{ik}——变迁的 n 个输入有向弧中第 k 个的权重；

T_{ip}——变迁的 q 个子变迁中第 p 个的所需资源。

在 CPN 的结构中，定义了如图 5-11 所示的自环变迁 RR；2(V_4：7；C_1：8)和转移变迁 RT；2(C_1：4；P_2：5)。假设当执行了一个 a 次自环变迁和 b 次转移变迁的任务时，它们对于工作负荷的影响分别是 $a/(a+b)$ 和 $b/(b+a)$。针对任务的执行过程中一些交互行为被重复执行多次的情况，可以认为连续/离散的重复行为对工作负荷的影响是不同的。假设一个变迁被执行了 k 次，并且其顺序为 $\{n_1, n_2, \cdots, n_k\}$，对于除第 n_1 个执行次序外 $k-1$ 个执行次序中第 n_j 个次序，其对工作负荷的影响因子是 $(n_j-n_{j-1})/(n_j-n_1)$。

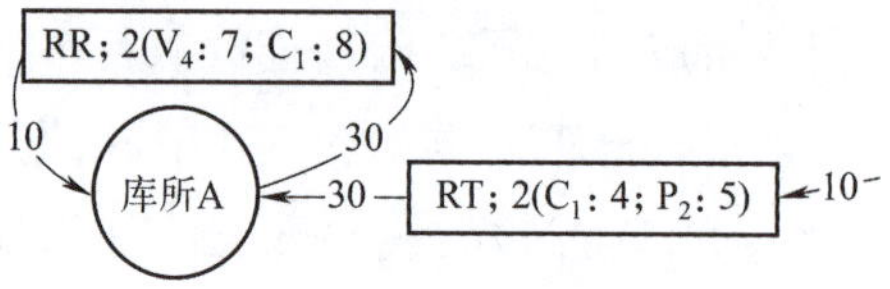

图 5-11 两种类型的变迁

(4)工作负荷的量化表示

根据任务要素的 Petri 网映射分析、任务结构的建模和 CPN 元素属性的构建结果，可以建立工作负荷计算模型，见式(5-4)。

$$\text{workload} = \frac{a}{a+b}\sum_{i=1}^{a}\left(\frac{\alpha_e-\alpha_{e-1}}{\alpha_e-\alpha_1}\frac{\sum_{j=1}^{m_i}A_{ij}}{\sum_{k=1}^{n_i}A_{ik}}\sum_{p=1}^{q_i}T_{ip}\right)+\frac{b}{a+b}\sum_{r=1}^{b}\left(\frac{\beta_f-\beta_{f-1}}{\beta_f-\beta_1}\frac{\sum_{s=1}^{t_r}A_{rs}}{\sum_{u=1}^{v_r}A_{ru}}\sum_{w=1}^{z_r}T_{rw}\right) \tag{5-4}$$

式中 a——所有自环变迁的执行次数；

b——所有转移变迁的执行次数；

m_i——第 i 个执行次序的自环变迁的输出有向弧个数；

n_i——第 i 个执行次序的自环变迁的输入有向弧个数；

q_i——第 i 个执行次序的自环变迁中所有子变迁所需资源量之和；

t_r——第 r 个执行次序的转移变迁的输出有向弧个数；

v_r——第 r 个执行次序的转移变迁的输入有向弧个数；

z_r——第 r 个执行次序的转移变迁中所有子变迁所需资源量之和；

p——第 i 个执行次序的自环变迁中第 p 个子变迁；

w——第 r 个执行次序的转移变迁中第 w 个子变迁；

α_e——第 i 个自环变迁的 c_i 个重复次数中的第 e 次；

β_f——第 r 个转移变迁的 d_r 个重复次数中的第 f 次。

2. 模型验证实验的设计与实施

为验证模型的正确性，通过实验对不同任务下的 CPN 模型工作负荷计算值与 NASA-TLX 主观负荷评价值对比分析进行论证。实验的自变量是不同的任务，因变量分别为每个任务的主观负荷值和 CPN 模型计算出的工作负荷值。

(1)测试环境和设备

实验硬件包含一台酷睿 i7-4770K、16GB 内存的电脑，一台 22 英寸显示器，鼠标、键盘、创新 Live 耳机、北通摇杆和一台 SMI iView X RED 非接触式视觉追踪设备。任务模拟采用的是第二代多属性任务测验(multi-attribute task battery-Ⅱ，MATB-Ⅱ)实验平台。它由系统监控任务(system monitoring，SYSMON)、跟踪任务(tracking，TRK)、联络任务(communcations，COMMUN)及资源管理任务(resource management，RESMAN)四个子任务组成，每个子任务可以通过设定参数来改变事件出现类型和时间，MATB-Ⅱ中嵌入了 NASA-TLX，可用于实验完成后评价被试相关任务的主观负荷值。

(2)实验任务设计

每次任务的执行时间为 5 min。MATB-Ⅱ的四个子任务均被设置成 3 个难度等级，具体描述见表 5-3。通过对四个子任务两两和三三组合，构成了由 12 个单任务、18 个双任务、12 个三任务组成的共计 42 个任务的任务库。

表 5-3　实验中的四个子任务以及难度等级划分

难度等级	SYSMON	TRK	COMMUN	RESMAN
等级 1	SYS15：15 个报警(5 个 F_5，5 个 F_6，5 个 $F_1/F_2/F_3/F_4$)	TRK20%：5 组包含 12 s MANUAL 和 48 s AUTOMATION	COM5：3 个 NASA504 和 2 个其他	RES1：每次在 8 个泵中随机故障一个，共 160 s
等级 2	SYS30：30 个报警(10 个 F_5，10 个 F_6，10 个 $F_1/F_2/F_3/F_4$)	TRK60%：5 组包含 36 s MANUAL 和 24 s AUTOMATION	COM15：9 个 NASA504 和 6 个其他	RES2：每次在 8 个泵中随机故障两个，共 160 s
等级 3	SYS45：45 个报警(15 个 F_5，15 个 F_6，15 个 $F_1/F_2/F_3/F_4$)	TRK100%：5 组包含 60 s MANUAL 和 0 s AUTOMATION	COM25：15 个 NASA504 和 10 个其他	RES3：每次在 8 个泵中随机故障三个，共 160 s

注：对于 TRK 跟踪任务，MANUAL 表示手动操纵过程(需要被试时刻控制摇杆通过调节手柄以保持瞄准圆位于方框中心，负荷较高)，AUTOMATION 表示自动操纵过程(被试无需控制摇杆，负荷较低)。NASA504 表示负荷较高的需要被试响应的 COMMUN 联络任务，“其他”表示负荷较低的无需被试响应的联络任务。

本次实验从任务库中选择 14 个任务，其中包含 COM5、RES2、TRK60%、SYS45 四个单任务，RES2 和 TRK60%、COM5 和 RES1、COM15 和 SYS30、SYS15 和 TRK20%、COM25 和 TRK100%、RES3 和 SYS45 六个双任务，以及 SYS15 和 RES1 和 TRK20%、RES2 和 TRK60%和 SYS30、RES2 和 TRK60%和 COM15、COM25 和 RES3 和 TRK100%四个三任务。14 个任务中，难度等级为 1、2、3 的任务分别有四个、六个和四个，SYSMON 任务、TRK 任务、COMMUN 任务及 RESMAN 任务则分别被执行了 6 次、8 次、6 次和

8 次。每个被试从 14 个任务当中随机选择 5 个来执行，选择过程通过计算机程序实现，以保证 14 个任务中每一个都被执行 10 次。

(3)实验实施

招募 28 名被试(18 男，10 女；13 名本科生，15 名研究生)，被试的年龄区间为 20 岁至 25 岁(平均值 22.75，标准差 1.5)。

每名被试大约需要 75 min 完成实验，每天安排两名被试进行实验，分别在 9 时至 11 时和 15 时至 17 时之间进行。被试在实验前首先签署知情同意书，且被分配到 COM5 任务的被试被要求告知他们的大学英语等级测试水平(CET4 或 CET6)。之后，被试进行实验的背景了解和学习，并进行 10 min 的练习。被试在调整好坐姿后，开始执行5 个正式任务。每个任务完成后填写电子版 NASA-TLX，之后休息 3 min。为了防止输入冲突，要求被试使用鼠标完成 SYSMON 任务，使用键盘完成 RESMAN 和 COMMUN 任务，被试的动作和听觉行为通过 MATB-Ⅱ软件本身和录像机记录，视觉行为通过 SMI iView X RED 非接触式视觉追踪设备记录。

(4)结果讨论和分析

通过计算 14 个任务的 CPN 模型及 NASA-TLX 的平均分值和标准差，可以得出二者结果之间具有很好相关性($r=0.951\ 3$，$p<0.01$，$r_{pb}=0.948$)。多元线性回归的结果表明，CPN 模型可以解释 90.5%的变化($R^2=0.905\ 1$，$F(1,13)=114.42$，$p<0.001$，$f^2=0.89$)，CPN 模型的值同样能很好地预测 NASA-TLX 的值($\beta=0.098\ 8$，$p<0.001$)。

①被试个体差异敏感性分析

不同被试在同一环境、同一操作设备和相同任务情况下会产生不同的行为表现，Petri 网图形化的结构能够以更好的方式定量、直观地反映不同被试的工作负荷差异。在该任务中，被试 3 在 NASA-TLX 中反映的负荷值最高，比被试 8 高出两倍多，通过 CPN 模型可以进一步看出被试负荷差异的机理。被试 3 和被试 8 执行任务 TRK60%的 CPN 模型如图 5-12 和图 5-13 所示，在图 5-12 中与库所“摇杆”和“圆形图标”相连的变迁中被试 3 具有更多的执行次数，从 CPN 模型可以反映出被试 3 不仅做出了更多的调节动作，并且其动作对工作负荷的影响更大。

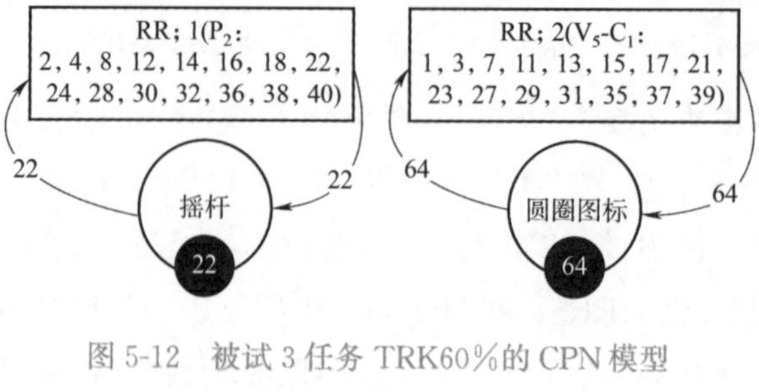

图 5-12　被试 3 任务 TRK60%的 CPN 模型

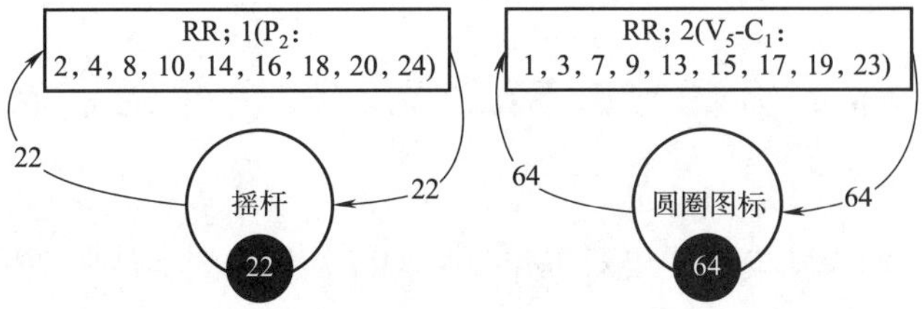

图 5-13　被试 8 任务 TRK60％的 CPN 模型

②CPN 模型的信度分析

从上述 CPN 模型和 NASA-TLX 之间的相关性效应量 r_{pb} 和多元线性回归效应量 f^2 可以看出，实验结果具有较好的可靠性。为了进一步验证本模型的可重复性，重新组织了一次实验，由 SYS45、COM25 和 TRK100％、SYS45 和 RES3、COM25 和 RES3 和 TRK100％四个任务组成，在同一个任务测试环境下进行，选择未参加之前实验的 27 名被试(平均年龄 22.37 岁，标准差 1.724；16 男，11 女；本科生 15 人，研究生 12 人)进行实验，被试选择条件同前。

实验结果显示，对于同一任务，这次实验四个任务的 CPN 分值与上次实验的分值未呈现显著性差异[其中 SYS45 任务，$t(35)=0.381$，$p>0.5$，$r_{pb}=0.064$；COM25 和 TRK100％任务，$t(35)=0.116$，$p>0.5$，$r_{pb}=0.02$；SYS45 和 RES3 任务，$t(35)=0.268$，$p>0.5$，$r_{pb}=0.045$；COM25 和 RES3 和 TRK100％任务，$t(35)=0.383$，$p>0.5$，$r_{pb}=0.065$]。CPN 模型的敏感性可以从方差分析效应量 η^2 值、此次实验中的方差分析效应量[对于不同的任务组合，平均值＝252.796，标准差＝19.16，平均值＝379.259，标准差＝33.69，平均值＝579.613，标准差＝84.69；$F(2,80)=245.60$，$p<0.001$，$\eta^2=0.863$)]，以及在 COM5 任务中拥有 CET6 和 CET4 等级证书被试的 t 检验中的效应量 r_{pb} 值来反映。

由于 CPN 模型是一种基于行为的模型，当更多的行为出现时，会导致模型中出现更多的变迁，例如主观评价法在被试按下 50 次按钮和 51 次按钮时可能得出同一个评价结果，而在 CPN 模型中就能区别这种情况，使得模型具有更高的敏感性。

③问题讨论

传统的主观评价法是一种事后评价法，需要在任务完成之后才能对工作负荷进行有效的评估。CPN 模型是对工作负荷形式化建模的一种探索，对于交互行为确定、有严格操作流程的任务，如列车驾驶、飞行器控制、核电站主控室监控等，可以依据操作流程和交互规则进行 CPN 模型的事先建模，这就具备了事前评估的可行性。但该模型仅对工作负荷构成要素中的事件发生进行了映射，缺少与外界系统的交互联系，不能描述不同工作负荷下人的行为对系统的影响，如何将其应用到系统的任务/界面设计中还有待进一步研究。

5.2 基于资源分配的工作负荷模型构建与验证

在 5.1 节构建的 CPN 模型中仅对工作负荷构成要素中的事件发生进行了映射，本节将进一步深入探讨工作负荷的定义与 Petri 网之间的关系，对人在应急或繁忙情况下短时并发多任务中的资源分配与回收结构、工作负荷的量化定义、人的行为对外界环境的影响进行研究，为应用工作负荷对复杂系统的任务/界面设计策略进行优化奠定基础。

5.2.1 建模理论基础与方法

应急或繁忙情况下短时并发多任务常见于如列车运行监控、空中交通管制和应急安全管理等诸多领域，其主要特征是操作者需要在有限的时间内并行执行多个子任务，容易导致信息处理过程中的资源冲突。既有研究指出多任务并发执行是导致人为失误的主要因素，从而对绩效产生影响。

目前提高多任务并发执行绩效通常有两种方法，一种是提高系统的自动化控制等级以减少人的操作，另一种则是采用人机自适应交互技术降低人的工作负荷。工作负荷通常被作为衡量自动化等级是否合适的指标，过高或者过低的负荷均会降低操作者的执行绩效。目前常见的评估过程通常为选定有限的策略类型并选取一种或几种工作负荷评估方法，通过实验测量被试在不同策略下的工作负荷，再选择相对最优解。由于需要展开工效学实验，这种方法消耗大量的被试人力和资源，而有限的策略通常是人机系统中不同参数选择确定后所形成的，因此，在其中进行选择很难满足工效学的最优解。为了实现人机界面或任务设计的快速和全面的评估，基于模型的方法如改进的嵌入式绩效研究工具（improved performance research integrating tool，IMPRINT）和（method time mearsurement，MTM）针对特定领域，通过实验对操作者行为的资源需求量进行标定，从而实现对相关任务工作负荷的评定，但不能反映人员的行为特征。采用控制模型的绩效度量方法将人作为传递函数，通过闭环模型的误差作为系统输出，人的反应时间作为系统延时。虽然这种模型能够精确反映系统控制误差和行为特征，但其更多是针对特定的被控对象，不能反映操作者的工作负荷。此外，基于认知架构的方法如理性思维的自适应控制（adaptive control of thought-rational，ACT-R），通过模拟执行任务时人的大脑信息处理中认知推理和知识表征过程实现工作负荷评估，由于其对任务的构建过程缺乏统一的标准，因此限制了 ACT-R 实际应用的有效性。

在绩效模型中表达工作负荷的关键是如何对其进行定义和量化，廖建桥将工作负荷定义为所需的注意力资源与总的注意力资源之比，其中所需的注意力资源通过客观资源需求量确定，但对总的注意力资源并没有进行说明。针对这一问题，在该定义的基础上提出一种量化工作负荷模型，将被试的行为特征嵌入其中，以避免以往基于实验的人机界面或任务设计评估中存在的问题。

时间 Petri 网（time Perti net，TPN）是在 Petri 网中增加与时间相关的定义，TPN 可以将工作负荷表示为资源的使用，以托肯来计算，将导致工作负荷产生的人的行为及导致行为产生的系统事件用变迁表示，任务的流向通过有向弧表示，任务的完成时间及绩效通过变迁的时间延时来确定。在任务执行过程中，人的特征是通过不同的资源值和行为变迁延时表示，工作负荷则用资源库所的实时剩余值进行计算。人的行为对系统的影响是通过系统状态库所获得托肯与否，以及得到托肯的时间进行描述。改变系统变迁的发生时间就能够形成不同的任务策略。通过对模型不同参数的设定和运行，可以寻找到绩效或工作负荷最优的任务流程或人机界面设计策略，提高评估效率和准确性，降低评估成本。

基于行为的任务过程模型是一种事后评估，而一些复杂人机系统如空间站及高速列车等则要求在设计阶段对任务方案进行工作负荷甄别。现有工效学研究中，事前评估的一个关键问题是如何将人和系统整合在一个统一框架下，并且能够对工效学指标进行清晰描述。考虑到短时并发多任务对系统安全造成的消极影响，拟建立一种基于 TPN 的工作负荷的事前评估方法对这一场景展开深入研究。

1. TPN 中任务要素的分类

一个变迁赋予延时的 TPN 为一个六元素集合（P,T,F,τ,W,M），其中，$P=\{p_1,p_2,\cdots,p_n\}$ 是有限的库所集合（$n>0$）；$T=\{t_1,t_2,\cdots,t_m\}$ 是有限的变迁集合（$m>0$）；$F\subseteq P\times T\cup T\times P$ 是有限的有向弧集合；$\tau: T\rightarrow\{0\}\cup\mathbf{Z}_+$ 是变迁的时间映射函数；$W: F\rightarrow N$（$N=\{0,1,\cdots,n\}$是非负整数集）是有向弧的权重函数；$M: P\rightarrow I$ 是网的标记，其中 $I=\{0,1,2,\cdots\}$，M_0 为库所的初始标记。在短时并发多任务中，由于并发执行的存在，不同的外部系统状态变化会导致子任务的执行序列不同，因此需要设置外部系统状态集和激活标志集，以表示外部不同事件所导致的行为差异。基于此，在构建基于资源分配的任务结构模型中，需要对 TPN 的组成元素即库所、变迁、有向弧及其附属参数初始标记、弧权重和延时进行分类和描述，见表 5-4。

表 5-4 TPN 组成元素的描述

组成元素	具体类型	图形化表示	解释
库所（三类）	资源库所：$P_r=\{p_v,p_a,p_c,p_p,p_{att}\}$	视觉 (M_v)	p_v：用于存储视觉资源，其初始值为 M_v，用于描述有限的视觉能力
		听觉 (M_a)	p_a：用于存储听觉资源，其初始值为 M_a，用于描述有限的听觉能力
		认知 (M_c)	p_c：用于存储认知资源，其初始值为 M_c，用于描述有限的认知能力

续上表

组成元素	具体类型	图形化表示	解　释
库所(三类)	资源库所：$P_r=\{p_v,p_a,p_c,p_p,p_{att}\}$	动作 (M_p)	p_p：用于存储动作资源，其初始值为 M_p，用于描述有限的动作能力
		注意力 (M_{att})	p_{att}：用于存储注意力资源，其初始值为 M_{att}，用于描述有限的注意力
	激活库所：$P_a=\{p_1,p_2,\cdots,p_{ac}\}(ac>0)$	A	含有文字“A”的小圆形，用于存放不同的行为变迁、系统事件变迁的激活标志
	系统库所：$P_s=\{p_1,p_2,\cdots,p_s\}(s>0)$	按下	含有系统状态描述文字的灰色库所，用于存储外部系统状态
变迁(三类)	行为变迁：$T_b=\{t_1,t_2,\cdots,t_b\}(b>0)$	评估	内部含有行为名称的矩形，表示不同类型的行为，行为执行需要一定时间，并占用一定资源
	系统事件变迁：$T_{sys}=\{t_1,t_2,\cdots,t_{sys}\}(sys>0)$	文字出现	含有事件名称的灰色矩形，表示改变系统状态的事件
	回收变迁：$T_{re}=\{t_1,t_2,\cdots,t_{re}\}(re>0)$	R	包含文字“R”的灰色矩形，用于回收激活库所的托肯
弧(两类)	有向弧：$F_d\subseteq P\times T\cup T\times P$		连接库所和变迁，用于表示任务的流向
	抑止弧：$F_{in}\subseteq P\times T$		表示当对应前置库所存在托肯时，变迁被禁止激发
变迁 T_b 的执行延时	$D=\{du_1,du_2,\cdots,du_r\}(r>0)$，对于 D 中任意的 $du_i(1\leqslant i\leqslant r)$，$du_i=t_{ab}(t)\pm\text{rand}(t_{db}(t))$	-	$t_{ab}(t)$ 和 $t_{db}(t)$ 表示人的行为需要一定时间执行，时间由平均值和标准差构成
库所的初始值	$M_0=\{M_{p_1},M_{p_2},\cdots,M_{pm}\}(pm\geqslant 0)$	P_3 (M_{p3})	括号中的文字，表示系统的初始状态和操作者的初始资源状态分布
有向弧的权重	$W\rightarrow N$，其中 $N=\{0,1,2,\cdots,n\}$ 是非负整数集	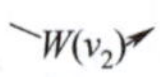	有向弧上的标签，用于表示行为消耗的资源量或任务流向，如果有向弧上没有标签，则其权重为 1

2. 资源分配结构建模

根据上述，TPN 的结构如图 5-14 所示，每种行为通过包含时间延迟的变迁表示，这里以视觉行为为例进行说明。

假设存在 n 个类型的视觉行为，由 n 个变迁 $V(1),V(2),\cdots,V(n)$ 表示，其延时为 $r_{t1}\pm\text{rand}(r_{d1}),r_{t2}\pm\text{rand}(r_{d2}),\cdots,r_{tn}\pm\text{rand}(r_{dn})$，当这些变迁激发时，它们会消耗并返回注意力资源库所和视觉通道资源库所的托肯，其数量通过有向弧的权重 $W(v_1),W(v_2),\cdots,W(v_n)$ 表示；激活库所用于表示导致行为发生的原因；回收变迁用于回收激活库所的托肯，当操作

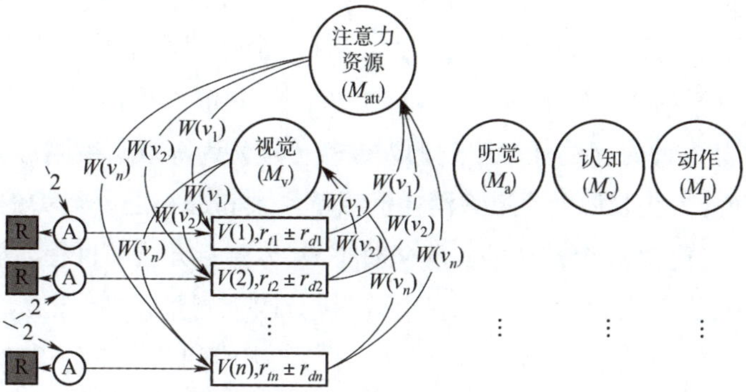

图 5-14　视觉行为 TPN 的结构

者处于多任务并行处理时有可能出现专注于某一特定子任务而忽视其他子任务的情况，而当其他子任务的提示信息或执行条件消失时，需要消除其激活库所的托肯。可以看出，在上述结构中，人具有有限的注意力资源，行为的执行将在一段时间内占用并释放一定量的注意力资源，在该时间段内，工作负荷可以表示为已使用的注意力资源与人的总注意力资源之比。

3. 行为时间、误差和客观资源需求量分析

在传统的任务分析方法中，行为时间主要通过视频分析来标定，由于视觉、听觉和认知行为的不可见性，求取的时间精度难以保证。短时并发多任务中的行为具有数量较少、类型固定的特点，为了精确获得作为变迁时延参数的行为时间，可以采用行为序列反应时间方程组进行计算。

实际任务中系统事件和动作输出的发生时间可以被观察和记录，如对于一个包含视觉行为 V_1、认知行为 C_2、动作行为 P_2 的简单行为序列，其反应时间 R_s 为 V_1 的执行时间 t_{v1}、C_2 的执行时间 t_{c2} 和 P_2 的执行时间 t_{p2} 之和，为了计算 t_{v1}、t_{c2} 和 t_{p2}，构造式(5-5)，通过该方程组可以实现对行为 V_1、C_2 和 P_2 执行时间的求解。

$$\begin{cases} t_{v1}+t_{c2}+t_{p2}=R_s \\ m_0 t_{v1}+m_1 t_{c2}+m_2 t_{p2}=R_{s1} \\ m_3 t_{v1}+m_4 t_{c2}+m_5 t_{p2}=R_{s2} \end{cases} \tag{5-5}$$

式中　R_{si}——新建任务序列的反应时间；

m_i——行为数量的系数。

行为变迁在有充足时间的条件下会完成激发，但这仅反映了绩效当中的反应时间，而没有体现误差，例如在进行精确估计或调节任务时，即使作业时间充足，操作者仍然会存在作业偏差。针对这种情况，拟采用无时间压力下的行为相对误差因子 r_{boi} 来提高 TPN 模型在计算绩效时的精确度。

考虑视觉、听觉或认知行为的执行结果存在难以观察的情况，通过 VACP 评分分别构

建四个通道的有意义的行为序列来进行求解。每个通道的行为序列均包含三个行为，其中一个是待测误差通道消耗资源量最大的行为，另外两个是其他通道的消耗资源量最少的行为。由于每个通道消耗资源最少的行为 $V_1/A_1/C_1/P_1$ 足够简单，因此可将其无时间压力下的相对误差近似为 0，此时新建任务序列的误差就可被认为等效于被测行为的误差。

在实际应用中，为获取每个通道除消耗资源量最大和最小之外行为的无时间压力下的误差，可以通过一组包含 m 个被试的实验来获得，具体测量方法和过程如下。

步骤 1：每个被试在无时间压力下分别多次执行四个测量任务，令 $d_{b7i}(b=v,a,c,p)$ 表示被试 i 消耗资源最多的四个行为（V_7，A_7，C_7，P_7）的无时间压力下的误差。

步骤 2：鉴于实际每次执行时无时间压力下误差的波动，在 TPN 模型中，每次变迁发生时的相对误差通过式(5-6)计算，其中 $d_{b7\min}$ 和 $d_{b7\max}$ 分别是 m 个被试中的最小和最大的误差。

$$r_{b7i}=\mathrm{rand}\left(\frac{1}{10\left[\frac{d_{b7\max}}{d_{b7\min}}\right]},\frac{1}{\left[\frac{d_{b7\max}}{d_{b7\min}}\right]}\right)\ln\frac{d_{b7i}}{d_{b7\min}} \tag{5-6}$$

步骤 3：对于被试 i 每个通道除消耗资源量最大和最小以外的行为，根据 VACP 评分，其相对误差 r_{boi} 表示为 $w_{boi}\times r_{b7i}/w_{b7i}$，其中 w_{boi} 是该行为消耗的资源量，w_{b7i} 是消耗资源最多行为的消耗资源量。

任务中各行为的类型和客观资源需求量通过表 5-1 中的 VACP 评分确定。为便于计算，VACP 评分中的资源需求量乘 10。需要注意的是，实际任务中同一个行为消耗的注意力资源和通道资源可能不同，这取决于操作者身心状态，以及其对任务的熟练程度。为了消除个体能力差异，模型验证实验选取了常见的、简单的电脑操作任务，因此，可以认为行为变迁发生时消耗相同的注意力和通道资源。

4. 多任务中的绩效描述

人的绩效在 TPN 模型中通过反应时间 r_t 和误差 d 表示，系统事件的起始时间被记为 t_{bs}，动作行为的结束时间即变迁发生完毕的时刻被记为 t_{cp}，r_t 可以表示为 $t_{cp}-t_{bs}$。

误差 d 由察觉、认知、动作三个行为误差的乘积来表示，根据 ACT-R 认知架构，这些过程是串行的。假设被试 i 完成一个行为 b_e 需要执行四条规则，分别为 ru_1、ru_2、ru_3 和 ru_4，五个完成度为 0、c_1%、c_2%、c_3% 和 c_4%（$0<c_1<c_2<c_3<c_4\leqslant 100$），该过程的 TPN 模型结构如图 5-15 所示，无时间压力下的误差可以表示为 $(100-c_4)$%，当没有足够的时间完成该行为时，其误差可以表示为时间的比例。令 t_{be} 为完成 b_e 所需的时间，当只有 t_{ibe}（$t_{ibe}<t_{be}$）去完成 b_e 时，其误差通过式(5-7)表示，其中取整的结果表示有些行为的结果是二值化的，如选择“是”或“否”。

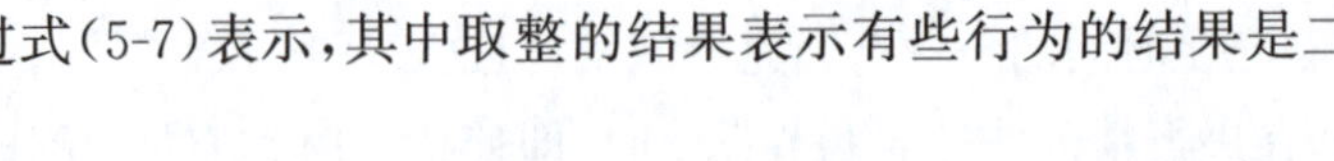

图 5-15　行为 b_e 执行过程的 Petri 网结构

$$d_{\mathrm{be}}=1-\frac{t_{ibe}c_4}{t_{\mathrm{be}}100}\text{或}1-\left[\frac{t_{ibe}c_4}{t_{\mathrm{be}}100}\right] \tag{5-7}$$

一个完整交互行为在 TPN 中的误差 d 见式(5-8)，其中 t_{bp}、t_{bc} 和 t_{bm} 表示完成察觉、认知和动作所需的时间；$t_{\mathrm{pc/cr}}$、$t_{\mathrm{cc/cr}}$ 和 $t_{\mathrm{mc/cr}}$ 是在全局时间 t_{g} 下行为变迁的完成时刻，或该变迁对应的激活库所的托肯被收回的时刻(即该变迁没有发生，回收变迁激发)；t_{bptf}、t_{bctf} 和 t_{bmtf} 是 t_{g} 下行为变迁激发的时刻；r_{poi}、r_{coi} 和 r_{moi} 分别是无时间压力下察觉、认知和动作三类行为的误差。

$$d=1-\left[\frac{t_{\mathrm{pc/cr}}-t_{\mathrm{bptf}}}{t_{\mathrm{bp}}}(1-r_{\mathrm{poi}})\right]\left[\frac{t_{\mathrm{cc/cr}}-t_{\mathrm{bctf}}}{t_{\mathrm{bc}}}(1-r_{\mathrm{coi}})\right]\left[\frac{t_{\mathrm{mc/cr}}-t_{\mathrm{bmtf}}}{t_{\mathrm{bm}}}(1-r_{\mathrm{moi}})\right] \tag{5-8}$$

在一个有 n 个被试的实验中，令 $r_t=\{r_{t1},r_{t2},\cdots,r_{tn}\}$ 和 $d=\{d_1,d_2,\cdots,d_n\}$ 分别为反应时间和误差，被试 i 的绩效综合系数 p_{cci} 见式(5-9)，其中 r_{ti}、$\max(r_{t1},r_{t2},\cdots,r_{tn})$ 和 $\min(r_{t1},r_{t2},\cdots,r_{tn})$ 分别是被试 i 的反应时间、所有被试中最长和最短的反应时间；d_i、$\max(d_1,d_2,\cdots,d_n)$ 和 $\min(d_1,d_2,\cdots,d_n)$ 分别是被试 i 的误差、所有被试中最大的误差和最小的误差。

$$p_{\mathrm{cci}}=\sqrt{\left[\frac{r_{ti}-\min(r_{t1},r_{t2},\cdots,r_{tn})}{\max(r_{t1},r_{t2},\cdots,r_{tn})-\min(r_{t1},r_{t2},\cdots,r_{tn})}\right]^2+\left[\frac{d_i-\min(d_1,d_2,\cdots,d_n)}{\max(d_1,d_2,\cdots,d_n)-\min(d_1,d_2,\cdots,d_n)}\right]^2} \tag{5-9}$$

为描述实际任务流程，行为变迁发生的详细结构如图 5-16 所示，以行为 b_{e} 为例，令 b_{b} 为导致 b_{e} 变迁激发的行为，如 V/A 激发 C，C 激发 P。完成状态“0”可以视作变迁 b_{e} 的激活状态，它通过带有标签“0(A)”的激活库所表示，这种结构可以表示三种实际情况，具体如下。

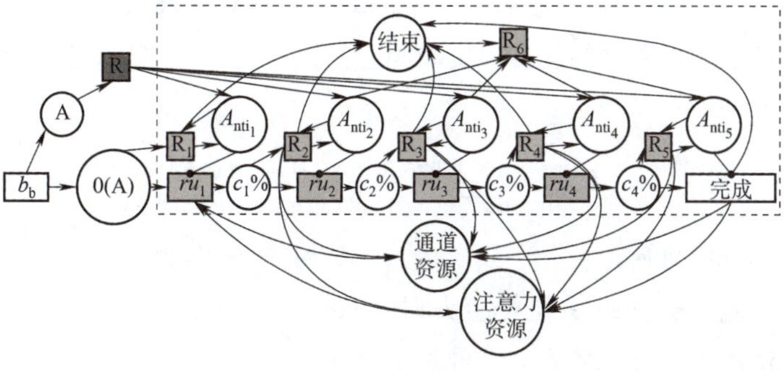

图 5-16　行为 b_{e} 的详细结构

(1)行为 b_{e} 正常完成，其误差是 $(100-c_4)\%$。在这种情况下，变迁“ru_1”、“ru_2”、“ru_3”、“ru_4”和“完成”依次激发，库所“结束”增加了一个托肯，注意力资源和通道资源被变迁“ru_1”消耗，并被变迁“完成”返回。当回收变迁“R”激发，激活库所“A”和“0(A)”的托肯归零，“$\mathrm{A_{nti_1}}$”、“$\mathrm{A_{nti_2}}$”、“$\mathrm{A_{nti_3}}$”、“$\mathrm{A_{nti_4}}$”和“$\mathrm{A_{nti_5}}$”五个库所获得托肯，随后变迁“$\mathrm{R_6}$”激发，消除所有托肯，重新初始化该结构。

(2)行为变迁 b_{e} 被激活，具备执行的外部条件，但是直到回收变迁“R”激发，注意力资源库所和通道资源库所均没有足够的托肯来激发变迁 b_e，此时 TPN 结构通过"R"、"R_1"和"R_6"依次激发来初始化。

(3)当变迁 b_e发生时，它正在执行图 5-15 中相应的四个规则，即四个变迁"ru_1"、"ru_2"、"ru_3"和"ru_4"其中一个正处于其延时中，回收变迁"R"激发。以变迁"ru_2"为例，当变迁"R"在"ru_2"的延时中激发时，库所"A_{nti_3}"增加一个托肯，阻止变迁"ru_3"的发生，当"ru_2"完成时，库所"$c_2\%$"增加一个托肯，导致变迁"R_3"激发，并使库所"结束"增加一个托肯。最后，变迁"R_6"发生，重新初始化 TPN 结构。

5. 人的资源和工作负荷的计算

通道库所的初始值可设置为 80。至此，TPN 模型中仅剩余注意力资源库所初始值 M_{att}。假设操作者 p_i执行的多任务包含 k 个子任务$\{st_1, st_2, \cdots, st_k\}$，确定该操作者的注意力资源库所初始值 M_{atti}的具体计算步骤如下：

步骤 1：每个子任务构建两个新的行为序列，求解行为的延时和无时间压力下的相对误差。

步骤 2：根据任务分析确定可能的最大并行资源消耗 r_{cm}，将其视作 M_{atti}的暂时值，比 r_{cm}大的值对 TPN 的整体延时没有影响。

步骤 3：随机选取 $l_i(1<l_i<k)$个子任务构建一个新的多任务，令 p_i 执行，计算其绩效，重复这个过程，则 u $(1<u<2^k-k-2)$个新建的多任务绩效为$\{pn_1, pn_2, \cdots, pn_u\}$。

步骤 4：通过 TPN 模型运行这 u 个新的多任务，对其中每个多任务调整其注意力资源库所的初始值，直到模型计算的绩效值和实际绩效值的平均误差最小，此时的注意力资源库所值视为 M_{atti}，构建更多新的多任务有利于提高 M_{atti}的计算精确度。

实时的负荷被定义为需要的注意力资源与总的注意力资源之比，总的负荷 W_{total}可以通过式(5-10)进行计算。

$$W_{total}=\sum_{i=0}^{n}\frac{M_{atti}-\mathrm{Mrtr}_a(t_i)}{M_{atti}}S_t \tag{5-10}$$

式中 W_{total}——总工作负荷；

M_{atti}——误差最小时的注意力资源库所值；

$\mathrm{Mrtr}_a(t_i)$——注意力资源库所在 t_i时刻的实时剩余值；

S_t——最小时间间隔。

5.2.2 模型验证实验的设计与实施

在短时并发多任务工作负荷模型行为反应时间序列方程组的构建中，需要保证行为序列具有实际意义，且这些任务之间具有一定的难度等级差异。因此在验证实验前，首先需要先从 VACP 评分中对行为进行筛选。具体的筛选情况见表 5-5。

表 5-5　基于 VACP 评分的行为筛选

通　道	V	A	C	P
筛选结果	V_1:检测到物体； V_6:视觉读取符号	A_6:区别声音特征	C_2:二选一； C_5:编码/解码； C_7:评估，计算，考虑	P_2:离散行为； P_5:离散调节； P_7:键盘输入

1. 多任务测试环境的设计

本节的测试环境设计分为两个部分：为测试 V、A、C、P 四个通道无时间压力下行为相对误差的一个测试界面和包含其中的 4 个任务的设计；为测试行为延时和注意力资源的一个测试界面及包含其中的 13 个任务的设计。

(1)四通道无时间压力下行为相对误差测试环境设计

无时间压力下的行为相对误差通过 SHJ、TJ、RZH 和 DZSHCH 四个任务对 V、A、C、P 四个通道分别进行测量，其界面如图 5-17 所示，具体任务描述见表 5-6。

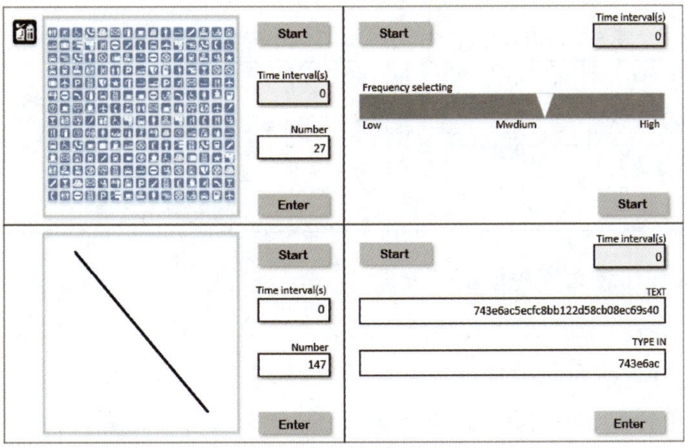

图 5-17　VACP 四个通道无时间压力下行为相对误差测试界面(含 SHJ、TJ、RZH、DZSHCH 四个任务)

表 5-6　无时间压力下的行为相对误差测量任务

任务名称	对应通道	操　作　要　求	包含行为	备　注
SHJ	V	被试需要从右侧 10 类 210 个图标构成的集合中对左上角示例图标进行计数，然后在输入框中输入计数结果，点击 Enter 键确认。计数过程需要重复 10 次，每次间隔 15 s	消耗视觉资源最多的行为 V_7、简单的认知行为 C_1 和动作行为 P_2	每一次计数时的示例图标数量是随机的，但均处于 15～35 范围内
TJ	A	被试需要试听一段 10 s 固定频率的示例报警声，然后将当前听到的声音频率通过滑动杆调节到刚才示例声的频率上，点击 Enter 按钮确认。该任务重复 10 次，间隔 15 s	消耗资源最多的听觉行为 A_7、简单的认知行为 C_1 和动作行为 P_2	每次听到的声音为一段 100～1 000 Hz 之间的随机频率

续上表

任务名称	对应通道	操 作 要 求	包含行为	备 注
RZH	C	被试需要评估界面白色矩形中线段的实际长度(单位为毫米),然后在输入框中输入长度,并点击 Enter 按钮。根据预实验的反馈,该任务需要重复 30 次,每次间隔 10 s	简单的视觉行为 V_1、消耗资源最多的认知行为 C_7 和简单的动作行为 P_2	每次线段的实际长度在 10～250 mm 中随机选择
DZSHCH	P	“TEXT”提示框中会呈现一组 32 位的消息摘要算法(message-digest algorithm 5,MD5)代码,被试需要将这段 MD5 输入到下方的“TYPE IN”输入框中并点击 Enter 按钮确认。该任务重复 10 次,每次间隔 15 s	消耗资源最多的动作行为 P_7、简单的视觉行为为 V_1 和认知行为为 C_1	每次的 MD5 码都是随机生成的

上述四个任务的平均误差计算方法见式(5-11),参数含义见表 5-7。

$$AE=\frac{\sum_{i=1}^{r_{pt}}\frac{|e_i-s_i|}{s_i}}{r_{pt}} \tag{5-11}$$

表 5-7 SHJ、TJ、RZH、DZSHCH 四个任务平均误差的描述

参数/任务	SHJ	TJ	RZH	DZSHCH
e_i	输入的数字	选择的频率	估计的长度	正确输入的个数
s_i	设置的数字	设置的频率	设置的长度	MD5 的长度,$s_i=32$
r_{pt}	重复次数,$r_{pt}=10$	重复次数,$r_{pt}=10$	重复次数,$r_{pt}=30$	重复次数,$r_{pt}=10$

(2)行为延时和注意力资源测试环境设计

图 5-18 三个部分分别为用于计算行为延时和注意力资源库所初始值的三个子任务界面,此外,NASA-TLX 主观负荷评价量表被置于界面右上方用于评价总体负荷。13 个测试任务中包含 9 个单任务、3 个双任务组合和 1 个三任务组合。计算行为延时的 9 个单任务分别为 SR_1、SR_2、SR_3 及其扩展任务 SR_4、SR_5、SR_6、SR_7、SR_8 和 SR_9。DR_1、DR_2 和 DR_3 是用于计算注意力资源库所初始值的双任务组合,它们分别包含单任务 SR_1 和 SR_2、SR_2 和 SR_3,以及 SR_1 和 SR_3,用于验证模型的有效性的三任务组合 TR 由三个子任务 SR_1、SR_2 和 SR_3 构成。

任务 SR_2 及其扩展任务 SR_5 和 SR_8 位于界面的左上部分,这三个任务要求被试评估界面呈现三位数中每个数字的奇偶性,并按下相应的“YES”或“NO”按钮确认。任务 SR_2 只需要被试判断三位数中第一位数字的奇偶,而 SR_5 和 SR_8 需要分别判断前两位和全部数字的奇偶,并在判断完毕后按右侧的“Enter”键确认。式(5-12)列出了由这三个任务构成的反应时间方程组,其中 t_{v1}、t_{c2} 和 t_{p2} 分别是行为 V_1、C_2 和 P_2 的执行时间,R_{sr2}、R_{sr5} 和 R_{sr8} 分别是任务 SR_2、SR_5 和 SR_8 的反应时间。令 $d_i(1\leqslant i\leqslant 9)$ 为任务 SR_i 的误差,则任务 SR_2、SR_5 和 SR_8 的误差可以表示为 w_i/nc_j,其中 w_i 是错误点击的次数,nc_j 是总的点击次数,对于 SR_2、SR_5 和 SR_8,nc_j 分别等于 10、20 和 30。

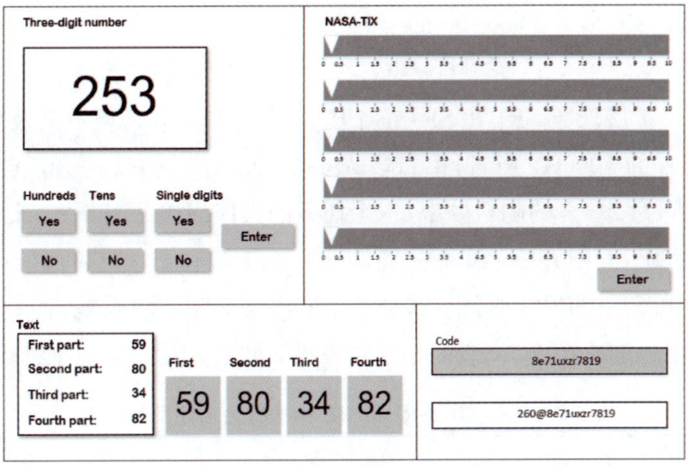

图 5-18　行为延时和注意力资源测试界面

（含任务 SR_1、SR_2、SR_3、SR_4、SR_5、SR_6、SR_7、SR_8、SR_9、DR_1、DR_2、DR_3、TR）

$$\begin{cases} t_{v1}+t_{c2}+t_{p2}=R_{sr2} \\ t_{v1}+2\times t_{c2}+3\times t_{p2}=R_{sr5} \\ t_{v1}+3\times t_{c2}+4\times t_{p2}=R_{sr8} \end{cases} \tag{5-12}$$

任务 SR_1 及其扩展任务 SR_6 和 SR_9 的界面在图 5-18 的左下方，这三个任务的内容和行为数量上的差别见表 5-8。反应时间方程组见式(5-13)，其中 t_{v6}、t_{c5} 和 t_{p5} 分别是行为 V_6、C_5 和 P_5 的执行时间，R_{sr1}、R_{sr6} 和 R_{sr9} 为任务 SR_1、SR_6 和 SR_9 的反应时间。任务 SR_1、SR_6 和 SR_9 的误差见式(5-14)，其中 sb_{min} 和 sb_{max} 表示调节框的最大号码和最小号码，在任务 SR_1、SR_6 和 SR_9 中，sb_{min} 和 sb_{max} 分别为(3,4)、(1,4)和(1,4)，nu_j 和 adj_j 分别是提示和实际调节到的数字。

表 5-8　任务 SR_1、SR_6 和 SR_9 中的行为描述及其区别

任务/行为	视　觉	认　知	动　作
SR_1	顺序读取四行（$1\times V_6$）	使用每行两位数的头一个数字构建一个新的两位数（4 个数字，$1\times C_5$）	将调节框的数字调节到构建的数字（2 个两位数，$1\times P_5$）
SR_6	顺序读取四行（$1\times V_6$）	使用每行两位数的两个数字构建一个新的两位数（8 个数字，$2\times C_5$）	将调节框的数字调节到构建的数字（4 个数字，$2\times P_5$）
SR_9	顺序读取四行（$1\times V_6$）	使用每行两位数的头一个数字构建一个新的两位数（4 个数字，$1\times C_5$）	将调节框的数字调节到构建的数字，调节框 1、2 和 3、4 相同（2 个两位数，$2\times P_5$）

$$\begin{cases} t_{v6}+t_{c5}+t_{p5}=R_{sr1} \\ t_{v6}+2\times t_{c5}+2\times t_{p5}=R_{sr6} \\ t_{v6}+t_{c5}+2\times t_{p5}=R_{sr9} \end{cases} \tag{5-13}$$

$$d_i=\frac{\sum_{j=sb_{min}}^{j=sb_{max}}\frac{|nu_j-adj_j|}{nu_j}}{sb_{max}-sb_{min}+1} \tag{5-14}$$

任务 SR_3 及其扩展任务 SR_4 和 SR_7 位于图 5-18 的右下方。该示例报警声分为四个片段,第一段为 1.5 s 的 100 Hz 声音,第二段为 1.5 s 的 1 000 Hz 声音,其余两段为 100～1 000 Hz 之间时间为 2.5 s 的随机频率,三个任务的具体描述见表 5-9。式(5-15)为三个任务的反应时间方程组,其中 t_{a6}、t_{c7} 和 t_{p7} 分别是行为 A_6、C_7 和 P_7 的执行时间,R_{sr3}、R_{sr4} 和 R_{sr7} 分别为 SR_3、SR_4 和 SR_7 的反应时间。式(5-16)是这三个任务的误差,其中 f_{gi} 和 f_{ii} 分别是输入的频率和给出的随机频率,wn_i 和 tn_i 分别是错误的输入数和总的字符数。

表 5-9　任务 SR_3、SR_4 和 SR_7 中的行为描述及其区别

任务/行为	听　觉	认　知	动　作
SR_3	听一段 8 s 的声音(1×A_6)	辨识第三段声音的频率(1×C_7)	输入频率和字符(键盘输入,1×P_7)
SR_4	听一段 8 s 的声音(1×A_6)	辨识第三段和第四段声音的频率(2×C_7)	输入两段频率和数量减少的字符(键盘输入,1×P_7)
SR7	听一段 8 s 的声音(1×A_6)	辨识第三段声音的频率(1×C_7)	输入频率和字符量两遍(键盘输入,2×P_7)

$$\begin{cases}t_{a6}+t_{c7}+t_{p7}=R_{sr3}\\ t_{a6}+2\times t_{c7}+t_{p7}=R_{sr4}\\ t_{a6}+t_{c7}+2\times t_{p7}=R_{sr7}\end{cases} \tag{5-15}$$

$$d_i=\frac{\sqrt{\left(\frac{|f_{gi}-f_{ii}|}{f_{gi}}\right)^2+\left(\frac{wn_i}{tn_i}\right)^2}}{\frac{|f_{gi}-f_{ii}|}{f_{gi}}+\frac{wn_i}{tn_i}} \tag{5-16}$$

$SR_{1/2/3/4/5/6/7/8/9}$、$DR_{1/2/3}$ 和 TR 等 13 个任务被重复执行十次以计算反应时间的平均值,每次时间 30 s。为了调整任务组合之间的难度,每一个 30 s 周期内,任务 $SR_{1/6/9}$、$SR_{2/5/8}$ 和 $SR_{3/4/7}$ 的开始时刻被设置于第 6 s、10 s 和 4 s,所有任务的截止时刻为第 29 s,$SR_{1/6/9}$、$SR_{2/5/8}$ 和 $SR_{3/4/7}$ 的最大反应时间分别为 23 s、19 s 和 25 s。

2. 任务的 TPN 模型

由于在无时间压力下的行为相对误差、行为延时和注意力资源测定实验任务设计中每个任务均被要求重复执行 10 次,因此在运用模型预测工作负荷之前,需要首先构建基于 TPN 的任务重复次数计数器。共有三种类型的变迁需要重复次数计数器进行控制,其中两种是系统变迁,用于表示系统事件的开始和结束,另一种是回收变迁,用于回收激活库所的托肯。

通过行为延时和注意力资源测定实验可以得出回收变迁的激发时刻为第 29 s。以图 5-19 中任务 SR_2 为例,标有 T_{ne}、T_{nd} 和 R 标签的灰色矩形代表 SR_2 中界面上数字出现、消失及被试操作的超时，其控制结构如图中的虚线框所示，当 SR_2 任务开始时，变迁单位计数器激发并延时 1 ms，库所 C_{ssy}、C_{esy} 和 C_r 分别被放入一个托肯，当这三个库所有足够的托肯时，它们对应的变迁 tn_1、stn_1 和 rtn_1 将会激发，同时向库所 A_{in} 中放入一个托肯，分别表示数字第一次出现、第一次消失和激活库所标识第一次回收。

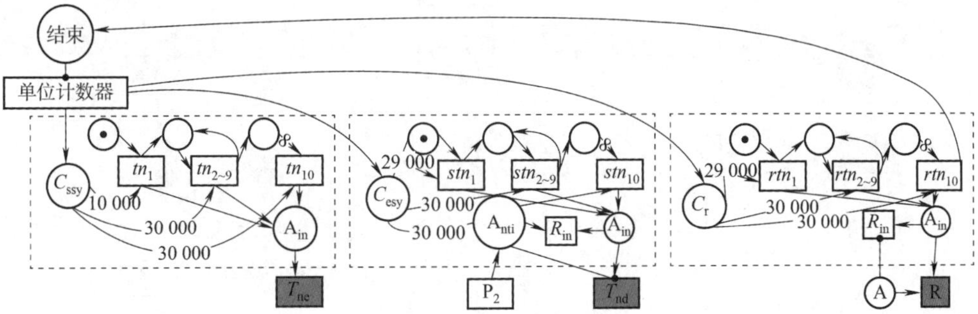

图 5-19　任务 SR_2 的重复次数计数器的 TPN 结构

变迁 $tn_{2\sim9}$、$stn_{2\sim9}$ 和 $rtn_{2\sim9}$ 分别表示上述三个事件第 2～9 次发生，在每一个 30 s 中，由于变迁 P_2 和 T_{nd} 具有相同的效果，如果被试在系统数字消失之前按下按键，此时应该禁止系统变迁 T_{nd} 的激发，因此在变迁 T_{nd} 的计数器结构中增加了额外的变迁 R_{in} 和库所 A_{nti}。当变迁 P_2 和 $stn_q(q=1,2,\cdots,9,10)$ 激发后，库所 A_{nti} 和 A_{in} 将会分别增加一个托肯，继而导致变迁 R_{in} 激发并禁止变迁 T_{nd} 的激发。

在变迁 R 的计数器结构中，变迁 R_{in} 的作用和上述一致，变迁 tn_{10}、stn_{10} 和 rtn_{10} 分别表示上述三个事件的第十次发生。在 rtn_{10} 发生之后，库所结束将会增加一个托肯，时间计数器停止，表示实验的结束。

如图 5-20 所示，以任务 TR 为例进行 TPN 的建模，其中部分库所和变迁含义见表 5-10。图 5-20 中库所 P_{sna}、P_{sta}、P_{saa} 和库所 A_c 分别是变迁 T_{ne}、T_{te}、T_{ap} 和回收变迁 R 时间计数器的简化结构。图 5-20 虚线框中变迁 A_6 对应的回收变迁 R 的时间计数器结构由图 5-20 上侧的库所 P_r、A_{nti} 以及变迁 R_{in} 组成，三个变迁 T_{nd}、T_{td} 和 T_{cd} 的计数器则由库所 P_e、A_{nti} 及变迁 R_{in} 组成。图 5-20 中间的五个圆形表示操作者的注意力资源和通道资源库所，根据实验任务的行为分析，其最大可能并行资源消耗 r_{cm} 为 $(V_1+P_2)+(V_1+P_7)+(V_1+P_5)=181$。任务 SR_2 的结构位于图 5-20 的下方，当 SR_2 开始后，变迁 T_{ne} 激发，与变迁 V_1 相连的激活库所和库所 P_{na} 被分别放入 2 个和 1 个托肯，此时表示需要评估奇偶的数字出现在屏幕上。如果被试在这一时刻拥有足够的注意力资源和视觉通道资源，变迁 V_1 将会激发，先从这两个库所中分别取走再放回 10 个托肯，表示被试实施了视觉察觉行为。在这之后，变迁 C_2 将会激发，表示实施了认知行为(假设此时资源库所的数量足够)。最后，变迁 P_2 激发，代表动作行为被实施，其结果将使托肯从库所 P_{na} 移动至 P_{nd}，表示评估过程结束。

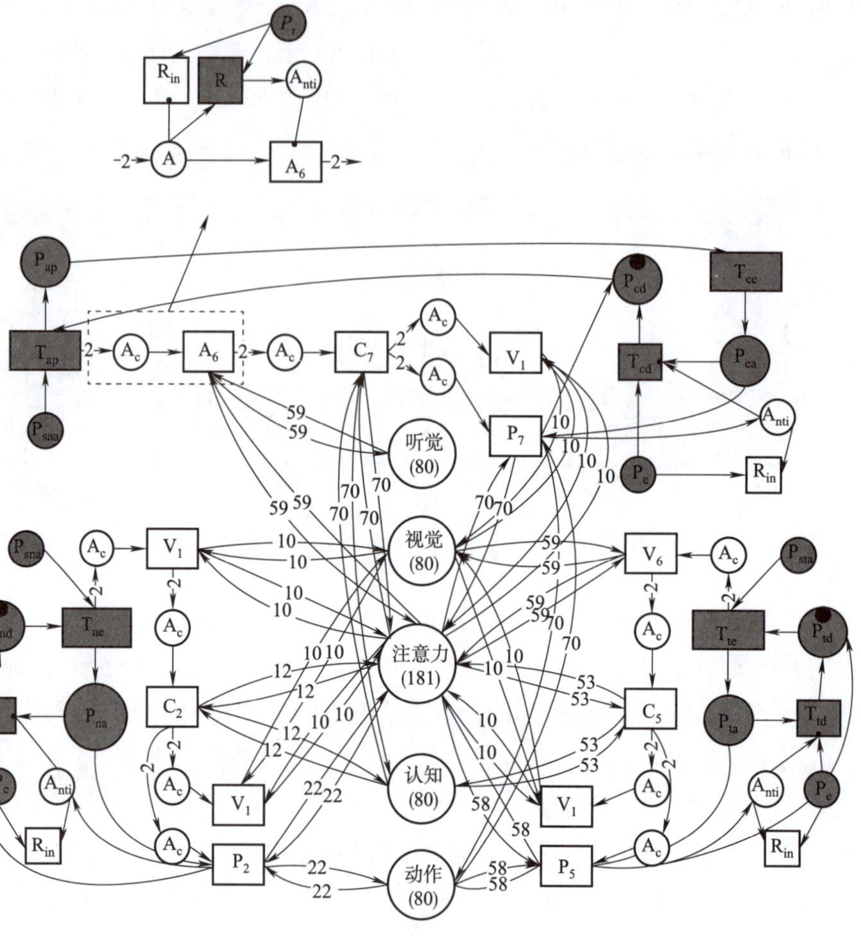

图 5-20　任务 TR 的 TPN 模型

表 5-10　部分库所和变迁的含义

对应子任务	库所名称	库所名称解释	变迁名称	变迁名称解释
SR_1	P_{ta}	文本处于出现状态	T_{te}	文本的出现
	P_{td}	文本处于消失状态，被试无法进行评估	T_{td}	文本的消失
SR_2	P_{na}	数字处于出现状态	T_{ne}	数字的出现
	P_{nd}	数字处于消失状态，被试无法进行评估	T_{nd}	数字的消失
SR_3	P_{ap}	报警声已经播放	T_{ap}	播放报警声
	P_{ca}	代码已经出现	T_{ce}	代码的出现
	P_{cd}	代码处于消失状态，被试无法进行评估	T_{cd}	代码的消失

如果在评估过程的任意一个阶段由于资源不足而导致暂停，变迁 R 和 T_{nd} 将会激发，回收激活库所的托肯，并重置任务界面。任务 SR_1 的执行过程（图 5-20 中右下方）与任务 SR_2 基本类似，而任务 SR_3（图 5-20 上方）与 SR_1 区别在于报警声结束之后 MD_5 代码才会出现，

因此增加库所 P_{ap} 用于表示报警声结束状态。

3. 实验实施

36 名年龄在 20～26 岁(平均值＝23.13,标准差＝1.38)的学生参与了本次实验,每次实验约需要 4 h 完成,每天安排四名被试在 10 时至 12 时和 14 时至 16 时同时进行实验,每人实验设备包含一台 i7 主机、24 英寸显示器、鼠标、键盘和耳机。对每名被试在开始实验之前进行操作说明讲述,直到他们对实验不存在任何疑问。

被试每天上午执行四个用于测试无时间压力下行为相对误差的任务 SHJ、TJ、RZH 和 DZSHCH,每个任务之间包含 3 min 的休息时间。每个被试在完成上午实验后领取并阅读下午实验的操作说明,以准备下午的实验。下午实验的十三个任务的顺序为:SR_2-SR_1-SR_3-TR-SR_4-SR_5-SR_6-SR_7-SR_8-SR_9-DR_1-DR_2-DR_3,每个任务之间同样包含 3 min 的休息时间。被试在完成每个单任务和三任务 TR 后对该任务进行 NASA-TLX 评分。实验前,告知他们任务 SR_2 和任务 TR 分别是十三个任务中最难和最简单的,以使得他们的 NASA-TLX 评分具有更好的一致性。

实验完成后,首先对双任务 DR_1、DR_2、DR_3 和多任务 TR 的实际绩效进行归一化处理,将反应时间和误差合并为综合系数 p_c,见式(5-17),其中 rt_k 和 d_k 分别是任务 SR_k($1\leqslant k\leqslant 2$)的反应时间和误差,rt_3 和 d_3 分别是任务 SR_3 的反应时间和误差,任务 DR_1、DR_2、DR_3 和 TR 中的(k,q_1,q_2)分别为(1,1,0)、(2,0,1)、(1,0,1)和(1,1,1)。

$$p_c=\frac{\sum\limits_{k}^{k+q_1}\left[(rt_k)^2+(d_k)^2\right]+q_2\left[(rt_3)^2+(d_3)^2\right]}{\sum\limits_{k}^{k+q_1}\sqrt{(rt_k)^2+(d_k)^2}+q_2\sqrt{(rt_3)^2+(d_3)^2}} \tag{5-17}$$

5.2.3　结果分析和讨论

本部分的 TPN 模型通过 Python 2.7 实现,每个被试的 DR_1、DR_2 和 DR_3 任务的注意力资源库所的初始值从 181 运行至 80。考虑实际的任务情况,模型中反应时间、误差和实时/总负荷取每个注意力资源值下运行 100 次后的平均值。当确定注意力资源库所初始值后,任务 TR 的模型将会运行 100 次以对绩效的计算结果进行验证。最后通过任务 TR 和 9 个单任务模型的 100 次运行对模型的有效性进行验证。

1. 工作负荷的预测

统计 36 名被试的注意力资源库所的初始值 M_{att}、测定 M_{att} 时对应的双任务 DR_1、DR_2、DR_3 和多任务 TR 的理论和实际绩效。参考式(5-17)计算可得确定注意力资源时的理论绩效与实际绩效之间的平均误差均小于 20%,任务 TR 的理论绩效和实际绩效之间的平均误差为 14.7%,这说明用于计算注意力资源库所初始值的绩效指标具有一定的可信性。

在此基础上引入注意力资源库所值、行为延时和误差的计算结果,通过 TPN 模型对

9 个单任务和多任务 TR 的工作负荷值进行计算，结合被试的工作负荷主观评价值，得到每个被试的 10 个任务的 TPN 模型和 NASA-TLX 负荷值之间的相关性系数，如图 5-21 所示。可以看出，所有相关性系数都大于 61%，且平均值为 87.3%，这表示 TPN 模型和 NASA-TLX 之间具有很高的相关性，并且能够准确地预测工作负荷。

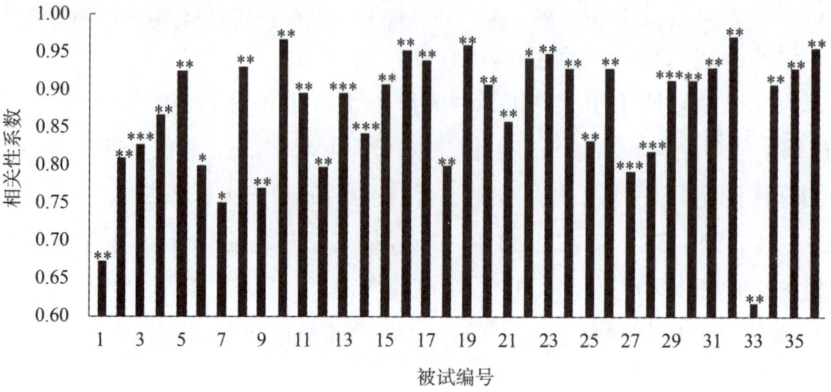

图 5-21　36 名被试的模型值和 NASA-TLX 之间的相关性

注：* 表示 $p<0.05$；* * 表示 $p<0.01$；* * * 表示 $p<0.001$。

2. 模型的区分度

为了测试模型的区分度，将九个单任务根据其 NASA-TLX 的评分分为 3 个难度等级，分别是等级一{SR_2，SR_5，SR_8}、等级二{SR_1，SR_3，SR_6}和等级三{SR_4，SR_7，SR_9}。方差分析结果表明 NASA-TLX 和 TPN 模型的值在不同的难度等级下具有很好的区分度，被试在高难度等级下感受到了更高的工作负荷。

3. 多任务优化的可行性分析

在实现 TPN 模型进行工作负荷预测后，利用工作负荷对短时并发多任务进行优化具有可行性。对于一个含有 n 个子任务{$s_{t1}, s_{t2}, \cdots, s_{tn}$}的多任务 M_t，M_t 的起始时刻为 t_{start}，执行时长为 T_{lim}，M_t 中 m 个子任务（$m<n$）具有可变的起始时间{$t_{s1}, t_{s2}, \cdots, t_{sm}$}，其执行时间为{$e_{d1}, e_{d2}, \cdots, e_{dm}$}。由于在任务 i 中，若 $t_{si}>t_{start}+T_{lim}-e_{di}$，则任务执行时间将小于其所需要时间，任务执行绩效一定会下降，因此可得 m 个子任务的起始时刻约束为{$t_{start}\leqslant t_{s1}\leqslant t_{start}+T_{lim}-e_{d1}, t_{start}\leqslant t_{s2}\leqslant t_{start}+T_{lim}-e_{d2}, \cdots, t_{start}\leqslant t_{sm}\leqslant t_{start}+T_{lim}-e_{dm}$}，这 m 个时间间隔的组合构成了该多任务的所有时间策略。当从事某一类工作的作业者的所有行为参数被计算出来后，就可以通过 TPN 模型寻找到基于工作负荷的该类工作下所有多任务的最佳时序策略，从而利用工作负荷优化结果对人机界面或任务设计进行调整。

5.3 列车驾驶任务流程评价及改进实例

在5.2节的TPN模型中对短时并发多任务的工作负荷进行了预测，这为基于工作负荷的短时并发多任务时序优化提供了可能。这里以列车应急人工离站驾驶任务为研究对象，对基于工作负荷的短时并发多任务时序优化展开进一步研究。在获取行为资源需求量时，拟对基于VACP评分的方法进行改进；通过对列车离站驾驶任务测试平台和人机界面的设计与实施，展开任务优化前后的对比实验，并对任务优化的有效性进行验证。

5.3.1 列车应急人工离站驾驶多任务的流程建模

应急场景下的任务具有时间短、复杂性高和并发任务多的特点，其执行效果对安全行车具有很大的影响。因此，在该场景下应用驾驶辅助系统（driver assistive system，DAS）帮助司机建立SA具有重要意义。目前，汽车领域考虑个体行为特征已成为DAS设计的研究热点。如何根据当前驾驶者的条件提供个性化的驾驶策略，是衡量DAS应用有效性的重要指标。个体行为特征同样影响着列车应急处置时的操纵安全。因此，在列车应急处置时应用DAS需要考虑司机的个体行为特征。

根据多资源理论，人的视觉、听觉、认知、动作四个通道中任意一个通道被多个任务中的行为所占用时，会导致负荷的上升，从而出现由资源分配冲突而引起的绩效下降或人为失误。因此，如何对时间压力下短时并发多任务中各子任务进行时序优化，平衡司机工作负荷和任务执行时间，是DAS应用中的一个关键问题。

工作负荷可以作为衡量应急场景下短时并发多任务执行效果的一个评价指标，传统的主观评价法和生理测量法多用于事后评价，评价结果难以嵌入DAS中，而基于VACP方法的TAWL模型是一种事前评估，不能反映个体行为不同而导致的负荷差异。5.2节提出的TPN模型能够将人的工作负荷及系统状态统一在同一框架，易于嵌入DAS中，同时模型中的注意力资源库所值、行为延时和误差能有效地反映人的行为特征，可以为不同的司机提供个性化的操作建议。

1. 列车应急人工离站驾驶任务的TPN建模

以列车离站作业为例，对基于TPN模型的短时并发多任务时序优化进行探讨。根据司机作业规程，离站作业包括五个典型的任务，分别是发车灯确认（departure light confirmation，DLC）、线路状态确认（line state confirmation，LSC）、信号机确认（semaphore state confirmation，SSC）、报站广播确认（station reporting broadcast confirmation，SRBC）和车门状态确认（door state confirmation，DSC）。这五个任务均有标准的操作规程，通常起始于关门操作完毕后，结束于移动司机控制器之前，但并未明确每个任务的具体起始时间，其具体行为构成如图 5-22 所示。由于司机在完成当前任务后，需要移动头部关注其他屏幕以执行另外的任务，因此这里增加了额外的单一行为 P_3。

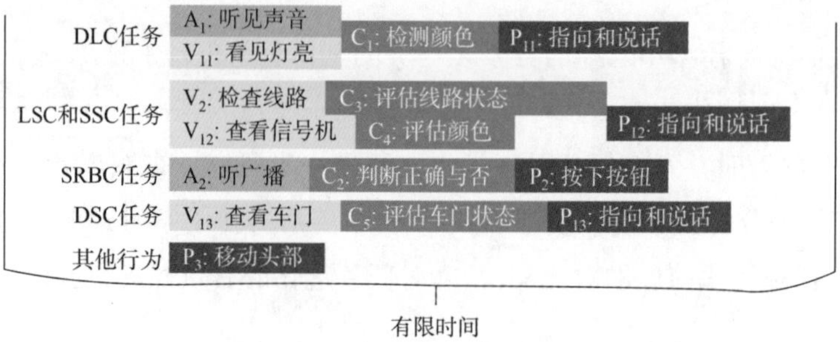

图 5-22 离站阶段五个操作任务的行为构成

根据上述任务描述构建的离站阶段多任务的 TPN 模型，如图 5-23 中的四个虚线框所示。模型中库所、变迁和有向弧的具体类型、含义及示例见表 5-11。

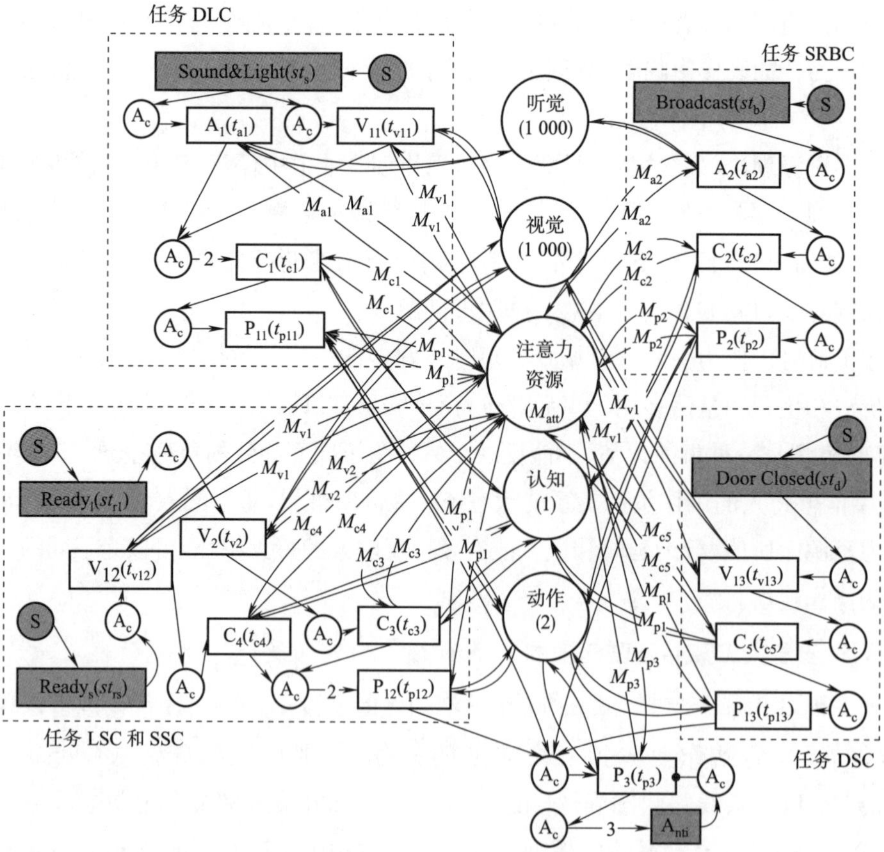

图 5-23 离站阶段五个操作任务的 TPN 模型

表 5-11　离站操作任务中库所、变迁和有向弧的具体类型、示例及含义

分类	具 体 类 型	示　例	含　义
库所	P_r：含有资源名称和初始托肯的大圆形	注意力资源 (M_{att})	人的注意力资源库所
	P_a：含有标识“Ac”的小圆形	A_c	行为激活库所
	P_{sys}：含有标识“S”的灰色圆形	S	系统状态库所
变迁	T_b：包含行为类型和执行时间的矩形	$V_{11}(t_{v11})$	人的视觉行为变迁中的一种，类型为 V_{11}，行为执行时间为 t_{v11}
	T_{sys}：包含名称和开始时间的灰色矩形	$Ready_1(st_{r1})$	代表在 st_{r1} 时刻，司机已经准备好检查线路状态和信号机
	T_{anti}：标有“A_{nti}”标签的灰色矩形	A_{nti}	由于五个任务分别位于四个不同人机界面（前方线路场景、右 HMI 牵引界面、DMI 和左 HMI 制动界面），司机在执行时需进行三次头部转动，变迁用于描述执行中的头部转动机制
弧	F_d：带有标签和箭头的弧	M_{v1} →	指示任务的进程和资源的流向，M_{v1} 表示行为 V_{11}、V_{12} 和 V_{13} 的资源需求量
	F_{in}：头部带有圆点的弧	•—	作用同变迁 T_{anti}

2. 驾驶行为的资源需求量

驾驶行为的执行时间和变迁的延时通过 5.2.1 节中的反应时间方程组求解，行为的资源需求量如变迁 $A_2(t_{a2})$ 的资源需求量 M_{a2}，由基于 NASA-TLX 的层次分析法确定。由于一些行为在某些指标上的重要程度比较没有意义，如认知行为 C_1 和 C_2 在体力需求指标上的比较，因此这些行为在该指标上不需要进行比较。在上述两项比较完后，所有被试采用统一的行为资源需求量。对于任意的行为 b_i，其资源需求量 W_{bi} 通过式(5-18)计算。

$$W_{bi}=\left[100\,\frac{\sum_{1}^{n}\mathrm{AHP}_{bi\text{-}j}}{n}\right] \tag{5-18}$$

式中　n——被试的数量；

$\mathrm{AHP}_{bi\text{-}j}$——被试 j 的行为 b_i 的层次分析法计算结果。

3. 驾驶任务的时序优化目标

驾驶任务的时序优化目标是通过调节各子任务的起始时间，使由平均工作负荷和反应时间系数构成的综合系数 C_f 最小。C_f 的表示方式见式(5-19)。由于用于分析实际反应时间的视频帧率为 30 帧/s，因此将优化求解的时间步长设置为 30 ms。

$$C_f=\sqrt{(R_t)^2+(\mathrm{MW})^2} \tag{5-19}$$

式中　R_t——反应时间系数，计算方式为

$$R_t = 1 - R_{tt}/R_{mt}$$

其中 R_{tt}——理论最小反应时间，

R_{mt}——模型运行反应时间；

MW——平均工作负荷。

设 T_{lim} 为五个任务的限制时间，五个任务的起始时刻分别为 $\{t_{s1}, t_{s2}, t_{s3}, t_{s4}, t_{s5}\}$，执行时长分别为 $\{e_{d1}, e_{d2}, e_{d3}, e_{d4}, e_{d5}\}$。由此可得五个任务起始时刻的时间约束分别为 $\{0 \leqslant t_{s1} \leqslant T_{\text{lim}} - e_{d1}, 0 \leqslant t_{s2} \leqslant T_{\text{lim}} - e_{d2}, \cdots, 0 \leqslant t_{s5} \leqslant T_{\text{lim}} - e_{d5}\}$，对于任务 i 而言，当 $t_{si} > T_{\text{lim}} - e_{di}$ 时，由于其执行时间不够，其绩效一定会下降。

5.3.2 任务改进实验设计与实施

1. 测试平台的设计

考虑到实车环境下进行测试存在安全风险，这里设计了一个列车驾驶任务测试平台，该平台包括模拟驾驶舱系统、驾驶监控与管理系统、驾驶视景仿真系统、驾驶行为采集系统和任务案例注入系统，实现了运行时的前向视景，以及列车管理系统、车载设备人机界面等交互界面的显示。系统核心采用低成本商用 PC 构架，使用 Windows 操作系统，开发环境为 Visual C# 和 Labview，能够实现列车车辆性能与运行环境模拟，可以从视觉、听觉、操纵感等方面再现列车在不同工况下的基本运行情景，满足常规人工操纵模式的案例仿真需要。

2. 测试任务的设计

测试任务以列车晚点时的离站作业为背景进行设计，为构建行为反应时间方程组，在离站作业任务序列中增加了一些确认和替代行为，如听到报站广播的确认等。

(1)LSC 任务设计

LSC 任务采用判断 15 个数字奇数个数后口述结果来替代，将 15 个数字排布为金字塔形以模拟实际的线路检查。此外，通过增加数字的数量进行行为倍增。根据以上行为描述构建的行为反应时间方程组见式(5-20)，其中 R_{11}、R_{21} 分别为认知行为倍增前后的行为组合反应时间，R_{pls} 为通过视频分析得出的动作行为反应时间。

$$\begin{cases} V_{\text{检查}} + C_{\text{判断}} + P_{\text{指向和说话}} = R_{11} \\ V_{\text{检查}} + 2 \times C_{\text{判断}} + P_{\text{指向和说话}} = R_{21} \\ P_{\text{指向和说话}} = R_{\text{pls}} \end{cases} \tag{5-20}$$

(2)SSC 任务设计

为确定判断信号机数字过程的认知时间，实验设计了两个任务：第一个任务是看到数字后立刻手指信号机并口述“出站绿灯 0”；第二个任务是看到数字后立刻手指信号机并口述识读出的数字“出站绿灯 X”，其行为方程组见式(5-21)，R_{1s}、R_{2s} 分别为不包含和包含认知任务时的反应时间。

$$\begin{cases} V_{查看}+P_{指向和说话}=R_{1s} \\ V_{查看}+C_{判断}+P_{指向和说话}=R_{2s} \end{cases} \tag{5-21}$$

(3)DLC 任务设计

为了获取认知时间,设计了两个任务,在第一个任务中,听到声音即立刻指向发车灯并口述“发车信号 1”;第二个任务则需要判断声音的数量,如听到两声,则口述“发车信号 2”。构建行为反应时间方程组见式(5-22),R_{1d}、R_{2d}分别为有/无认知行为前后的行为组合反应时间,R_{pd}为通过视频分析获取的动作行为反应时间。

$$\begin{cases} A_{听到}+P_{指向和说话}=R_{1d} \\ A_{听到}+C_{判断}+P_{指向和说话}=R_{2d} \\ P_{指向和说话}=R_{pd} \end{cases} \tag{5-22}$$

(4)SRBC 任务设计

区分认知行为时间通过两个任务来实现,在第一个任务中,听到站名后立刻按下按钮,无须任何判断;而在第二个任务中,听到站名后判断其是否正确。其构成的行为反应时间方程组见式(5-23),R_{1dl}、R_{2dl}分别为无/有认知行为前后的行为组合反应时间,R_{pdl}为通过视频分析得出的动作行为反应时间。

$$\begin{cases} A_{听到}+P_{指向和说话}=R_{1dl} \\ A_{听到}+C_{判断}+P_{指向和说话}=R_{2dl} \\ P_{指向和说话}=R_{pdl} \end{cases} \tag{5-23}$$

(5)DSC 任务设计

区分认知行为时间由两个任务组成,在第一个任务中,看到蓝色的故障门出现后立刻手指并口述“车门状态 0”,无需任何判断;在第二个任务中,看到蓝色的故障门出现后判断其在车门状态显示栏中的位置,然后立刻手指并口述“车门状态 X”,其中 X 为发生故障的车门号。其构成的行为反应时间方程组见式(5-24),R_{1ds}、R_{2ds}分别为无/有认知行为前后的行为组合反应时间,R_{pds}为通过视频分析获得的动作行为反应时间。

$$\begin{cases} V_{看到}+P_{指向和说话}=R_{1ds} \\ V_{看到}+C_{判断}+P_{指向和说话}=R_{2ds} \\ P_{指向和说话}=R_{pds} \end{cases} \tag{5-24}$$

3. 实验实施

(1)被试

本次实验共计招募 10 名年龄处于 20～26 岁之间的在校学生作为被试(平均值=23.2,标准差=1.25)。主试在实验前一天将操作准则和实验相关信息发放给所有被试,进行实验所需的基本驾驶操作训练及讲解,保证被试对实验任务的理解没有歧义。所有被试均实现了无提示下独自按照随机顺序完成五个任务,排除了因熟练程度导致的结果差异。正式实验前，利用前文方法设计了相应的软件程序，求取了所有被试五个任务中 12 种行为客观资源需求量。实验通过视频记录了被试操作的全过程，用于分析行为时间。

(2)实验过程

为了求取当天被试的注意力资源量并进行任务优化，正式实验分别安排在每天9 时至 11 时和 19 时至 20 时两个时段进行。在每名被试进行实验的当天下午，主试处理上午实验数据，通过视频分析获取反应时间方程组中各个方程的反应时间，计算行为时间，运行 TPN 仿真模型，确定任务时序的最优解。上午的实验分为两个部分，被试首先完成用于测量行为延时的单任务实验，共计 17 组，每组重复 7 次取平均值。每组之间休息 1 min，约耗时 1 h。单任务实验完成后被试休息 10 min，开始进行三任务组合测量反应时间实验，共计四组，每组重复7 次取平均值，每组之间休息 3 min，约耗时 35 min。晚上的实验分为两个部分，被试按照随机顺序分别完成优化前和优化后的多任务组合，为了让被试能有效执行时序优化后的多任务，通过强制性的约束和界面事件的时序呈现来保证优化任务的完成。在两个实验完成后主试对被试进行访谈，了解被试在两种任务时间排布顺序下的执行感受。

5.3.3 任务改进结果分析与讨论

1. 行为的客观资源需求量

分别采用 VACP 评分负荷和 NASA-TLX 主观负荷对 TPN 模型下应急人工离站驾驶任务负荷预测的有效性进行验证。对于优化前后的多任务，模型和 VACP 评分之间都表现出了很高的相关性：$r=0.979\,8$，$p<0.01$；$r=0.952\,9$，$p<0.01$。但对于 NASA-TLX 量表则表现出了不同的结果：$r=0.310\,6$，$p<0.01$；$r=0.005\,5$，$p=0.224\,1$。这是由以下原因导致：一是被试仅对于优化前后的两个任务进行评分，缺乏对多个任务的比较，使得 NASA-TLX 评分分级难以标定；二是由于优化前后的任务其内容是完全相同的，这使得 NASA-TLX 量表难以区分；三是 NASA-TLX 的评分为六个指标的平均值，这使得一些高得分的指标被低得分的指标平均化，而在 VACP 评分中，低得分指标的对应行为的资源需求量实际很大。

2. 优化结果有效性分析

综合系数 C_f 由 VACP 评分和实际反应时间构成，其计算方式见式(5-19)，在视频分析的基础上根据 VACP 评分确定具体行为类型和其资源需求量。为了计算 C_f，VACP 评分首先被归一化，以使其值小于 1。优化前后的 TPN 模型和实际测试的综合系数的值如图 5-24 所示，其中 $M_{\text{t-or}}$、$M_{\text{t-op}}$ 与 $M_{\text{p-or}}$、$M_{\text{p-op}}$ 分别是 TPN 模型和实际测试中优化前后的综合系数值。可以看出，不论 TPN 模型($M_{\text{t-op}}=0.851$，$M_{\text{t-or}}=0.95$，$t(9)=2.414$，$p=0.019$，$r_{\text{pb}}^2=0.393$)，还是实验值($M_{\text{p-op}}=1.024$，$M_{\text{p-or}}=1.079$，$t(9)=3.739$，$p<0.01$，$r_{\text{pb}}^2=0.608$)，优化后的综合系数均小于优化前。

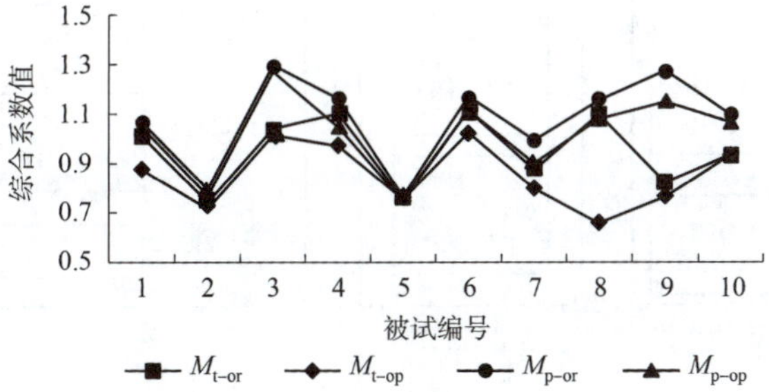

图 5-24 优化前后的 TPN 模型和实际测试的综合系数的值

3. 被试行为分析

为了探讨时序优化前后综合系数改变的原因，以被试 9 为例对其优化前后实验的执行过程进行分析，剖析其行为改变的原因。被试 9 注意力资源测量值为 443，其优化前后 TPN 模型实时负荷值分别如图 5-25 中实线和虚线所示。从时序优化前后的负荷值和反应时间对比可以看出，优化后的实时负荷均值为 0.502，仅比优化前 0.499 略高 0.62%，但对于优化前后的反应时间比较而言，优化后平均反应时间为 12.28 s，相比优化前 13.47 s 下降了 1.19 s，下降比例为 8.83%。

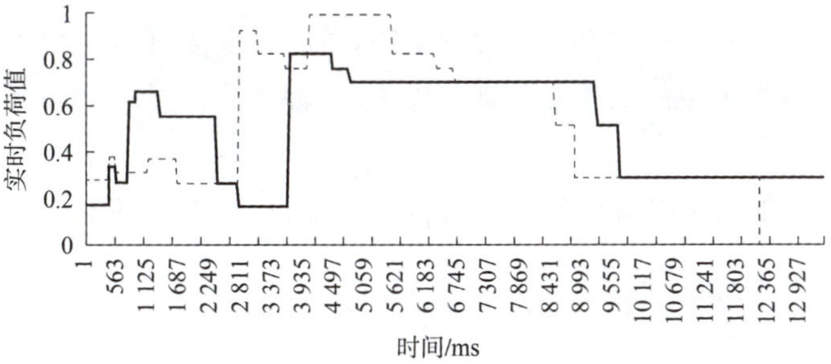

图 5-25 被试 9 在优化前后 TPN 模型中实时负荷

可以看出合理的任务时序优化能有效地降低被试的反应时间，但是优化后负荷曲线具有更高和更靠后的峰值，这是由于被试 9 拥有足够的注意力资源，TPN 模型将 LSC 和 DSC 任务进行了部分合并，在这种情况下，被试同时执行了行为 C_3 和 P_1，尽管被试的负荷峰值略有增加，但其并未出现执行失误。

4. 应用探讨

将基于 TPN 的工作负荷预测模型应用于实际工程中的短时并发多任务的优化可分为四个阶段，具体的工程应用流程示例如图 5-26 所示。

第一阶段需要在选拔或训练阶段对作业者进行任务测试，以获取他们对所有任务的行为特征，如执行时间和注意力资源。行为特征与作业者的状态有关，需要对其进行多次测试

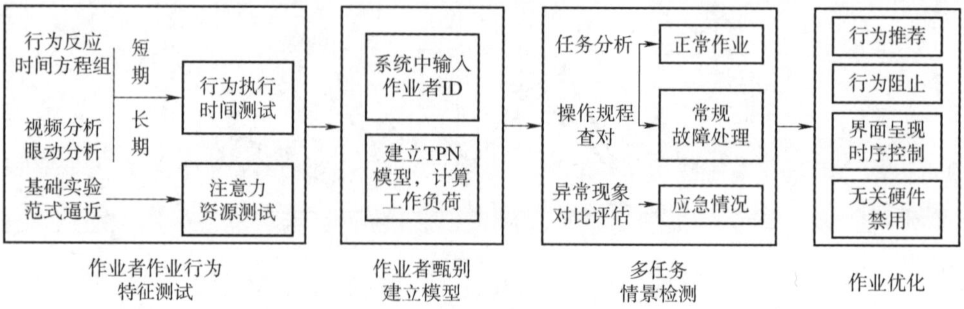

图 5-26　短时并发多任务优化的工程应用流程示例

以获得常态值。在实际运用中，行为选择具有一定的局限性，因为不一定每个任务都能进行行为序列扩展，都能以式(5-5)的反应时间方程组去测定行为执行时间。因此，可以采用视频分析或非接触式的眼动跟踪设备记录作业者的动作和视觉行为，通过任务行为分析来直接获取被试不同类型行为的执行时间。

第二阶段需要对作业者进行甄别，建立相应的 TPN 模型，通过 ID 输入至相关管理系统实现对作业者的识别。

第三阶段是检测短时多任务并发情景是否存在，即确定什么时候进行优化。短时并发多任务一般出现在有时间压力的常规作业和故障处置中，此时可以通过任务分析和操作规程查对进行检测。在一些没有预案的紧急场景中，短时并发多任务可以通过比较当前异常现象与对应操作规程中现象的数量和类型差异进行检测，具体差异数量和类型的标准由专家判定。

第四阶段是在短时多任务并发情景下进行作业优化，作业优化可以通过设备的时序屏蔽和开启，以及界面的有效提示来实现。

参考文献

[1] HOLLNAGEL E, WOODS D D. Cognitive systems engineering: new wine in new bottles[J]. International journal of human-computer studies, 1999, 51(2): 339-356.

[2] RASMUSSEN. Information processing and human-machine interaction[M]. New York: North Holland, 1986.

[3] RASMUSSEN J. Skills, rules, and knowledge; signals, signs, and symbols, and other distinctions in human performance models[J]. IEEE transactions on systems, man, and cybernetics, 1983(3): 257-266.

[4] BOWEN J, STAVRIDOU V. Safety-critical systems, formal methods and standards[J]. Software engineering journal, 1993, 8(4): 189-209.

[5] REASON J. Human error[M]. Cambridge: Cambridge University Press, 1990.

[6] CACCIABUE P C, HOLLNAGEL E. Simulation of cognition: applications[M]// HOC J M, CACCIABUE P C, HOLLNAGEL E, et al. Expertise and technology. New York: Psychology Press,

2013:55-73.

[7] HOLYOAK K J. Symbolic connectionism: toward third-generation theories of expertise[M]. Cambridge:Cambridge University Press,1991.

[8] WOODS D D. Coping with complexity:the psychology of human behaviour in complex systems[M]// GOODSTEIN L P,ANDERSEN H B,OLSEN S E. Tasks,errors,and mental models. Philadelphia: Taylor & Francis,1988:128-148.

[9] GRANT A S. Modelling cognitive aspects of complex control tasks[D]. Glasgow: University of Strathclyde,1990.

[10] LEI S,WELKE S,ROETTING M. Representation of driver's mental workload in EEG data[J]. Human factors,security and safety,2009:285-294.

[11] MORAY N. Mental workload: its theory and measurement[M]. New York: Springer Science & Business Media,2013.

[12] ALDRICH T B,SZABO S M,BIERBAUM C R. The development and application of models to predict operator workload during system design[M]// MCMILLAN G R, BEEVIS D, SALAS E, et al. Applications of human performance models to system design. Boston:Springer,1989:65-80.

[13] LIANG S-F M,RAU C-L,TSAI P-F,et al. Validation of a task demand measure for predicting mental workloads of physical therapists[J]. International journal of industrial ergonomics, 2014, 44(5): 747-752.

[14] NORTH R A,RILEY V A. W/INDEX:a predictive model of operator workload[M]// MCMILLAN G R, BEEVIS D, SALAS E, et al. Applications of human performance models to system design. Boston:Springer Science & Business Media,1989:81-89.

[15] WANG P, FANG W, GUO B Y. A colored Petri nets based workload evaluation model and its validation through multi-attribute task battery-Ⅱ[J]. Applied ergonomics,2017,60:260-274.

[16] CHEN S W,FANG C Y,TIEN C T. Driving behaviour modelling system based on graph construction [J]. Transportation research, Part C:emerging technologies,2013,26:314-330.

[17] SANTIAGO-ESPADA Y,MYER R R,LATORELLA K A,et al. The multi-attribute task battery ii (matb-ii)software for human performance and workload research: a user's guide: NASA/TM-2011-217164 [R]. Hampton: National Aeronautics and Space Administration Langley Research Center,2011.

[18] WANG Z H,HOPE R M,WANG Z G,et al. Cross-subject workload classification with a hierarchical Bayes model[J]. NeuroImage,2012,59(1):64-69.

[19] CARSWELL C M, LIO C H, GRANT R, et al. Hands-free administration of subjective workload scales:acceptability in a surgical training environment[J]. Applied ergonomics,2010,42(1):138-145.

[20] FALLAHI M,MOTAMEDZADE M,HEIDARIMOGHADAM R,et al. Effects of mental workload on physiological and subjective responses during traffic density monitoring: a field study[J]. Applied ergonomics,2016,52:95-103.

[21] DORRIAN J,BAULK S D,DAWSON D. Work hours,workload,sleep and fatigue in Australian Rail Industry employees[J]. Applied ergonomics,2011,42(2):202-209.

[22] GARCÍA-MAS A,ORTEGA E,PONSETI J,et al. Workload and cortisol levels in helicopter combat pilots during simulated flights[J]. Revista andaluza de medicina del deporte,2016,9(1):7-11.
[23] LIN C J,YENN T C,JOU Y T,et al. Analyzing the staffing and workload in the main control room of the advanced nuclear power plant from the human information processing perspective[J]. Safety science,2013,57:161-168.
[24] 张嬿．基于任务分析的地铁行车调度工作负荷研究[D]. 北京:北京交通大学,2010.
[25] NOVAK D,MIHELJ M,MUNIH M. Dual-task performance in multimodal human-computer interaction: a psychophysiological perspective[J]. Multimedia tools and applications,2012,56(3):553-567.
[26] HARRIS D. Engineering psychology and cognitive ergonomics[M]. London:Springer,2015.
[27] VAN DE WALLE B, BRUGGHEMANS B, COMES T. Improving situation awareness in crisis response teams: an experimental analysis of enriched information and centralized coordination[J]. International journal of human-computer studies,2016,95:66-79.
[28] HICKEY A R,COLLINS M D. Disinhibition and train driver performance[J]. Safety science,2017,95:104-115.
[29] MARCHITTO M,BENEDETTO S,BACCINO T,et al. Air traffic control: ocular metrics reflect cognitive complexity[J]. International journal of industrial ergonomics,2016,54:120-130.
[30] SUGIONO S, WIDHAYANURIYAWAN D, ANDRIANI D P. Investigating the impact of road condition complexity on driving workload based on subjective measurement using NASA TLX[C]// MATEC Web of Conferences,EDP Sciences,2017,136:94-98.
[31] BURGESS-LIMERICK R,COTEA C,PIETRZAK E,et al. Human systems integration in defence and civilian industries[J]. Australian defence force journal,2011,186:51-65.
[32] LARING J, FORSMAN M, KADEFORS R, et al. MTM-based ergonomic workload analysis[J]. International journal of industrial ergonomics,2002,30(3):135-148.
[33] 谭文倩,EEREMOV A V,屈香菊．一种预测驾驶员操纵行为的建模方法[J]. 北京航空航天大学学报,2010,36(10):1140-1144.
[34] JO S,MYUNG R,YOON D. Quantitative prediction of mental workload with the ACT-R cognitive architecture[J]. International journal of industrial ergonomics,2012,42(4):359-370.
[35] 廖建桥．脑力负荷及其测量[J]. 系统工程学报,1995,10(3):119-123.
[36] 李慧芳,范玉顺．基于时间 Petri 网的工作流模型分析[J]. 软件学报,2004,15(1):17-26.
[37] 黄伟芬,田志强,王春慧．航天器人控交会对接系统工效学要求与评价技术研究及实践[J]. 载人航天,2015,21(6):535-544.
[38] 郭北苑．高速列车驾驶界面人因适配性设计理论与方法研究[D]. 北京:北京交通大学,2010.
[39] WANG P, FANG W N, GUO B Y. A measure of mental workload during multitasking: using performance-based Timed Petri Nets[J]. International journal of industrial ergonomics,2020,75:1-14.
[40] BABER C,STANTON N A. Task analysis for error identification: theory,method and validation[J]. Theoretical issues in ergonomics science,2002,3(2):212-227.
[41] CARD S K. The model human processor: a model for making engineering calculations of human performance[C]// Proceedings of the Human Factors Society 25th Annual Meeting,Rochester,New

York. California:SAGE Publications,1981,25(1):301-305.

[42] MCCRACKEN J H, ALDRICH T B. Analyses of selected LHX mission functions: implications for operator workload and system automation goals: ADA232330[R]. Dale County: Anacapa Science Inc., 1984.

[43] DE WAARD D, BROOKHUIS K A. Assessing driver status: a demonstration experiment on the road [J]. Accident; analysis and prevention, 1991, 23(4): 297-307.

[44] HAMILTON W I, CLARKE T. Driver performance modelling and its practical application to railway safety[M]// WILSON J, NORRIS B, MILS A. Rail human factors. London: Routledge, 2017: 25-39.

[45] WANG P, FANG W N, GUO B Y. Mental workload evaluation and its application in train driving multitasking scheduling: a Timed Petri Net-based model[J]. Cognition, technology & work, 2021, 23(2): 299-313.

高速铁路基础研究与技术创新丛书

第一期(16册)

(一)基础理论与基础技术系列

高速铁路散体道床宏细观力学行为 赵春发 翟婉明 张 徐 著
ISBN 978-7-113-28857-0

高速铁路线路系统动力学 龙许友 时 瑾 王英杰 编著
ISBN 978-7-113-28997-3

高速铁路弓网关系研究 韩通新 著
ISBN 978-7-113-28941-6

(二)动车组系列

高速列车轻量化设计 李 明 伊召锋 米莉艳 等编著
ISBN 978-7-113-28972-0

(三)供电系列

高速铁路受电弓 韩通新 编著
ISBN 978-7-113-28975-1

高速铁路接触网检测技术 韩通新 著
ISBN 978-7-113-28961-4

(四)工程设计系列

高速铁路桥梁抗震设计 陈兴冲 张永亮 编著
ISBN 978-7-113-28964-5

高速铁路轨道工程 BIM 正向设计软件开发及实践 姚 力 刘大园 董凤翔 等编著
ISBN 978-7-113-28934-8

(五)工程施工与组织系列

高速铁路桥梁 BIM 技术研究与实践 盛黎明 苏 伟 刘延宏 宋树峰 编著
ISBN 978-7-113-28938-6

高速铁路岩溶路基边坡变形与稳定 白明洲 师 海 田 岗 等编著
ISBN 978-7-113-28880-8

高速铁路工程地质灾害超前预报图形判别和解译 李 忠 郝娜娜 等编著

ISBN 978-7-113-28935-5

(六)通信与列控系列

高速铁路宽带无线信道测量与建模技术 周 涛 何睿斯 艾 渤 编著

ISBN 978-7-113-28930-0

(七)测量与检测系列

(八)高铁运营与经济系列

高速铁路社会效益研究——基于时空经济分析 李红昌 夏璇璇 著

ISBN 978-7-113-28942-3

(九)现代信息技术系列

高速铁路物联网技术 史天运 孙 鹏 张惟皎 陈瑞凤 编著

ISBN 978-7-113-29029-0

(十)安全·健康·维护系列

高速铁路道砟飞溅机理及防治 高 亮 石顺伟 殷 浩 著

ISBN 978-7-113-28906-5

高速列车多目标均衡综合节能技术 张 雷 李 明 司志强 等编著

ISBN 978-7-113-28976-8

第二期(23 册)

(一)基础理论与基础技术系列

高速列车空气动力学数值模拟——基于 STAR-CCM+软件

李 明 李 田 戴志远 等编著

ISBN 978-7-113-30059-3

高速铁路沿线地面沉降研究与防治 李国和 黄大中 尚海敏 王少林 编著

ISBN 978-7-113-30176-7

高速铁路路基智能填筑技术 王同军 闫宏业 杨 斌 尧俊凯 等著

ISBN 978-7-113-30047-0

季冻区高速铁路路基服役性能与孕灾风险研究

叶阳升 蔡德钩 毕宗琦 李善珍 等著

ISBN 978-7-113-29934-7

高速铁路隧道内附属设施气动效应及安全性研究

彭立敏　杨伟超　施成华　雷明锋　著

ISBN 978-7-113-30104-0

高速铁路钢轨打磨理论与技术　王文健　郭　俊　周　坤　著

ISBN 978-7-113-30061-6

高速列车动态性能正向设计　周劲松　宫　岛　孙文静　著

ISBN 978-7-113-30050-0

高速列车自动驾驶控制理论　宿　帅　李开成　唐　涛　袁　磊　等编著

ISBN 978-7-113-30147-7

高速铁路行车调度与控制一体化　唐　涛　宿　帅　孟令云　阴佳腾　编著

ISBN 978-7-113-30112-5

高速铁路无砟轨道结构水泥基材料理论与技术

龙广成　曾晓辉　马昆林　谢友均　著

ISBN 978-7-113-30056-2

(二)动车组系列

高速列车空气动力学设计技术　丁叁叁　著

ISBN 978-7-113-30055-5

(三)供电系列

高速铁路电力牵引供电工程智能建造技术

胡志华　陈建明　奚金柱　吴命利　等编著

ISBN 978-7-113-30205-4

(四)工程设计系列

现代铁路枢纽规划设计　许佑顶　高丰农　吴学全　李传勇　等编著

ISBN 978-7-113-27468-9

高速铁路隧道底部结构动力响应特性及设计方法

彭立敏　施成华　黄　娟　丁祖德　著

ISBN 978-7-113-30133-0

(五)工程施工与组织系列

高速铁路工程勘察技术创新与实践　陈则连　著

ISBN 978-7-113-30189-7

高速铁路工程质量系统管理(第2版)　　卢春房　等著

ISBN 978-7-113-30108-8

高速铁路路基沉降分析与控制技术　　宋绪国　郭帅杰　编著

ISBN 978-7-113-30154-5

深埋高速铁路地下车站施工关键技术　　杨新安　马明杰　李路恒　罗　驰　编著

ISBN 978-7-113-30001-2

高速铁路施工组织创新与实践　　魏　强　编著

ISBN 978-7-113-30136-1

高速铁路路基沥青混凝土防水封闭结构　　蔡德钧　闫宏业　楼梁伟　石越峰　等著

ISBN 978-7-113-30033-3

(六)通信与列控系列

高速铁路信号系统雷电防护技术研究　　向念文　徐宗奇　阳　晋　编著

ISBN 978-7-113-30135-4

(七)测量与检测系列

(八)高铁运营与经济系列

(九)现代信息技术系列

智能高速铁路图像大数据分析技术及应用　　李　平　李　瑞　赵　冰　编著

ISBN 978-7-113-30134-7

(十)安全·健康·维护系列

高速列车横风效应及气动安全控制动力学　　毛　军　柳润东　郗艳红　著

ISBN 978-7-113-30028-9

第三期(18册)

(一)基础理论与基础技术系列

高速铁路桥梁抗风技术　　何旭辉　邹云峰　敬海泉　等著

ISBN 978-7-113-31329-6

高速铁路智能选线理论与方法　　蒲　浩　宋陶然　李　伟　张　洪　著

ISBN 978-7-113-31670-9

(二)动车组系列

高速列车风阻制动技术　　田　春　周嘉俊　马天和　吴萌岭　编著

ISBN 978-7-113-31648-8

高速列车制动防滑控制基础理论与试验技术 田 春 朱文良 马天和 吴萌岭 编著

ISBN 978-7-113-31585-6

高速铁路轮轨廓形设计及应用 沈 钢 陈迪来 编著

ISBN 978-7-113-31307-4

高速列车辅助供电系统 张立伟 姜东杰 徐海大 编著

ISBN 978-7-113-31574-0

高速列车被动安全系统技术理论 丁叁叁 编著

ISBN 978-7-113-31996-0

(三)供电系列

高速铁路供电系统电磁暂态分析与防护 刘明光 刘 铁 编著

ISBN 978-7-113-31249-7

(四)工程设计系列

(五)工程施工与组织系列

寒区高速铁路隧道低温影响与工程对策 马志富 田四明 杨昌贤 王志杰 等编著

ISBN 978-7-113-31456-9

高速铁路路基边坡生态防护技术与实践 叶阳升 蔡德钩 魏少伟 吕 宋 著

ISBN 978-7-113-31741-6

(六)通信与列控系列

真空管磁浮高速飞行列车车地无线通信技术 刘 留 艾 渤 编著

ISBN 978-7-113-31382-1

(七)测量与检测系列

高速铁路运营监测技术 赵 斗 张冠军 王长进 梁 永 编著

ISBN 978-7-113-31182-7

高速铁路精密工程测量技术 王长进 刘 成 张冠军 石德斌 编著

ISBN 978-7-113-31519-1

铁路工程地质遥感技术创新与应用 刘桂卫 著

ISBN 978-7-113-31354-8

(八)高铁运营与经济系列

高速铁路列车开行决策理论与技术 周文梁 史 峰 徐光明 等著

ISBN 978-7-113-31563-4

(九)现代信息技术系列

高速铁路数据中心设计技术 杨德修 樊 艳 赵 耀 崔校玉 编著

ISBN 978-7-113-31126-1

(十)安全·健康·维护系列

绿色高速铁路技术 蒋 辉 编著

ISBN 978-7-113-31460-6

高速列车驾驶人因安全保障理论及方法 方卫宁 唐 涛 等著

ISBN 978-7-113-31311-1